Ancrées dans le Nouvel-Ontario, les Éditions Prise de parole appuient les auteurs et les créateurs d'expression et de culture françaises au Canada, en privilégiant des œuvres de facture contemporaine.

Éditions Prise de parole
C.P. 550, Sudbury (Ontario)
Canada P3E 4R2
www.prisedeparole.ca

La maison d'édition remercie le Conseil des Arts de l'Ontario, le Conseil des Arts du Canada, le Patrimoine canadien (programmes Développement des communautés de langue officielle et Fonds du livre du Canada) et la Ville du Grand Sudbury de leur appui financier.

Joe **LaFlamme**
L'indomptable dompteur de loups

Photographie en première de couverture : Joe LaFlamme avec un de ses loups à Alasa Farms, près d'Alton, New York, le 20 février 1926.
Photo gracieuseté de Alasa Farms / Famille Strong.

Conception de la couverture et mise en pages : Olivier Lasser

Tous droits de traduction, de reproduction
et d'adaptation réservés pour tous pays.
Copyright © Ottawa, 2013
Imprimé au Canada.

Diffusion au Canada : Dimédia

Catalogage avant publication de Bibliothèque et Archives Canada

Charron, Suzanne F., 1951-, auteur
Joe LaFlamme : l'indomptable dompteur de loups / Suzanne F. Charron.

Comprend des références bibliographiques et un index. Publié en formats imprimé(s) et électronique(s). ISBN 978-2-89423-298-9. — ISBN 978-2-89423-712-0 (pdf). – ISBN 978-2-89423-863-9 (epub)

1. LaFlamme, Joe, 1889-1965. 2. Dresseurs–Ontario–Biographies. 3. Animaux sauvages–Entraînement. I. Titre.
GV1811.L34C53 2013 636.088'8 C2013-905007-8
C2013-905008-6

Une version anglaise de cet ouvrage est publiée simultanément en anglais par Scrivener Press de Sudbury, sous le titre *Wolf Man Joe LaFlamme: Tamer Untamed*.

ISBN 978-2-89423- 298-9 (Papier)
ISBN 978-2-89423- 712-0 (Pdf)
ISBN 978-2-89423- 863-9 (ePub)

Suzanne F. Charron

Joe **LaFlamme**
L'indomptable dompteur de loups

BIOGRAPHIE

Prise de parole
Sudbury 2013

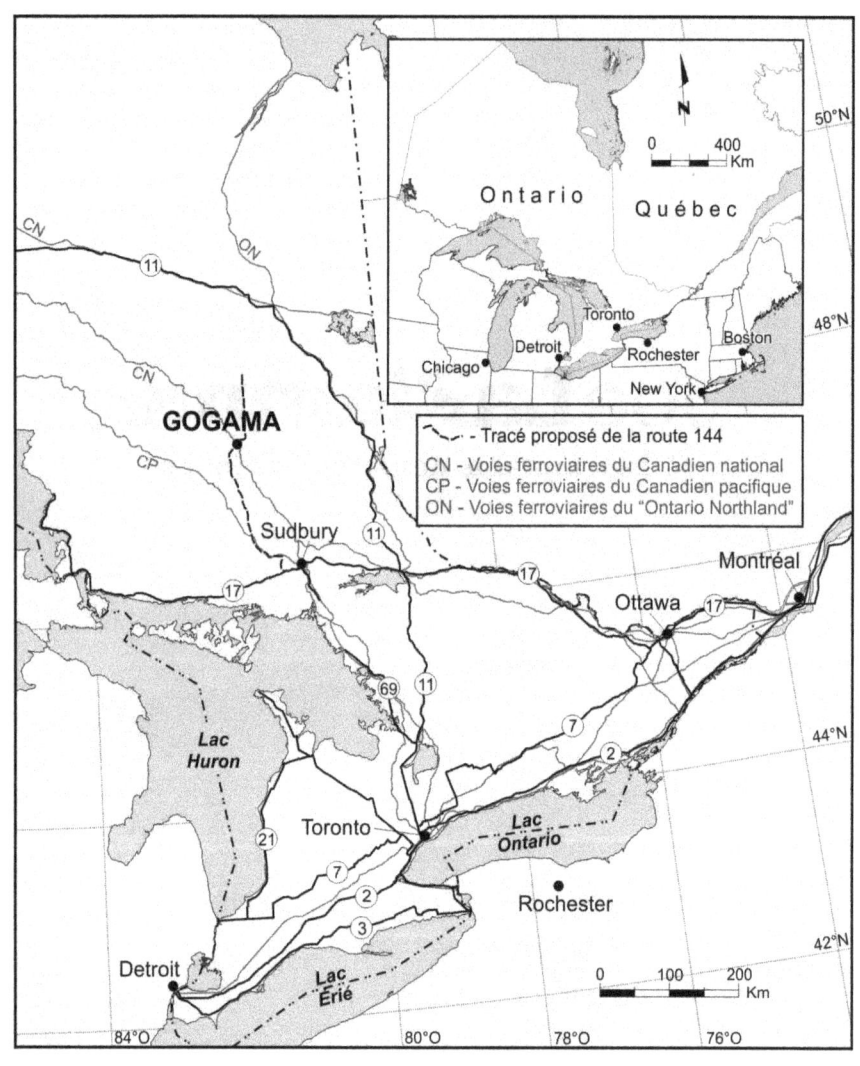

*Un loup hurle et gronde, quelque part
sur la baie, sur la mer,*

*et puis il se rapproche, ses yeux rouges
sondent la neige*

pour lire ce qui s'écrit, pour voir ce qui se vit.

(Herménégilde Chiasson, *Climats*)

*À Mélanie, Ghislain, Katrina, Jack et Avery :
passion et brio dans votre vie !*

Remerciements

Produire un livre est rarement un travail solitaire. Le présent ouvrage ne fait pas exception. Durant les quatre années que j'ai mises à faire la recherche et la rédaction des versions française et anglaise de cette biographie, j'ai communiqué avec de nombreuses personnes intéressantes provenant de milieux variés, dans trois pays différents. Ni la cueillette de renseignements principaux, de fond ou anecdotiques sur Joe LaFlamme et son époque, ni la vérification de ces données n'auraient été humainement possibles sans la collaboration de ces personnes. C'est avec beaucoup de reconnaissance que je tire mon chapeau à chacune d'elles.

Je remercie spécialement Gerry Talbot, mon co-recherchiste, pour sa patience sans fin à répondre à mes questions — également sans fin — et à rechercher les moindres détails sur l'histoire de Gogama, village où a vécu LaFlamme pendant presque trois décennies. Son enthousiasme et son dévouement inlassables m'ont soutenue tout au long du projet. J'aimerais aussi souligner la gentillesse avec laquelle sa conjointe Jeannine répondait à mes nombreux appels lorsque Gerry n'était pas disponible. Un grand merci à vous deux, Gerry et Jeannine !

Je souligne également l'apport significatif des nombreux journalistes qui, à travers les années, ont écrit au sujet de Joe LaFlamme, et celui des journaux qui en ont publié les articles. Étant donné que plusieurs documents officiels ont été perdus ou n'étaient simplement pas disponibles, leurs comptes rendus souvent détaillés de la vie et des activités de LaFlamme se sont avérés une source précieuse de renseignements. Sans ces récits, construire une image raisonnable du personnage légendaire aurait été une tâche quasiment impossible, et une tranche colorée de l'histoire du Nord de l'Ontario, à jamais perdue. Chapeau bas, une fois de plus, à tous les journalistes passés et contemporains qui se sont fait, ou se font encore, non seulement un devoir, mais une passion d'enregistrer au jour le jour les activités humaines.

En dressant la liste de tous ceux et celles qui ont contribué d'une façon ou d'une autre à faire de ce livre une réalité, j'espère n'avoir oublié personne. Soyez assurés que, si je l'ai fait, ce n'était pas intentionnel. Je profite aussi de l'occasion pour rendre hommage aux personnes qui sont décédées depuis que je les ai interviewées. Enfin, du fond de mon cœur, merci à :

la famille de Charles Laflamme[1], dont Gisèle et
 Gilbert, Guy et Diane, Huguette, Robert, Roger et
 Margaret, et Suzanne et Clermont ainsi que Gilles
 Vernier (cousin), de votre accueil chaleureux et
 de votre apport précieux à ma recherche sur votre
 grand-oncle ;

Rhéo Beauchamp (†), Eunice Belisle,
 Wivine Bruneau, Annette Carrière (†),
 Roger (Ti-Pit) Carrière et Laurent Charbonneau,

Violette Charbonneau, Griff Mangan (Alasa
Farms/Famille Strong), Gordon Miller,
Charles Pachter, Gérald Payette, Denise Savard,
Alfred (Médé) Secord (†), Roland (Bidou) Secord,
Gerry Talbot, Simone Talbot (†), Cécile Turcotte,
Ernest (Dubby) Turcotte, Judy Turcotte,
Edelta Turgeon (†), Doris Véronneau,
Marguerite Véronneau, Raoul Véronneau (†),
Reina Véronneau (†) et Rhéal Véronneau (†)
d'avoir partagé, dans le cadre d'entrevues ou
par le biais de photographies, vos souvenirs de
Joe LaFlamme ;
Jean-Marie Cayen (†) de m'avoir présenté
le personnage fascinant de Joe LaFlamme ;
Joanne Dupuis, Nicole Lalonde, Roger Lalonde,
Wilfried Meyer, Gerry Talbot, Gérard Violette et
Mélanie Violette pour votre rétroaction pertinente
lors d'une première lecture du manuscrit ;
Gaétan Gervais pour tes bons conseils ;
Léo Larivière, pour la carte géographique ;
le Musée Héritage de Gogama pour votre contribution
financière à ce projet ;
la Chambre de Commerce de Gogama ;
Angie O'Neil de croire en moi et de m'encourager avec
tes paroles perspicaces ;
denise truax ainsi que le personnel des Éditions Prise
de parole, de même que Johanne Melançon, Eva
Lavergne et Normand Renaud, d'avoir cru dans
mon projet et de m'avoir aidée à le réaliser ;
Avery, Gérard, Ghislain, Jack, Katrina et Mélanie,
d'enrichir ma vie de votre présence.

Enfin, mais non en dernier ordre, je remercie chacune des personnes qui ont répondu avec gentillesse à toutes mes questions lors de mes communications avec les divers établissements publics et privés: associations, fédérations et clubs de tous genres; bibliothèques; bureaux gouvernementaux de tous les paliers; centres d'archives, de documentation et de données; institutions de santé, d'éducation et autres; médias; musées; registres fonciers; sociétés historiques et de généalogie; et d'autres encore. J'en compte plus d'une centaine. Bien que mes recherches auprès de plusieurs de ces établissements n'auront peut-être pas abouti à des résultats concrets, leur service a été fort apprécié.

Encore une fois, un grand merci à vous tous!

Préface

L'indomptable dompteur de loups : réflexions sur une figure emblématique

Joe LaFlamme me fascine et ma fascination me trouble. Je comprends mal pourquoi ce personnage m'interpelle. Bien sûr qu'il est haut en couleur, mais je ne voudrais sûrement pas barioler ses couleurs partout. Dompteur de loups, dresseur d'orignaux, guide, trappeur et prospecteur, mais aussi petit contrebandier d'alcool, tenancier d'une pension soupçonnée de mauvaises mœurs, plaideur narquois en cours de justice, *show man* qui risquait le désastre pour impressionner les badauds, racoleur pittoresque à l'occasion si ça pouvait soustraire une piastre aux touristes de passage, bref, un villageois nord-ontarien en porte-à-faux avec la société urbaine et la nature boréale... tout ça n'est pas le pedigree d'un symbole de la fierté régionale et de la masculinité vitale. C'est pourtant la valeur qu'il acquiert spontanément dans l'esprit de bien des gens qui le découvrent.

« Comment est-ce possible que je n'en aie pas entendu parler avant ? » Hormis à Gogama où son souvenir reste bien vivant, c'est la réaction typique des personnes qui découvrent le personnage. On a raison de s'en étonner. Car il n'y a pas si longtemps, Joe LaFlamme était connu partout. Figure saisissante agrippée à son traîneau tiré par une meute de loups ou un orignal, il était véritablement une vedette internationale qui — à Toronto, à Montréal, à New York et dans bien d'autres villes — faisait accourir les foules du Sud en demeurant profondément enraciné dans le Nord. De qui peut-on en dire autant ? À l'époque, on saisissait l'ampleur de son exploit. Cet homme domptait l'indomptable ; il dominait un archétype de la terreur animale. Aujourd'hui, pourtant, son souvenir est largement disparu. Cette lacune de notre mémoire collective me trouble aussi.

J'ai l'impression que Joe LaFlamme a été le dernier d'une lignée de célèbres repères identitaires populaires à l'ancienne manière, qui comprend des forces de la nature comme Victor Delamarre et son ami nord-ontarien Wilfrid Paiement, des phénomènes de la nature comme les quintuplées Dionne, des apôtres de la nature comme le prétendu autochtone Grey Owl et les peintres du Groupe des sept. Joe LaFlamme s'est hissé au rang de la personnification du Nord : il était « The Wolf Man of the North », rien de moins. Dans ce vocable, il faut entendre la résonnance du mythique « New Ontario / Nouvel-Ontario », pays neuf à dominer et auquel se mesurer, qui vous promettait des richesses si vous surmontiez sa rudesse. Mais Joe LaFlamme n'est pas tout à fait dans le rang, car dans cette galerie de personnages, c'est celui qu'on semble le moins rappeler.

Il importe de nous interroger sur la place qu'occupait Joe LaFlamme dans les esprits et les raisons pour lesquelles il ne l'occupe plus. Qui était-il au juste? Qui étions-nous, à nos yeux, aux yeux des autres? Que sommes-nous devenus? En quelle époque vivons-nous aujourd'hui, puisque notre homme aux loups est déjà d'une autre époque? Qu'avons-nous perdu en quittant ce temps? Gagnerait-on à en renouer le fil? Doit-on plutôt se réjouir de le voir rompu? Pour bien méditer le sens de ce personnage remarquable, nous devons d'abord bien le connaître. Pour cela, nous avons maintenant l'ouvrage qu'il faut.

Joe LaFlamme, l'indomptable dompteur de loups est la biographie fascinante d'un personnage emblématique du Nord canadien de la première moitié du 20e siècle. Pour décrire comme il se doit un grand personnage au cœur d'une grande époque, la biographe Suzanne Charron a mené un travail de recherche méticuleux et exhaustif. Parmi d'innombrables articles repérés et consultés, elle en a retenu plus de 275, tirés d'une centaine de journaux, de revues et d'autres sources canadiennes et américaines. Soucieuse de cerner son sujet de près, elle ne s'en est pas tenue aux informations publiées: elle a aussi mené des entrevues auprès d'une trentaine d'informateurs ayant des connaissances directes de l'homme et de ses exploits. En fouillant des fonds d'archives et des albums personnels, elle a déniché des douzaines de photos anciennes: jamais n'a-t-on rassemblé en une publication autant de photos de Joe LaFlamme. Devant une étude qui compte plus de 600 notes infrapaginales, on ne peut pas douter de l'étendue de la documentation, de la détermination de la chercheure ou de la célébrité du personnage.

Cette biographie de Joe LaFlamme n'est pas romancée ou laudative. Elle se veut une recherche factuelle, que l'auteur n'exploite pas comme prétexte à ses interprétations ou à ses impressions personnelles. Cependant, l'auteure ne se prive pas du plaisir de rapporter souvent des paroles du personnage, ce qui rehausse certainement le récit. En une boutade audacieuse, Joe LaFlamme muselait un procureur de la couronne aussi efficacement que sa muselière fermait la gueule de ses loups. En une remarque pénétrante, il cernait la nature imprévisible de l'animal et ravivait ainsi l'effroi que l'apparence d'apprivoisement avait dissipé. L'impressionnante collection de photos que cet ouvrage rassemble est tout aussi éloquente. Souvent le charisme de Joe LaFlamme « perce la page » comme un grand acteur perce l'écran. On y admire « l'Homme aux loups » dans toute sa prestance, mais parfois aussi, en un contraste frappant, l'homme au quotidien que rien ne distingue. C'est comme si son monde ordinaire — et le nôtre ? — s'ouvrait sur une seconde dimension fantastique à laquelle il savait accéder.

J'aurais beaucoup aimé disposer de cet ouvrage lorsque j'ai conçu et exécuté le projet du *Salut de l'arrière-pays,* une autre publication des Éditions Prise de parole qui ravive le souvenir de Joe LaFlamme parmi d'autres personnages hauts en couleur du nord de l'Ontario. En fait, c'est à cause de ma découverte de Joe LaFlamme — lors d'une visite à la petite école élémentaire Notre-Dame-du-Rosaire de Gogama où l'on m'a montré un album de coupures de presse — que j'ai entrepris de dénicher et de raconter d'autres personnages nord-ontariens de grande envergure, de manière à valoriser tant de petites communautés durement éprouvées par les impératifs économiques et les tendances démographiques d'une fin de siècle qui leur a tourné le dos.

Au fond, je sais ce qui me trouble dans l'histoire de Joe LaFlamme. Bien que ce personnage puisse sembler caricatural aujourd'hui, il a été l'incarnation authentique d'une vérité admirable. Le Nouvel-Ontario a vraiment été un pays assez sauvagement grand et libre pour façonner un homme comme lui. J'ai l'impression que le souvenir de cet homme s'est perdu parce que ce pays s'est perdu.

Suzanne Charron n'est pas de ceux et celles qui ont oublié ou qui ignorent. En traçant avec tant de soin le portrait de Joe LaFlamme, elle évoque aussi le monde qui a engendré l'homme. Elle rappelle un temps pas si lointain où l'on voyait dans le Nord une terre promise de la liberté individuelle et de l'avenir collectif, notion que les métropoles du Sud ont accaparée depuis. J'ose espérer qu'en rappelant la promesse du passé, cette biographie de Joe LaFlamme forcera la porte de l'avenir. Quand on parle du loup, on en voit la queue.

NORMAND RENAUD
SUDBURY, JUILLET 2013

Avant-propos

Joe LaFlamme, l'Homme aux Loups. Le nom évoque une variété de sentiments chez ceux et celles qui l'ont connu et qui sont encore vivants. Quelques-uns craignaient cet homme qui n'avait peur ni des humains ni des bêtes. D'autres louangeaient sa générosité et son empressement à aider les gens dans le besoin. Peu importe ce qu'on pensait ou pense encore de lui, Joe LaFlamme n'aura laissé personne indifférent. Ceux et celles qui en ont simplement entendu parler sont intrigués par l'aura légendaire qui entoure son personnage. On veut le connaître davantage. Et moi aussi.

L'histoire de Joe LaFlamme me hantait depuis que j'avais mis les pieds dans son ancienne maison située sur la rue Harris, à Gogama, dans le Nord de l'Ontario. C'était un soir de tempête de novembre 1972. Un collègue de travail, Jean-Marie Cayen (maintenant décédé), et son épouse Diane nous y avaient invités, mon conjoint et moi, à jouer aux cartes. Il pleuvait à boire debout et, ironiquement, le vent hurlait comme une meute de loups alors que Jean-Marie, ce conteur hors pair, nous racontait des bribes de la vie fascinante de LaFlamme, une des légendes les plus durables du nord ontarien. Depuis cette soirée, une histoire embryonnaire flottait dans ma tête. Au cours des dernières années, elle a commencé à insister pour se faire écrire, pour naître. Étrangement, cette urgence est devenue plus évidente à mon retour en Ontario, après que j'eus vécu quelques années à Montréal et, sans le savoir, à quelques minutes à peine de la tombe de Joe. Le dernier coup de coude est survenu au 50ᵉ anniversaire de mariage de Roger et Annette Carrière, à Gogama en août 2007. Mon conjoint et moi étions assis avec notre ami Gerry Talbot. Durant une discussion sur Joe LaFlamme, Gerry et moi avons réalisé que son histoire n'avait jamais été racontée. Alors, j'ai saisi l'occasion en me disant : « Il est grand temps que je me mette à la tâche ! »

Voici donc la biographie de Joe LaFlamme, ce dompteur de loups extraordinaire qui a vécu de 1889 à 1965. La trentaine d'années qu'il a passées à Gogama l'ont propulsé sur la scène internationale où il s'est mérité le titre respectable d'« Homme aux Loups » et, plus tard, d'« Homme aux Orignaux », car il vivait et communiquait avec des animaux sauvages que peu d'entre nous oserions côtoyer. Le loup indomptable et l'orignal colossal trouvaient un ami en Joe LaFlamme. Ces animaux étaient sans contredit plus qu'un passe-temps, ils étaient sa vocation. Et pour demeurer fidèle à son appel à œuvrer auprès de la faune, Joe aura dû oser vivre sa vie comme il l'entendait, et ce, souvent à contre-courant de son milieu — parfois même un peu trop. Aucun cadre social n'aura pu contenir ce personnage surréel qui aimait profondément les animaux sauvages et n'avait pas peur des défis qui accompagnaient sa vocation.

Il faut dire que raconter l'histoire de cet homme incroyable a aussi occasionné sa part de défis. Comme peu de documents officiels ont survécu au passage du temps, j'ai tenté de reconstruire le caractère et les événements de la vie de Joe LaFlamme en me basant principalement sur des entrevues personnelles et de nombreux articles de magazines et de journaux provenant de partout, souvent enfouis au fond de vieilles boîtes ou collés pêle-mêle dans des albums. Plusieurs des articles n'étaient pas proprement identifiés; il y manquait souvent soit le numéro de page, soit la date ou le nom du journal, quand ce n'était pas toutes ces informations à la fois! Heureusement, avec l'aide de préposés de bibliothèque — que je remercie d'ailleurs —, j'ai réussi à dénicher la plupart des renseignements. J'ai néanmoins passé des heures innombrables à visionner les microfilms, à dialoguer avec les gens en tête-à-tête ou au téléphone, à naviguer dans Internet, et à correspondre par courriel afin de découvrir le plus de facettes possible de la vie de Joe LaFlamme.

Il en a été de même au moment de reconstituer les événements marquants de sa vie. Que dire des centaines d'heures écoulées à lire et relire le matériel trouvé, à tenter d'y mettre de l'ordre... Souvent, des détails concernant un événement passé reparaissaient dans des articles écrits plusieurs années après. Je devais donc aller constamment d'un article à l'autre. Que de fois j'ai tourné les pages de mes deux gros cartables d'articles! Mettre la main sur tous ces articles s'apparentait au travail d'un archéologue fouillant patiemment sans trop savoir quels trésors il découvrira; ou à celui d'un détective qui doit relier les indices, écrits ou photographiques, aux faits. Mais quel travail passionnant quand même!

J'ai apprécié, tout au long de mon travail de recherche, la généreuse collaboration de Gerry Talbot, un résident de Gogama, en particulier en ce qui a trait au village même, lieu de résidence de Joe en Ontario. Même à deux, c'était comme faire un immense casse-tête. J'avoue que je n'ai pas réussi à trouver tous les morceaux; certaines périodes de la vie de Joe m'échappent malgré mon acharnement à la recherche. Mais en dépit de ces «trous» dans la chronologie de LaFlamme, j'ai rassemblé suffisamment de données pour faire revivre sous ma «plume» ce personnage plus grand que nature.

Si la recherche de documents et leur traitement auront posé tout un défi, il en est allé de même pour l'écriture. La traduction en français des citations de LaFlamme tirées de journaux anglophones a notamment posé problème. Mes premières traductions respectaient un niveau de langue standard mais, selon moi, sonnaient faux et ne collaient pas à la réalité du personnage. Je me suis alors rendue à son lieu d'origine, dans la région de Vaudreuil-Soulanges, où la famille Laflamme m'a très chaleureusement accueillie. Ensemble, nous avons réussi à redonner une couleur juste aux propos de Joe — ou «mononcle Télesphore», comme on le nomme affectueusement là-bas.

Bâtir l'iconographie de ce personnage célèbre s'est également avéré une entreprise de taille. J'ai amorcé le projet avec une vingtaine de photos, pour la plupart non identifiées, et j'en compte maintenant plus de cent cinquante, bien que de qualité inégale. Et encore fallait-il les identifier, en trouver la source et les classer par ordre chronologique, ce qui a demandé de nombreuses heures de recherche et d'étude, souvent à la loupe. Mais quel plaisir, en bout de course, d'avoir réussi à résoudre le mystère entourant la plupart de ces clichés!

En rétrospective, il était temps d'entreprendre ce projet biographique, car depuis que je l'ai initié en 2007, plusieurs personnes que j'ai interviewées sont décédées, ce qui marque — et c'est dommage — une diminution du fond anecdotique entourant ce personnage fabuleux. Si fabuleux, en fait, que certains croient que Joe LaFlamme n'est que personnage de légende. Eh que non! Le dompteur de loups aura accompli des exploits si extraordinaires qu'il s'est attiré une couverture médiatique considérable à travers l'Amérique du Nord. Jusqu'à présent, Gerry et moi avons recensé plus de 275 articles de journaux et de magazines nord-américains, dont le *LIFE*, *Popular Science Monthly* et *Boxoffice Magazine*, sans compter des livres et des films — le tout principalement en anglais. Je suis certaine qu'il traîne un peu partout, au Canada et aux États-Unis, d'autres preuves tangibles de l'existence de l'Homme aux Loups.

Il n'est donc plus question de légende, mais bien de folklore: le personnage, à travers le discours populaire — anecdotes ou récits transmis de bouche à oreille, articles de revues ou reportages dans les journaux — est devenu plus grand que nature. Examiner la vie de cet homme qui a été le sujet de tant d'attention du public et des médias s'imposait donc, ne serait-ce que pour faire la connaissance de son approche inusitée de la vie. Dompter des bêtes sauvages avait exigé de Joe énormément d'énergie, de patience, de courage et de créativité dans sa façon d'aborder la vie et de relever ses défis. L'esprit d'indépendance et l'originalité de Joe pourraient nous inspirer, nous, citoyens d'une société de plus en plus uniforme, à faire comme celui qui, aussi longtemps qu'il l'a pu, aura vécu sa vie avec passion et brio, comme il l'entendait.

Enfin, l'importance de découvrir et de vivre chacun sa passion, tel est le message que nous lègue Joe LaFlamme. Et pour cela, je lui rends hommage.

Suzanne F. Charron
Grand Sudbury, le 31 mai 2013

Chapitre 1

Un maître au fouet

Joe LaFlamme aurait déjà déclaré que pour être heureux, lui et ses loups avaient besoin d'air frais, d'exercice, de neige et de travail[1]. Il aurait peut-être dû ajouter l'alcool. Tous ces facteurs nécessaires à une vie productive d'homme des bois, Joe les aura trouvés en abondance à Gogama[2], ce village du Nord de l'Ontario où il a vécu de 1920 à 1947. Et il les appréciait. Mais la dernière ressource exigeait de lui une vigilance de tous les instants. Les jumeaux Alfred (Médé) et Roland (Bidou) Secord l'apprendront à leurs dépens en 1945, alors qu'ils n'avaient que douze ans.

Furetant dans la noirceur d'une glacière abandonnée, les garçons étaient soudainement tombés sur le butin. « On en prend[3] ! » aurait crié Alfred à son jumeau. En quête d'aventure, les jumeaux s'étaient faufilés dans la cabane. L'absence d'éclairage n'avait pas freiné leurs fouilles dans les amas de bran de scie. Comme les réfrigérateurs n'étaient pas chose commune à l'époque, les propriétaires d'hôtels gardaient leur bière froide en la cachant dans des baraques, sur des blocs de glace recouverts de bran de scie. C'est donc ainsi que les jeunes avaient découvert plusieurs caisses de bière et de spiritueux faits maison.

D'instinct, ils avaient su à qui appartenait ce butin. Et ce n'était pas au propriétaire de la glacière, Fabien Bissonnette, qui avait récemment quitté Gogama, abandonnant son hôtel et son restaurant situés sur la rue Poupore. Partir en abandonnant tout était, selon Médé, chose commune à l'époque : « Le monde partait, pis y vendaient seulement pas leur maison[4]. » Les bâtiments abandonnés s'avéraient d'un attrait irrésistible pour les gamins de ce village perdu dans la forêt boréale. Accessible uniquement par train, par avion ou par bateau[5], la communauté était à l'époque isolée du reste du monde, ce qui obligeait ses résidents à se débrouiller seuls. Quant aux jumeaux, ils savaient à quoi s'occuper : rien de plus fascinant que d'explorer les coins et recoins de leur village natal.

Ce jour-là, les garçons avaient décidé qu'une petite dégustation de bière était de mise. Bidou se souvient d'un arrière-goût de goudron[6], qui avait vite incité son frère et lui à recracher l'alcool et à lancer leurs bouteilles à l'autre bout de la cabane[7]. Puis, dérobant des brassées de bouteilles de spiritueux, ils avaient décampé comme des écureuils excités d'avoir trouvé un tas de noix. À leurs yeux, les jumeaux n'avaient fait que s'amuser ; c'était « pour le *fun*[8] », comme l'avouera Alfred. Les garçons espéraient tout de même faire un peu d'argent de poche en vendant l'alcool volé à leurs frères aînés. À cinquante cents la bouteille, ce serait un jeu lucratif pour ces mineurs soudainement transformés en contrebandiers d'alcool — des *bootleggers*, aurait dit le commun des villageois.

Mais les jumeaux n'avaient pas fini d'explorer la cabane. De nombreuses bouteilles restaient enfouies dans les sciures de bois. Par un après-midi d'été frais et nuageux, Médé et Bidou avaient donc rendu une deuxième visite à leur cabane aux trésors. Ils étaient en train de remplir leurs bras de bouteilles quand ils ont entendu crier. Serrant le butin contre leur poitrine, ils s'étaient précipités vers la porte du côté. La peur d'être pris en flagrant délit leur lacérait le ventre.

Soudain, un fouet avait claqué près de leurs oreilles. Les garçons s'étaient arrêtés net, le cœur tambourinant. Tournant la tête, Alfred avait entrevu un spectre géant dans le coin sombre : long fouet en main et dominant les jumeaux se dressait le colossal Joe LaFlamme, l'Homme aux Loups.

Le regard furieux de LaFlamme avait momentanément immobilisé les garçons. Puis, sous le coup de l'adrénaline, ils s'étaient précipités à l'extérieur par la ruelle. Alfred et Roland se fichaient bien d'écouter les réprimandes de Joe. Quant à lui, il leur avait fait peur simplement pour leur donner une leçon. Et il avait réussi. L'effroi des gamins avait bien fait rire Albert (King) Roy, alors locataire[9] chez Joe. En fait, « King riait assez qu'y est parti sur son bord, raconte Alfred en rigolant. Y [nous] aurait jamais fessés. Mais on a eu peur. Si Joe [nous] avait poignés, j'pense qu'y [nous] aurait tués[10]. » La peur nourrit l'imaginaire...

Même si Joe savait que les jeunes ne faisaient que s'amuser, il n'appréciait pas cette intrusion dans ses affaires. Il protégeait son gagne-pain ou, du moins, un de ses moyens de survie. Probablement le contrebandier le plus notoire de Gogama, Joe tenait un important inventaire d'alcool. Mais il devait faire preuve de créativité pour exercer son commerce, car la Police provinciale de l'Ontario (PPO) avait un poste à Gogama.

Comme un loup, LaFlamme défendait son territoire.

Chapitre 2

Contrebandier à « Poisson sauteur »

Des années 1920 jusqu'aux années 1940, le village prospérait malgré l'absence d'électricité et de route praticable. Les quelque deux mille résidents de « Poisson sauteur » (*Jumping Fish*)[1] — traduction du nom ojibwé *Gogama* — vivaient dans un monde à part. Érigé sur une colline de sable, le village était cerné de forêts et de lacs. N'ayant pas de service téléphonique, les villageois demeuraient isolés des centres urbains. Sudbury, situé à environ deux cents kilomètres au sud, était le plus facile d'accès et ce, parce que la Compagnie des chemins de fer nationaux du Canada (CNR, aujourd'hui le Canadien National) s'était dotée d'une gare à Capréol, au nord de Sudbury. Gogama pouvait s'enorgueillir de son comptoir de la Compagnie de la Baie d'Hudson et de sa succursale de la Banque d'Hochelaga (plus tard la Banque canadienne nationale).

L'expansion de Gogama se faisait nécessairement autour de la gare ferrovière. Vital pour la survie du village, le chemin de fer transcontinental serpentait à travers la région, allant de Capréol au sud jusqu'à Hornepayne dans le nord-ouest; son point central était Foleyet, à 170 kilomètres au nord-ouest de Gogama. Comme les locomotives fonctionnaient à vapeur, une chute à charbon et un immense réservoir d'eau étaient devenus, par la force des choses, les points de repère du village. La ville de Timmins n'étant pas sur la route transcontinentale, elle ne deviendrait accessible qu'en 1952 avec la construction du « chemin de Gogama », aujourd'hui la route 144. Comme il y avait peu de rues dans le village lui-même, les véhicules motorisés se faisaient rares. Mais, à un moment donné, Joe LaFlamme en a tout de même possédé deux. L'un ressemblait drôlement aux autos antiques d'Al Capone : grise, grand luxe et ornée de nickel chromé sur les portes et les pare-chocs. C'était une voiture pour les grandes occasions, contrairement à son autre véhicule, une camionnette, qui servait à livrer le bois de chauffage que Joe vendait aux villageois[2].

À l'époque où LaFlamme y a vécu, la région de Gogama était classée parmi les premières productrices de fibre en Ontario, et le bois de charpente en constituait l'activité commerciale la plus importante. Dans le village, sur la rive nord du lac Minisinakwa, se trouvaient les deux principaux moulins à scie, établis depuis environ 1920 : le moulin stationnaire de Poupore et celui de Cochrane. En mai 1941, un immense feu de forêt allait raser la plupart des limites d'abattage de la région, ralentissant considérablement l'industrie du bois de charpente à Gogama. Pendant un mois, le feu ravagerait

133 954 hectares[3] dans vingt-six cantons[4]. Comme LaFlamme aimait être au cœur de l'action, il aiderait à combattre ce feu monstre.

De gauche à droite, Michael J. Poupore et William H. Poupore, propriétaires de la première scierie à Gogama, Joe LaFlamme, et possiblement des employés de la scierie, vers 1932.
PHOTO GRACIEUSETÉ DE GERRY TALBOT.

Mais Joe n'était ni pompier forestier ni bûcheron de métier, même s'il en avait tous les attributs physiques. Dans la fleur de l'âge (la trentaine), il était très bel homme, bien bâti, avec une chevelure noire abondante et des yeux gris-vert[5]. Il mesurait 1,9 mètre[6] et pesait quelque cent kilos[7]. Bref, il avait l'allure d'un *bouncer*, ce qui s'avérait plutôt utile dans la gestion de son commerce de contrebande d'alcool, une entreprise desservant de nombreux travailleurs de la forêt et du chemin de fer. Abrutis à la fin de leur journée, ils appréciaient un bon steak[8] arrosé de la boisson alcoolisée que leur offrait Joe — à un certain prix, bien entendu. Mais Joe en payait lui aussi le prix : son commerce illicite l'amènerait plusieurs fois à comparaître en cour.

Chapitre 3

À la défense de sa propre cause

Joe LaFlamme avait l'esprit vif et novateur. Il pouvait donc se défendre lui-même devant un tribunal. En voici un exemple typique de 1937, tel que relaté par l'avocat Peter V. MacDonald dans le *Sudbury Star*[1] : un bon matin, la police locale avait demandé à Louis Labine, résident de Gogama, d'expliquer le renflement suspect dans la poche de son manteau. Comme il le soupçonnait, l'agent y avait trouvé une bouteille de whisky, qui allait devenir la première pièce à conviction au procès de Joe LaFlamme, accusé de vente clandestine d'alcool. S'il était trouvé coupable, il écoperait de trois mois de prison sans appel. Le jour de l'audience, la salle communautaire de l'église catholique de L'Ange-Gardien était bondée. Les curieux voulaient voir comment Joe se tirerait d'affaire. Sa facilité à jauger les gens, son expérience en tant que policier à Montréal, son humour pince-sans-rire[2] et son pouvoir de persuasion faisaient de LaFlamme un vrai bouffon de la cour.

Durant le procès, le procureur de la Couronne avait demandé au policier de raconter sous serment ce qu'il avait trouvé. Landreville, l'avocat de la défense, n'avait pas eu de questions pour lui. Le procureur avait alors invité son prochain témoin, Louis Labine, à indiquer si l'homme qui lui avait vendu le whisky était Joe LaFlamme. Ce que Labine avait confirmé. Encore une fois, la défense n'avait pas eu de questions. Le procureur de la Couronne avait ainsi terminé la présentation de la preuve. L'avocat de la défense avait alors demandé à LaFlamme de venir à la barre. Après l'assermentation, celui-ci avait décliné son nom et son adresse. L'audience s'était ensuite transformée en un interrogatoire mené par nul autre que LaFlamme lui-même[3].

Landreville : « Alors, vous avez entendu ce que le constable et Labine ont dit sous serment. Quelle est votre réponse ? »

LaFlamme : « Quand j'jure de dire la vérité, j'ai rien qu'une parole ! Y a du vrai là-dedans, mais y savent pas toute l'histoire. L'agent me l'a jamais demandée pis j'vas vous la dire, toute l'histoire. »

LaFlamme (pointant Labine du doigt, surprenant tout le monde par cette tactique) : « Labine, r'garde icitte. Si c'est pas vrai, arrête-moé pis dis "Non !" Tu comprends ? »

Labine avait fait signe que oui.

LaFlamme : « Monsieur le juge, c'matin-là, Labine a retonti chez nous. Y disait avoir un gros mal de tête à cause de la veille pis y me d'mande si j'avais un "remède" à vendre pour ça. J'ai dit : "NON !" C'est parce que j'suis sur la *black list* [liste noire] de la commission des liqueurs. À c't'heure, Labine, tu t'rappelles que je t'ai amené sur ma galerie pis que j'ai pointé l'allée et un tas de bois dans la cour en arrière du deuxième voisin ? »

Labine avait de nouveau fait signe que oui.

LaFlamme : « Pis tu t'rappelles, j'ai dit : "Va là pis tire le troisième rondin au boute du tas de bois, pis après mets-toé le bras dans le trou pis t'auras une bouteille de whisky" ? »

Labine avait fait signe que oui une troisième fois.

LaFlamme : « Après j'ai dit : "Labine, pour cette information, c'est dix piastres." Pis tu m'as donné dix piastres, correct ? Lève-toi, Labine, pis dis au juge si c'est vrai ! »

Labine (obéissant, se levant d'un bond en criant) : « Oui, c'est vrai ! »

Landreville : « Vous dites que c'est exactement ce qui est arrivé, M. LaFlamme ? »

LaFlamme : « Oui, c'est sûr. »

Enfin, l'avocat avait argumenté qu'il n'y avait pas de preuve que la bouteille d'alcool appartenait à l'accusé, ni qu'il l'avait en sa possession ou sur sa propriété. À la lumière de cette défense, le juge n'avait eu d'autre choix que de rejeter l'accusation.

Voilà pourquoi LaFlamme avait la réputation d'être le rêve de l'avocat[4]. Il savait monter une défense gagnante et, en fait, accomplissait la plus grande partie du travail de l'avocat. Me Landreville a rapporté que pendant dix ans, de 1937 à 1947, il avait défendu Joe en moyenne une fois par mois et que, chaque fois, il avait gagné sa cause, sans aucune préparation. Chaque fois, l'accusé avait procédé de la même façon, téléphonant au bureau de l'avocat pour l'informer de la nature de son accusation et de la date du procès, et c'était tout. Rien de plus, rien de moins. Lorsque Landreville et LaFlamme se rencontraient en gare de Gogama, l'avocat interrogeait pourtant son client quant aux détails de la cause. Toujours, Joe gardait la bouche cousue : « En cour, d'mandez-moé mon nom pis j'vas m'arranger avec le reste[5]. » Maître Landreville a confié au journaliste Peter V. MacDonald : « Joe LaFlamme[6] aurait été un avocat formidable parce qu'il savait instinctivement soulever un doute raisonnable[7]. »

D'autres comparutions devant tribunal

En 1937, ce n'était déjà plus la première fois que Joe LaFlamme comparaissait devant la cour. Son premier délit remontait à mars 1931, alors qu'il était propriétaire exploitant du Moose Lodge, un centre d'hébergement pour touristes. Il avait reçu une amende de 100 $ pour avoir en sa possession de l'alcool acheté sans permis[8], une infraction à la *Loi sur la réglementation des alcools*.

Puis, en juin 1931, la police avait été informée que Joe cherchait à ravoir les cinq caisses d'œufs et les deux caisses de spiritueux qu'il avait commandées et dont un voleur s'était emparé à la gare. L'enquête allait révéler que Joe avait acheté de l'alcool sans permis. Il devait donc comparaître en cour en septembre. Cette fois encore, il défendrait sa propre cause, mais sans succès. Comme le juge Thos. Stoddart n'avait aucune sympathie pour le récidiviste, Joe recevrait une peine plus sévère qu'à l'habitude, soit trois mois de réclusion[9] sans substitution d'amende.

LaFlamme en appellera du jugement et se fera représenter par l'avocat de la Couronne, G. M. Miller, aux audiences des 19 et 20 décembre 1931. Au vu de certaines contradictions dans les témoignages de la Couronne, le juge Edmond Proulx réduira la peine d'emprisonnement à une simple amende, en vertu de l'alinéa 42 de la *Loi sur la réglementation des alcools*, qui permettait aux individus de posséder des breuvages alcoolisés dans leur demeure.

Ce procès aura d'autres conséquences puisque, à la suite du témoignage du garde-chasse Andrew Aird, LaFlamme a perdu son emploi de guide de chasse et de pêche pour le ministère ontarien de la chasse et de la pêche[10]. Durant l'année 1930-1931, Joe avait touché un montant de 108 $ pour ses services au gouvernement provincial[11]. Nous ne savons pas combien d'heures de travail ce salaire représentait ; c'était sans doute du travail à temps partiel ou à contrat.

Cinq ans plus tard, Joe comparaîtra de nouveau devant le tribunal. En octobre 1936[12], il sera accusé du vol d'un bateau et d'un moteur hors-bord ainsi que de quatre[13] tonnelets d'essence des mines Young-Shannon, exploitées au nord de Gogama. La valeur totale des objets volés se situait entre 500 $ et 600 $, ce qui était un délit assez grave pour que le juge Proulx le condamne à quinze jours de prison et à la restitution des biens volés à leurs propriétaires.

Mais l'histoire ne s'arrêterait pas là. Le procureur général de l'Ontario en appellera du jugement, argumentant que la sentence n'était pas suffisante pour le délit. Une semaine plus tard, le juge Proulx ferait passer la condamnation de quinze jours de prison à trois mois. Comme Gogama n'aura pas de prison avant 1949, les condamnés purgeaient leur peine à Sudbury après une période d'incarcération temporaire dans la chambre d'une maison de pension ou dans le sous-sol de la maison d'Arthur L'Abbé[14].

Selon les membres de sa famille, LaFlamme aurait été beaucoup trop occupé pour passer trois mois en prison. Comme les questions d'identité étaient plutôt floues à l'époque, il aurait supplié son frère le plus jeune, qui vivait alors à Gogama, de changer son nom (Elzéar) pour Joe, et de purger la peine à sa place[15]. Il est peu probable que ce stratagème ait fonctionné[16].

Il n'y a pas que les deux frères Laflamme qui auraient changé de nom dans cette famille. Un premier changement de nom important remonte à l'arrivée de la famille en terre canadienne. Selon la tradition orale, la famille porterait le nom de Laflamme à cause d'un patriarche du nom de François Quémeneur, venu de France s'établir à Saint-François, sur l'Île d'Orléans, au Québec. À l'approche de ce village riverain, il y avait une falaise dangereuse pour les navires. Afin de les avertir, François y faisait de gros feux. Quand les gens du village apercevaient les belles flambées, ils annonçaient à leurs voisins : « La flamme est allumée. La flamme est allumée[17]. » Depuis ce temps, l'ancêtre porterait le nom de François Quémeneur dit Laflamme. Il faut croire que le nom de Joe LaFlamme lui était également prédestiné car il aimait jouer avec le feu, tant au sens littéral qu'au sens figuré, comme en témoigne l'événement relaté ici, survenu en 1938.

En mars, Mme Laurent[18] Fortin, mère de trois enfants, est accusée d'avoir mis le feu à sa maison de pension à Gogama[19]; elle comparaîtra devant le tribunal en juin. Le moment le plus marquant de son procès restera celui du contre-interrogatoire de Joe LaFlamme. L'avocat de la défense, J. J. O'Connor, avait interrogé celui-ci sur l'origine des feux qui avaient eu lieu dans divers établissements de contrebande d'alcool de la localité : « Durant les dix-huit dernières années, avez-vous fait de la contrebande d'alcool[20] ? » Joe aurait répondu : « J'pense pas que ça a rapport[21]. » L'avocat aurait insisté : « En avez-vous fait[22] ? » La réponse de Joe allait surprendre tout le monde : « Ben, t'es venu assez souvent chez nous, tu devrais l'savoir[23]. » À force de questions, LaFlamme avait fini par admettre qu'il « en avait fait un peu dans les dernières années[24] ».

Maintenant que Joe avait admis sa participation à la contrebande d'alcool, on le soupçonnait d'avoir mis le feu aux propriétés de ses compétiteurs, dont celle de Mme Fortin, elle-même contrebandière d'alcool. O'Connor trouvait suspect que l'établissement de Joe soit toujours épargné. LaFlamme aurait rétorqué qu'il n'y avait pas que les établissements de contrebandiers qui avaient brûlé mais aussi d'autres commerces du village. Puis, lorsqu'on lui avait demandé où il se trouvait le soir de l'incendie, Joe avait déclaré qu'il magasinait des piles à lampe de poche quand il avait entendu crier au feu. Le *Sudbury Star* rapporte[25] que Joe n'avait pas été surpris de voir la maison de Mme Fortin en feu. L'avocat de la défense ne donnera pas à LaFlamme l'occasion d'expliquer pourquoi il ne s'en était pas étonné — une réponse qui aurait pu être intéressante.

Un ami de Mme Fortin serait finalement accusé d'incendie criminel. Mais à la requête de qui cette personne avait-elle incendié la maison de pension ? À ce qu'on raconte, les propriétaires de commerces devaient éviter de contrarier LaFlamme au risque de voir leurs propres établissements devenir la proie des flammes. Certes, Joe n'aurait pas commis ce type de crime lui-même ; il se trouvait toujours non loin quelqu'un qui avait besoin de quelques dollars pour acheter de la nourriture[26].

En 1938, Joe, bien qu'âgé de quarante-neuf ans, ne pouvait s'empêcher de se mettre les pieds dans les plats. Le 6 octobre, il comparaîtra devant la cour fédérale à Foleyet. On le soupçonnait d'avoir donné ou vendu de la bière à un autochtone[27] de vingt-cinq ans, dans le cadre d'une beuverie, le 19 septembre. Ivre, le jeune avait attaqué un missionnaire anglican et cassé les fenêtres d'une église. Joe sera poursuivi et inculpé en vertu de la *Loi sur les Indiens*[28].

Mais les poursuites judiciaires ne semblent avoir exercé sur LaFlamme aucun effet de dissuasion. Incorrigible, il continuera, au cours des ans, à mener son commerce illicite d'alcool.

Chapitre 4

Le commerce clandestin de LaFlamme

La vente d'alcool illégal à «l'hôtel» de LaFlamme nécessitait un bar bien garni. Comme les autres établissements du village fermaient leurs portes à 22 h[1], plusieurs clients se dirigeaient chez les *bootleggers* pour continuer de se désaltérer. LaFlamme était toujours prêt à recevoir les assoiffés. Et il s'assurait de ne jamais manquer d'alcool.

Comme il n'y avait à l'époque aucun commerce de vin ou de spiritueux à Gogama, Joe s'approvisionnait à Capréol ou à Sudbury. C'était d'ailleurs ce que faisaient les autres propriétaires d'hôtels. Ils avaient le choix : soit passer leur commande directement aux fournisseurs, soit s'y rendre en personne, ce que Joe faisait à l'occasion. Et il revenait immanquablement avec deux coffres de métal bien remplis. Il était d'ailleurs le seul homme dans les environs à pouvoir soulever les deux coffres à la fois[2].

Était-ce une question de force ou une preuve qu'il ne faisait confiance à personne avec sa précieuse cargaison ?

Une fois commandées, les caisses d'alcool et de bière arrivaient à Gogama par wagon de marchandise. Les chargements étaient mis sous clé à la gare jusqu'à ce que les propriétaires légitimes viennent les réclamer — permis et argent comptant en main. Le permis limitait la quantité d'alcool qu'une personne pouvait se procurer. Comme Joe détestait les limites, il aurait obtenu des permis au nom d'autres personnes en se servant de personnes volontaires[3]. Une fois à l'entrepôt, Joe prenait possession de tous les chargements pour lesquels il avait une note, signée par ses complices, l'autorisant à prendre les caisses d'alcool en leur nom. Forcément, les contrôles n'étaient pas très serrés pour que Joe puisse agir de la sorte. Il semble pourtant que les agents de la gare appréhendaient la visite des vérificateurs de comptes.

Malgré tous ses efforts, Joe ne réussissait pas à s'approvisionner suffisamment pour son « hôtel ». Alors, il produisait son propre alcool dans un endroit peu fréquenté surnommé « l'Arizona[4] ». LaFlamme y gardait un alambic, même si cela était interdit par la loi. On dit que des hommes y distillaient de l'alcool de contrebande à longueur d'année, à l'exception d'une partie de l'automne et du printemps, lorsqu'il devenait impossible de traverser le lac[5]. Mais comment transportait-on les produits de cette distillerie l'été venu ? Joe occupait alors deux emplois des plus opportuns. En plus d'être concessionnaire local pour une compagnie de moteurs hors-bord[6], il transportait sur l'eau des cargaisons destinées aux compagnies forestières et minières[7].

Et qu'en était-il du transport d'alcool durant l'hiver? La légende raconte que Joe gardait un attelage[8] de loups assez rapides pour distancer la police lorsqu'il rentrait au village avec sa cargaison de barils ou celle des deux ou trois autres contrebandiers qui avaient également de grandes distilleries au cœur de la forêt[9]. Puisque la boisson produite à l'Arizona valait beaucoup d'argent, la vitesse s'imposait pour se rendre à sa maison de l'Île-aux-Couleuvres (Snake Island) et, plus tard, de l'Île-à-Leroux, de l'autre côté du lac Minisinakwa. On dit que la boisson que Joe et ses hommes produisaient à l'Arizona avait une forte teneur en alcool. Lorsqu'un propriétaire ultérieur de la maison des LaFlamme avait levé la structure pour y ajouter un sous-sol, il aurait trouvé une vieille bouteille de whisky. Voulant en vérifier la teneur en alcool, Raymond Perreault aurait ouvert la bouteille, aurait versé de cet alcool dans une cuillère et l'aurait fait flamber. La flamme aurait brûlé nette et bleue[10]. Selon la famille, la « baboche » de Joe titrait 90° d'alcool[11].

En plus de distiller du whisky, Joe fabriquait un vin communément appelé du « snub[12] ». Épais comme de la mélasse, il avait dit-on un goût affreux. Quant à sa bière faite maison, elle avait une odeur subtile d'eau de javel[13]. Joe cachait ses confections dans sa cave en charpente de bois[14]. Un grand tapis tressé dissimulait probablement la trappe menant à sa cachette; la dernière chose que Joe voulait, c'était d'alerter la police, qui visitait souvent son domicile[15].

Une de ces visites aura tout de même abouti en raid, durant lequel la police aurait saisi plusieurs barils de bois contenant chacun cent litres d'alcool[16]. Voulant s'assurer que le contrebandier n'ait plus accès à sa boisson, les agents auraient entreposé les barils dans le hangar à marchandise du CNR. Cependant, ils ne s'étaient pas aperçus qu'un homme avait observé de loin leurs activités et qu'il savait où les barils étaient cachés… Il aurait vite fait de prévenir Joe. Une nuit, munis de vilebrequins, les deux hommes se seraient faufilés sous le hangar et auraient percé des trous dans le plancher, directement sous chacun des barils. En un rien de temps, ils auraient transvidé l'alcool dans d'autres contenants, faisant d'un seul coup disparaître du hangar « et l'alcool illicite et la preuve[17] ».

La cave n'était pas la seule cachette de Joe. Le contrebandier enfouissait ses bouteilles d'alcool dans des tas de bran de scie et des meules de foin, ou les camouflait dans des cordes de bois, des maisons abandonnées, des remises, des poulaillers, des auges à cochons. Mais une de ses cachettes les plus notoires était sous les poteaux de clôtures en bois, tel que le découvrirait un jour le jeune Alfred Secord. Ayant aperçu Joe soulever un poteau et secouer sa jambe au-dessus du trou, Secord, intrigué, avait vu une bouteille glisser de la jambe du pantalon de Joe et tomber dans le trou. Le contrebandier aurait aussitôt remis le poteau à sa place, confiant que son trésor y dormirait en paix. Mais quelqu'un était maintenant au courant de sa cachette et savait où se procurer une bonne bouteille de Captain Morgan[18].

Il paraît que Joe avait entrepris sa carrière de contrebandier avant même de s'installer à Gogama. Sa famille pense qu'il a commencé à fabriquer de l'alcool de contrebande après sa démission[19] des forces de l'ordre en 1916. Ayant quitté son emploi, Joe avait sans doute eu besoin d'argent, et installer un alambic sur quelque propriété dans le Nord s'avérait alors facile et rapide. Il en allait de même pour la vente d'alcool illicite — surtout à partir de 1919, lorsque le Québec est passé sous la loi de la prohibition, même si celle-ci n'aurait cours que pour une courte durée[20]. Puis, en janvier 1920, ce serait au tour des États-Unis d'adopter le régime sec, du moins dans la plupart des États[21]. La contrebande frontalière d'alcool constituerait alors un commerce florissant, ce marché offrant une perspective alléchante pour les contrebandiers canadiens, y compris Joe LaFlamme et son frère Elzéar. On ne sait pas combien de fois ni par quels moyens ils ont livré illégalement leur alcool aux États-Unis, mais ils seront probablement passés par l'État voisin du Vermont, puisque celui-ci n'était pas soumis à la prohibition à l'époque[22].

On raconte qu'au moins une fois, Joe et Elzéar ont traversé la frontière avec un cercueil rempli de bouteilles d'alcool de contrebande. Sachant jouer la comédie, Joe aurait suivi le cercueil en sanglotant : « Mon frère est mort. Mon frère est mort[23]. » On ne saura jamais s'il a été arrêté ou non, mais la famille croit qu'après cet incident Joe se cachait de la police. Il est possible que ce soit pour cette raison que Joe LaFlamme est déménagé à Gogama en 1920. Une ville forestière en pleine croissance dans une province encore sous la loi de la prohibition, c'était là une perspective alléchante pour un contrebandier fugitif.

Chapitre 5

L'arrivée des LaFlamme à Gogama

Joe LaFlamme, en maillot de bain, probablement à Gogama au début des années 1920.
PHOTO GRACIEUSETÉ DE JUDY TURCOTTE.

Les anciens du village se souvenaient d'avoir vu Joe et Émilie, que tous croyaient être son épouse[1], débarquer du train avec leurs valises et leurs malles un jour de l'été 1920. Pour quelle raison les LaFlamme ont-ils choisi de s'établir à Gogama ? Une vingtaine d'années plus tard, Joe admettra à un journaliste qu'il n'aimait pas la vie dans la grande ville et qu'il avait senti en lui l'appel de ses ancêtres coureurs des bois[2]. Il était venu dans le nord ontarien pour travailler à la construction d'un moulin à scie[3] et, comme le village était en plein essor, il avait décidé d'y rester — et de profiter de la grande liberté que lui offrait ce coin de pays.

Les origines de Joe LaFlamme

Mais d'où venait Joe LaFlamme ? Qui était-il au juste ? À notre connaissance, le jeune « Joe » Laflamme aurait vécu sur une ferme dans l'ancien district de Soulanges, au Québec, et ce, au moins jusqu'à la fin de son adolescence. Né le samedi 9 mars 1889 à Saint-Télesphore, petit village de cultivateurs au sud-ouest de Montréal, il était le septième enfant d'Onésime Laflamme (1854) et Marie Théoret (1858). Ses parents s'étaient mariés le 2 mai 1876 à Saint-Polycarpe, tout près de là[4]. Ses frères et sœurs aînés étaient Joseph (1877-1878)[5], Joseph (1878-1961), Louise (1880-1885), Albertine (1883-?), Elzéar (1885-1886) et Adélard (1886-?). Quatre autres enfants étaient venus après lui : George (1890-?), Aldéa (1893-?), Marie-Louise (1895-?), et Elzéar (1898-1958)[6].

Joe (diminutif de « Joseph ») Laflamme aurait donc eu un frère aîné qui portait le même prénom. Pourquoi y avait-il deux « Joseph » dans la famille Laflamme, sans compter le premier-né, mort nourrisson ? Le jour même de sa naissance, « Joe », baptisé à l'église de Saint-Télesphore par le père J. Pépin[7], y avait reçu le prénom de Télesphore, d'après le patron de la paroisse, pape de l'an 126 à l'an 137. Avaient été témoins du sacrement le père du bébé ainsi que les grands-parents maternels, Bernard Théoret et Marie-Louise Poudrette, fermiers de Saint-Polycarpe.

Mais d'où venait alors le surnom de « Joe » ? Dans la famille Laflamme, on raconte que durant la Première Guerre mondiale, Télesphore, n'ayant aucune envie d'être recruté pour le service militaire[8], se cachait souvent des recruteurs de l'armée à la ferme de son frère Joseph. Ce dernier, étant fermier, était exempté de service militaire, et bien qu'il ne lui plaisait pas, dit-on, d'entrer dans le jeu de son jeune frère, Télesphore insistait : « Y faut que tu m'gardes. Pis, après ça, tu m'prêteras ton nom[9]. » Non seulement prendrait-il le nom de son frère aîné, mais il irait jusqu'à adopter les deux plus jeunes filles de son frère, Albina (1910) et Rose-Anna (1911), mettant en grande colère Délima, leur mère[10]. Cela se serait produit vers la fin de 1916 ou le début de 1917, quelque temps après que Télesphore eût démissionné du Service de police de Montréal, perdant du même coup toute excuse pour ne pas s'engager dans l'armée.

Le constable Télesphore Laflamme

Selon les archives de la Ville de Montréal, Télesphore Laflamme a été à l'emploi du Service de police de Montréal du 29 juillet 1910 (il était alors âgé de vingt et un ans) au 13 novembre 1916[11]. Il portait le numéro de constable 171. La rumeur veut que Joe ait dû démissionner de la police après avoir tué un individu[12]. Nos recherches dans les journaux de Montréal n'ont toutefois pas permis de le prouver.

Télesphore ne serait inscrit dans le *Montreal Directory*[13] comme constable qu'à partir de 1912-1913, et jusqu'en 1917-1918. Il est probable que durant ses deux premières années à l'emploi de la police, il ait été en formation. Son inscription sous le nom de Laflamme dans les bottins de 1910-1911 et de 1911-1912, accompagnée des renseignements *J. T. MSR conductor, 2139 St. James*, laisse supposer que le jeune homme conduisait les tramways pour la compagnie Montreal Street Railway (MSR), s'assurant un revenu stable pendant qu'il complétait sa formation de policier, jusqu'à l'obtention d'un poste permanent.

Dans le bottin de l'année suivante, Joe est inscrit pour la première fois comme constable: *Telesphore constable 1168 St. Antoine*. Il est toutefois intrigant que son nom apparaisse deux fois, toujours sous «Laflamme», dans le bottin de 1913-1914: la première fois sous *J. conductor 1167 St. Antoine* et la deuxième, à la même adresse, sous *Telesphore constable 1167 St. Antoine*. Cette seconde entrée paraîtra annuellement dans le bottin jusqu'en 1917-1918, après quoi il n'y aura plus de mention de LaFlamme avant 1952. Nous savons qu'il a déménagé à Gogama en 1920, mais nous ignorons où il a demeuré à partir du moment où il a quitté le service de police, et jusqu'à ce qu'il s'installe en Ontario.

Le niveau d'éducation requis dans les années 1910 pour entrer dans les forces de l'ordre n'est pas précisé au Musée de la police de Montréal. Et comme les plus anciens dossiers scolaires de la région de Soulanges n'existent plus, il est donc impossible de savoir pendant combien d'années Télesphore a fréquenté l'école durant sa jeunesse. La famille suppose qu'il avait passé au moins quatre ou cinq années à l'école primaire étant donné que c'était la norme pour les garçons des collectivités rurales de l'époque[14].

Télesphore aura cependant reçu une formation plus avancée en tant que policier. Entraîné aux exercices militaires, à la gymnastique, au tir de revolver, aux premiers soins et au jiujitsu[15], il a dû être redoutable, étant donné sa stature musclée et sa grandeur. Il n'est pas étonnant qu'il ait pu, des années après, dompter des loups féroces.

Le constable Télesphore Laflamme a été affecté au poste nº 6, rue Chaboillez[16], dans le sud de la ville[17]. Le journaliste Izaak Hunter, qui assurait les reportages policiers, s'entraînait au gymnase du poste avec Télesphore[18] et ses amis policiers J. B. Scott et Léonard Dumoulin. Ce dernier, qui était agent de la circulation (peut-être Laflamme l'était-il aussi?), deviendrait dans les années 1920 boxeur professionnel aux États-Unis, mieux connu sous le nom de Jack Renault[19].

Il est possible que cette amitié avec Dumoulin ait incité Télesphore à se lancer non pas dans la boxe, mais dans la lutte. Bien qu'il ne nous a pas été possible de trouver de document officiel le confirmant, Joe aurait affirmé à des journalistes, plusieurs années après, avoir gagné le championnat provincial de lutte, catégorie poids lourds[20]. Était-il encore policier lorsqu'il a remporté cet honneur? Nous l'ignorons. Mais le Musée Héritage de Gogama conserve une photo de Télesphore, vraisemblablement dans la vingtaine, serrant la main d'un lutteur du nom de E. Chamberlin, de Sudbury, en Ontario. Peut-être Laflamme était-il venu à Sudbury pour une compétition et aurait-il entendu parler de Gogama à ce moment-là. En tout cas, Joe avait un grand sens de l'aventure pour venir

Télesphore Laflamme (à droite, mieux connu sous le nom de Joe LaFlamme) serre la main du lutteur E. Chamberlin, de Sudbury (Ontario), dans les années 1910.

PHOTO GRACIEUSETÉ DE LA FAMILLE CHARLES LAFLAMME.

s'établir dans cette localité isolée, après avoir vécu une dizaine d'années à Montréal.

La maison des LaFlamme

Une fois arrivé à Gogama, Joe n'a pas tardé à s'établir dans son nouveau lieu de résidence et à s'appliquer de façon «créative» à y gagner sa vie. À l'époque, les localités non constituées en municipalités n'étant pas assujetties aux normes du bâtiment, les propriétaires n'avaient pas besoin d'obtenir un permis de construire[21]. C'est pour cette raison qu'aucun document n'atteste la construction de l'immense maison à deux étages des LaFlamme — sise sur un terrain de quatre lots, deux dont Joe ne sera propriétaire que bien plus tard. La propriété de 1 891 mètres carrés située à l'angle des rues Harris et Arthur, dans le canton de Noble, était divisée en trois parcelles. LaFlamme recevra de la Couronne, en 1930, les titres de propriété de la parcelle qui comprenait les deux lots du milieu[22]. Il achètera les deux autres en 1946[23] et en 1951[24] respectivement.

La première demeure de Joe n'a apparemment pas été construite sur la rue Harris, mais quelque part dans le village, à l'orée des bois, non loin de la gare des trains[25]. C'était une simple cabane de trappeur en rondins, ornée de bois d'orignal sur l'avant-toit de la couverture goudronnée. Après s'être acheté un lot double en 1930, Joe y a bâti une structure en bois d'œuvre qui deviendra la partie centrale de la maison. Dans les premières années, le bâtiment n'avait pas de sous-sol[26]. Mais il en aura un plus tard, car on raconte qu'un des pensionnaires de LaFlamme aurait construit un bateau dans le sous-sol, un

La première maison de Joe LaFlamme à Gogama dans les années 1920.
PHOTO GRACIEUSETÉ DE DORIS VÉRONNEAU.

bateau si gros qu'on avait dû défoncer un mur pour l'en sortir[27].

Il ne semble pas y avoir eu beaucoup de planification dans la construction de l'habitation des LaFlamme. On l'agrandissait, au fil des années, selon les besoins. Ainsi, Joe et Émilie ayant transformé une partie de leur demeure en maison de pension, cela avait nécessité l'ajout d'un étage sur la structure principale. Cette partie de la maison, recouverte de bardeaux rouges, était la seule à compter deux étages et un grenier, que Joe se plaisait à nommer « le p'tit Canada[28] ».

L'aile est de la maison, ajoutée par la suite au bâtiment, était constituée d'un seul étage. L'entrée principale de la maison donnait à l'ouest, sur la rue Harris. La partie supérieure avait sa propre entrée, un balcon et plusieurs marches donnant également sur la rue Harris. Ces marches et ce balcon ont été enlevés lorsqu'on a construit l'aile ouest de la maison. L'arrière de la section à deux étages avait une façade orientée vers le sud et donnait sur une grande cour.

Cette maison était d'une architecture plutôt impressionnante pour l'époque. Sa hauteur en faisait un château parmi les petites maisons du village. Jadis hantée, du moins à ce qu'on dit, la maison existe encore aujourd'hui même si elle a subi plusieurs transformations, dont l'ajout d'un revêtement de vinyle blanc. De nos jours, la grande cour arrière reste déserte, ce qui n'était pas le cas au temps des LaFlamme.

Chapitre 6

La trappe des loups sauvages

L'art de trapper des loups

La cour des LaFlamme avait dû être clôturée car, au fil des années, elle était devenue le domicile d'une variété d'animaux, tant sauvages que domestiques. Au début des années 1920, Joe avait élevé des huskies. Mais en 1923, une épidémie de la maladie de Carré s'était répandue dans le Nord de l'Ontario, emportant tous ses chiens sauf deux[1]. Cette maladie, causée par un virus, s'attaque aux systèmes respiratoire et digestif. Après cet événement, Joe avait commencé à faire des expériences avec les loups, tout en apprenant les rudiments de la trappe et du commerce des fourrures.

Dave Ranger, qui était pensionnaire chez les LaFlamme, a raconté en 1968 à un journaliste[2] comment Joe était devenu trappeur de loups. Un jour qu'il se promenait en traîneau à chiens avec des trappeurs du coin, il aurait aperçu des traces de loups sur le lac Beaver (aujourd'hui le lac Mesomikenda, à vingt kilomètres au sud de Gogama), et aurait décidé sur-le-champ d'apprendre le métier de trappeur. Ses compagnons n'auront pas réussi à le convaincre qu'il était impossible de piéger des loups : Joe avait ses idées et aurait installé un piège à castor. Deux jours plus tard, il y prenait une louve.

Ranger s'est rappelé que Joe n'avait pas tiré sur l'animal, contrairement à ce qu'auraient fait les autres trappeurs. Il avait coupé une longue perche qu'il avait attachée le long du dos de la louve, la coinçant ainsi dans la neige. Cette manœuvre lui avait permis de museler la bête avant de la libérer du piège. Il avait ensuite fallu rapporter l'animal au village. Il n'y avait qu'une solution à ce défi : l'accrocher à l'attelage de chiens. Joe avait alors dételé le chien de queue et l'avait renvoyé à la maison, puis il avait attelé la louve à sa place.

Au début, la louve, captive et abasourdie, s'était laissée traîner sur la neige par l'attelage. Mais elle avait fini par se lever et se mettre à courir avec les autres chiens, ce qui les avait motivés à courir plus vite, se croyant sans doute poursuivis par la louve. Ils avaient filé si vite, en effet, que l'attelage de Joe était arrivé à Gogama avant celui des autres trappeurs.

Cette première expérience réussie avec un animal sauvage aura incité LaFlamme à essayer d'atteler des loups au traîneau. Il continuera alors à trapper les loups vivants. Durant l'hiver, il en aurait même attiré un en posant un piège dans une carcasse de chevreuil partiellement mangée, qu'il avait trouvée dans la forêt[3]. Au moment de vérifier le piège, la carcasse avait disparu. Joe aurait alors suivi les traces dans la neige sur près d'un kilomètre. Là, la louve avait extrait le piège de la carcasse et l'avait entortillé autour d'un buisson. En trouvant la bête, Joe lui avait jeté un attelage sur le dos et l'avait sortie du piège. Peu de temps après, la louve faisait partie de sa première meute de chiens et de loups. L'été suivant, il avait sous sa gouverne plus de loups qu'il lui en fallait. Ainsi, en juin 1923[4], allait-il livrer au zoo de Toronto, la portant sous le bras, une louve grise de trente kilos. Cependant, Joe n'attrappera pas toujours lui-même ses loups. Disposant de moins en moins de temps, il obtiendra ses animaux des trappeurs du coin ou des autochtones, qui les lui vendaient 10 $ chacun[5]. Il en commandera aussi de la Compagnie de la Baie d'Hudson, qui les faisait venir des provinces de l'Ouest[6]. Tommy, par exemple, un splendide loup gris argenté, venait de la Colombie-Britannique[7].

Joe LaFlamme, une des rares fois qu'on le verra tout « endimanché », emmène un loup au zoo de Toronto en juin 1923.

PHOTO GRACIEUSETÉ DU *TORONTO STAR*/ GETSTOCK.COM # 2086200443.

En janvier 1925, Joe a confié à un journaliste du *Toronto Daily Star*[8] que, jusque-là, il avait réussi à prendre onze loups, dont cinq qu'il gardait en captivité à Gogama pour les entraîner au traîneau. Comme la population de loups atteignait des sommets, les attraper était chose relativement facile. « Y se peuplent assez vite, pis à c't'heure y en a plein l'bois[9] », avait remarqué Joe. Au milieu des années 1920, les loups constituaient une menace pour l'ensemble de la faune du Nord de l'Ontario, en particulier pour les chevreuils du parc Algonquin. Joe était convaincu, à cette époque, qu'il fallait leur faire la guerre dans l'intérêt des autres animaux, sauvages comme domestiques, mais pas en petit groupe, ni avec des carabines — allusion à la chasse aux loups organisée en décembre 1924 au Sault-Sainte-Marie[10].

Selon le trappeur, les loups étaient beaucoup trop rapides pour le commun des chasseurs. Lui-même tireur d'élite, il a un jour raconté un incident survenu alors qu'il avait surpris une meute de treize loups du côté opposé d'un lac où il se trouvait. Voulant apeurer les loups, il aurait levé son fusil et, avant même qu'il ait la chance d'appuyer sur la gâchette, les loups auraient déguerpi. « Le temps que tu pointes ta carabine pis *whist!* Monsieur Loup est parti. Tirer, ça sert à rien. Piéger est la seule façon de le faire, pis encore là, y faut que ça soit faite par des gars qui connaissent leur affaire[11]. »

LaFlamme utilisait une méthode plus humaine pour trapper le loup. Traditionnellement, quand un loup se prenait la patte dans un piège de métal, il se débattait pour se libérer, ce qui entraînait souvent une blessure grave. Afin d'empêcher l'animal de se blesser, Joe rembourrait ses pièges à castor (n° 3) avec de la toile épaisse[12].

Pour appâter la proie, il utilisait de la viande d'orignal, de moufette, de perdrix ou de lièvre. Cette technique fonctionnait bien l'hiver, mais il obtenait des résultats encore meilleurs en été, lorsqu'il pouvait dissimuler l'appât sous de la mousse, de l'herbe ou des feuilles. De plus, il n'attachait pas ses pièges aux arbres, permettant plutôt au loup de s'enfuir avec le piège au lieu de tirer sur les liens et d'ainsi risquer de se couper la patte. Joe n'avait qu'à suivre la piste, dégager le loup et le ramener à la maison.

L'art de dompter des loups

LaFlamme gardait ses premiers loups dans de grandes cages. Pour les entraîner à l'attelage, il les attirait un par un, avec de la nourriture, vers un enclos plus petit[13]. Puis, il s'agenouillait devant l'animal hargneux et le saisissait à la gorge afin de lui enfiler une muselière. Ainsi muselé, le loup se faisait traîner par une chaîne d'acier jusqu'au traîneau auquel était déjà fixé un harnais. Joe répétait cet exercice jusqu'à ce que tous ses loups soient attelés. Ce n'est qu'à ce moment qu'il leur enlevait leur muselière, les bêtes refusant de tirer si elles étaient muselées[14].

Le premier traîneau de LaFlamme était assez rudimentaire[15]. Court et bas, il ressemblait plutôt à une luge d'enfant en bois, sans l'arc transversal sur le devant. Quand Joe retirait à ses loups leur muselière, leur première réaction était de mâcher le harnais dans l'espoir de se libérer. Et Dieu sait si un loup peut mâcher. Joe expliquera plus tard à un journaliste comment son loup dominant avait sectionné un câble de deux centimètres, et ce, sans même faire forcer les muscles de ses mâchoires[16].

Lillie LaFlamme, compagne de vie de Joe LaFlamme, dans le traîneau de Joe, soit à Montréal en 1924 ou à Toronto en 1925.

PHOTO GRACIEUSETÉ DE DENISE SAVARD.

Ce qui n'est pas surprenant puisqu'un loup adulte a quarante-deux dents, dont quatre canines d'une longueur approximative de six centimètres. Ses mâchoires peuvent exercer une pression de cent cinquante kilos sur n'importe quel objet qu'il décide de mordre[17]. Peu importe son épaisseur, aucun cuir ne peut résister à des crocs aussi puissants. Joe dira même à un autre reporter que les loups mangaient le cuir comme si c'était du bonbon[18]. Le jeune Alfred Secord en avait été témoin après être entré dans un bâtiment abandonné où Joe gardait des loups. Comme les souliers d'Alfred étaient délacés, un des loups n'avait pu résister aux cordons de cuir qui traînaient au sol. Sautant sur les lacets, il les avait dévorés, « pis y lachait pas, pareil comme si c'était ben bon[19] ». C'est pourquoi, pensant comme un loup, Joe avait décidé de remplacer les sangles de cuir par des chaînes et de fabriquer tous ses attelages avec de l'étoffe[20]. Les loups n'avaient alors eu d'autre choix que d'obéir à leur maître.

Chapitre 7

Une première course avec les loups

De toute évidence, harnacher des loups gris posait un défi plus grand que harnacher des huskies. L'auteur Laurie York Erskine a vu de ses propres yeux l'attelage de Joe en mouvement. Il raconte, dans un article de magazine, comment les loups se faisaient prier pour se faire atteler[1] : tête baissée et la queue entre les pattes, il était clair qu'ils subissaient cette épreuve à contre-cœur. Avec le temps, Joe a acquis assez d'expérience dans le domptage des loups pour qu'ils tirent un traîneau sans réticence.

Pendant l'hiver 1924, le dompteur avait décidé de participer à une compétition de course avec ses loups. Pour ce faire, il avait constitué un attelage de neuf loups musclés[2], pesant entre 32 et 43 kilos. Il s'était rendu, fort probablement par train, jusqu'à Montréal, où il avait inscrit sa meute aux courses de traîneaux à chiens dans le cadre du carnaval d'hiver[3]. Il est peu probable que les organisateurs de l'événement du 9 février aient été au courant de la composition de cette meute. Cependant, il y a de fortes chances que parmi les loups se trouvait au moins un husky pour jouer le rôle de chien de tête, car Joe ne réussirait à entraîner un loup à mener l'attelage que vers les années 1930[4].

La course de cinquante kilomètres débutait rue Sherbrooke ouest, devant l'Université McGill. Curieux, les spectateurs s'étaient massés autour des participants et gênaient ainsi leur départ. La compétition comprenait trois courses formant un même circuit : une partant de l'angle des rues Sherbrooke et Durocher et se terminant avenue des Pins, au pied du Mont-Royal; une autre suivant la rue Sainte-Catherine et le chemin Queen Mary; une troisième course emprunterait le boulevard Décarie et le chemin de la Côte-Saint-Antoine jusqu'au point de départ de la rue Sherbrooke.

Le troisième prix, de 200 $, aura échappé de justesse à LaFlamme, arrivé cinq minutes et demie derrière l'équipe de la James Strachan Limitée. Ayant complété le circuit en trois heures et trente-huit minutes, Joe avait tout de même devancé de vingt-quatre minutes l'équipe suivante, celle de Madden et Fils. Le premier prix, de 500 $, sera remporté par l'équipe Holt-Renfrew, menée par Hector Chevrette de Québec, qui avait complété le parcours en 31,5 minutes de moins que Joe. L'équipe C.-E. Létourneau de Montmagny avait remporté le deuxième prix, 300 $.

Pour fêter les gagnants, les organisateurs avaient invité les participants à un banquet au théâtre Queen's, le même qu'avaient visité l'écrivain Charles Dickens et son épouse en 1842[5]. Émilie se sera sans doute rendue à cette célébration, car la chronique sociale du quotidien d'Ottawa *Le Droit*[6] mentionne que Mme LaFlamme a participé au carnaval d'hiver de Montréal aux côtés de M. LaFlamme.

On peut supposer qu'Émilie a aussi visité ses amies, puisque Joe avait planté sa tente au Carré Dominion pour y faire la démonstration publique de ses loups et de leur obéissance à ses ordres. Amoureux du plein air, Joe s'enroulait, paraît-il, la nuit dans une peau d'orignal et dormait comme une bûche[7].

Chapitre 8

Une place dans la galaxie des étoiles de Toronto

Né avec le sens de la mise en scène, Joe avait été galvanisé, en 1924, par l'enthousiasme des foules de Montréal, à l'époque la plus grande ville du Canada[1]. Il en redemandait. Alors pourquoi ne pas atteler ses loups à Toronto, la deuxième plus grande ville[2] au pays? Le carnaval d'hiver de 1925 constituait une excellente occasion de le faire. Comme le dit le proverbe, « Qui ne risque rien n'a rien ».

On ne saura jamais si c'est Joe qui a contacté en premier le *Toronto Daily Star*[3] ou si c'est le journal qui l'a abordé. Cependant, nous savons que LaFlamme, son attelage de chiens et de loups, et ses maîtres-chiens, le Canadien français Bill Fortin et l'Ojibwé Isaac Lewis (William)[4], ont été les invités du *Toronto Daily Star* pour la durée du carnaval. Ils ont participé à plusieurs activités qui ont permis à un grand nombre de Torontois d'observer en action ces habitants du Nord et leurs animaux sauvages. C'était l'occasion rêvée pour LaFlamme de vendre le Nord, encore considéré par les gens du sud comme une région sauvage et inaccessible.

Jour un : le lundi 26 janvier 1925

LaFlamme, Fortin et Lewis, leurs animaux en laisse, étaient arrivés à la gare Union de Toronto à bord du premier train du matin. Une fois sur place, Joe n'avait paraît-il pas perdu de temps. À la stupéfaction des employés de la gare, il aurait attelé sur-le-champ ses quinze animaux : dix huskies, quatre loups gris et son chien de tête, un berger belge nommé Billy. Aussitôt le traîneau attelé, les trois hommes y avaient chargé leurs bagages. Puis, ayant une idée générale de sa destination, Joe aurait commandé énergiquement à l'équipe : « *Mush!* ». Et ils seraient ainsi partis direction nord en empruntant la rue Simcoe. Billy, qui trottait en agitant sa queue, menait plus par astuce que par la force de ses muscles : il n'aurait pas été de taille à lutter contre les autres chiens qui hurlaient, grognaient et tiraient sur leurs harnais ni contre les loups qui s'accroupissaient au sol comme s'ils avaient voulu disparaître sous la neige. Quant aux maîtres-chiens, ils couraient à côté du traîneau, y montant occasionnellement pour se reposer. Joe restait à l'arrière, guidant l'équipe au moyen d'une corde.

À l'approche de la rue Queen, Joe avait dû s'arrêter pour vérifier le nom de la rue. Mais comment stopper dans sa course, sans frein mécanique, un peloton de chiens et de loups ? Joe s'était donc fié à un vieux truc de *musher* (meneur de chiens) : courant à côté du traîneau, il avait lancé sa corde autour d'un poteau de téléphone pour l'y enrouler, ce qui avait brusquement arrêté l'attelage. Après avoir noté la direction à prendre, Joe avait fait signe à Lewis de faire tourner le traîneau en ce sens. Et ils étaient repartis. Plus loin, le *musher* avait crié « *Haw!* », et l'attelage avait tourné à gauche sur l'avenue University. La rue étant plus large, l'attelage avait filé à meilleure allure, atteignant une moyenne de seize kilomètres à l'heure. Question de s'orienter, Joe avait de nouveau lancé sa corde autour d'un poteau. Prenant la rue Elm pour ensuite tourner à droite sur Duke, ils étaient finalement arrivés à destination : un hôpital vétérinaire situé à un peu plus de deux kilomètres de la gare Union.

Comme les animaux devaient passer leurs premières journées en ville dans les écuries de l'hôpital, Joe leur avait enlevé leur harnais. La plupart des bêtes avaient été contentes de se faire détacher, sauf un des deux louveteaux. Quand Joe avait étendu la main pour défaire son harnais, le jeune loup avait grondé en montrant les dents et même essayé de mordre son maître. Sans broncher, Joe lui avait mis une corde autour de la tête, en avait ajusté la tension et avait retourné d'un coup sec l'animal sur le dos. Serrant la corde pour empêcher le loup de mordre, il l'avait ramassé et enfermé dans une remise. Fortin avait décroché un autre loup hargneux, et l'avait emporté lui aussi dans la remise.

En peu de temps, les hommes s'étaient installés et préparés à passer leur première nuit dans le sud ontarien, loin des grands froids du Nord. Ils ne se doutaient pas que Toronto connaissait aussi des périodes très froides.

Jour deux : le mardi 27 janvier 1925

Joe LaFlamme et son loup Tommy, photographiés par Gilbert A. Milne, au Milne Studios à Toronto, le 27 janvier 1925.

PHOTO GRACIEUSETÉ DU *TORONTO STAR*/
GETSTOCK.COM # 2086200446.

Au début de l'après-midi, la température avait chuté à -24 °C, ce qui était très froid pour Toronto. Avec l'humidité qui provenait du lac Ontario, cette température à vous glacer les os s'avérait difficile tant pour les humains que pour les automobiles. Même les bouteilles de lait cassaient par centaines sur le seuil des portes. Mais ces températures extrêmes n'allaient pas décourager les Nord-Ontariens et encore moins leurs animaux à fourrure épaisse.

Hommes et animaux passeraient leur deuxième journée dans la capitale ontarienne à jouer aux vedettes de cinéma. Impressionné par l'allure de Joe et de ses animaux, Gilbert A. Milne, photographe professionnel, avait téléphoné au *Toronto Daily Star* tôt le matin, demandant la permission de faire l'étude de l'interaction entre hommes et loups. Comme le journal avait accepté la proposition, le *musher*, ses deux maîtres-chiens et deux des loups (Pete[5] et Tommy) avaient pris un taxi en direction de Milne Studios, les bêtes occupant toute la banquette arrière.

Au studio, Tommy serait devenu très agité. Son maître l'aurait caressé et lui aurait même donné des baisers afin de le calmer assez longtemps pour permettre au photographe de prendre quelques bonnes photos. Milne aurait eu l'intention, paraît-il, d'exposer la collection à titre d'exemple des peuples du Nord[6]. Une fois la séance terminée, Joe avait pris de nouveau le taxi, portant Tommy dans ses bras.

Jour trois : le mercredi 28 janvier 1925

LaFlamme avait l'intention d'électriser les Torontois tout en leur donnant la chance de faire l'expérience d'un moyen de transport propre à la vie nordique. À midi, Joe et son attelage feraient donc une course dans l'est de la ville, à partir du viaduc de la rue Bloor, un poste d'observation très avantageux pour les jeunes curieux. De là, ils poursuivraient en direction est sur l'avenue Danforth, puis sur la rue Main sud ; bifurquant ensuite sur Gerrard ouest puis Broadview sud pour enfin prendre la rue King ouest et revenir vers leur logement temporaire.

Quel spectacle pour les citadins ! Évidemment, les Torontois voulaient tous voir cet événement qui ne se produirait qu'une fois dans la vie. Les rues des quartiers à bureaux étaient bondées de monde. Il faut s'imaginer un attelage de chiens et de loups d'une longueur de vingt mètres[7], soit la longueur d'un poids lourd, courir à toute vitesse à travers la ville. La grande distance entre le *musher* et son chien de tête présentait un défi de communication. Joe avait alors expérimenté avec un récepteur téléphonique, qu'il avait accroché au cou de Billy : cela lui permettait de donner des ordres à son chien à l'aide d'un microphone. Apparemment, le chien s'était vite adapté à ce mode de communication novateur[8].

Une fois la course de quinze kilomètres terminée, toute l'équipe s'était rendue à Queen's Park pour rendre visite à George Howard Ferguson, premier ministre de l'Ontario et chef du Parti progressiste-conservateur[9]. Celui-ci était accompagné, entre autres, de Charles McCrea, alors ministre des Mines et député de Sudbury. La rencontre avec les politiciens devait avoir lieu à l'extérieur, devant l'édifice de l'Assemblée législative de l'Ontario, ce qui n'allait pas empêcher Joe de s'inviter à l'intérieur… avec ses quinze animaux et son traîneau, qui avaient donc gravi les marches de pierre menant à l'entrée principale. Il n'était pas question d'entrer par la porte de derrière !

Pour l'occasion, Joe portait ce qui allait devenir son costume thème pour les événements sportifs et autres activités publiques impliquant les animaux sauvages[10]. Le détail le plus frappant de son attirail était une version trois-quarts du manteau portefeuille[11], confectionnée à partir d'une couverture à points de la Compagnie de la Baie d'Hudson. De style *pull-over*, le sien était vert émeraude[12] et orné[13] de fourrure de renard au cou, aux poignets et à l'ourlet. Joe ceignait sa taille d'une ceinture fléchée multicolore. Comme le manteau n'avait pas de poches, le *musher* pliait ses mitaines de laine par-dessus la ceinture. Un chapeau en poil de loup, de forme plutôt conique, complétait l'ensemble. Il portait également un pantalon de laine foncé, des bas de laine rayés dans le haut et ornés de glands sur les côtés. Ses bottes de cuir lui montaient aux chevilles. La touche finale, son fouet

Bill Fortin, assistant de LaFlamme (à gauche), Joe LaFlamme, le Premier ministre de l'Ontario, George H. Ferguson, ainsi qu'un dignitaire, devant le traîneau de LaFlamme à Queen's Park, Toronto, le 28 janvier 1925.

PHOTO GRACIEUSETÉ DE GERRY TALBOT.

de douze mètres fait de peau d'orignal, lui pendait au cou comme si c'était un collier.

Aucun journal n'a rapporté le sujet de la conversation entre LaFlamme et le premier ministre Ferguson. Mais une photo de la collection du Musée Héritage de Gogama montre les deux hommes examinant le traîneau à chiens endommagé, conséquence de l'ascension de Joe par l'escalier de l'édifice principal. L'inquiétude de Joe est manifeste sur la photo, où l'on constate que le guidon gauche du traîneau ainsi qu'un de ses longerons sont brisés. Ce n'était pas son seul traîneau ; mais c'était celui que LaFlamme avait prévu utiliser pour ses courses à travers la ville ainsi que pour les activités de la fin de semaine à Grenadier Pond, une étendue d'eau bordant l'ouest du parc municipal High Park.

En soirée, LaFlamme avait participé aux activités du carnaval qui avaient lieu à la patinoire du stade Varsity. Étant donné que l'enceinte du stade ne pouvait contenir toute sa meute, Joe avait réduit son attelage à un petit traîneau de quatre animaux, mélange de chiens et de loups.

Dans le *Star* du 28 janvier, on pouvait lire un avis rappelant au public que les loups et les chiens de LaFlamme n'étaient pas du genre qu'on caresse comme n'importe quelles bêtes de zoo : « Même si Joe LaFlamme contrôle bien ses loups et ses chiens, il est conseillé au grand public de ne pas s'en approcher. Veuillez demeurer à l'écart et éviter que vos enfants ou animaux de compagnie ne s'en approchent. Saisissez cette occasion unique de voir un attelage venu directement du Nord : une activité à la fois amusante et instructive. Mais pour le plaisir des yeux seulement[14]. »

Jour quatre : le jeudi 29 janvier 1925

La parade du jeudi avait mal commencé. Quelques minutes avant la course, Knabey, un louveteau de six mois, s'était enfui. Sortant comme une flèche de l'écurie de la rue Duke, il avait détalé à travers le voisinage, cherchant sans doute la route du nord. La nouvelle de la fuite s'était répandue dans la ville comme une traînée de poudre et avait provoqué tout un émoi. Rapidement, cet émoi s'était est transformé en appréhension, surtout dans les environs de High Park, où se dirigeait présumément le fugitif. Tout un chacun s'était donc joint à la « chasse au loup », sans fusils, bien entendu. Seuls les policiers avaient ordre de tirer sur l'animal s'ils l'apercevaient. Tout au long de la journée, les constables ont reçu de nombreux appels de gens déclarant avoir vu l'animal ; mais la plupart avaient fait l'erreur de prendre un chien pour Knabey.

Il fallait retrouver le louveteau, et c'est à Bill Fortin qu'en était échu la responsabilité, Joe devant remplir ses obligations envers le *Toronto Daily Star*. Prévue pour midi, la course commencera avec une heure de retard. Le point de départ était le bureau du *Star*, à l'angle des rues King et Yonge (que Joe faisait rimer avec *lunge*). L'itinéraire comprenait un trajet sur la rue King ouest, où l'attelage se trouvera gêné par des rails de tramway. Mais hommes et chiens seront encouragés par l'enthousiasme de l'immense foule. Les gratte-ciel sur les rues King et Yonge s'étaient vidés de leurs occupants, tout comme le district financier de la rue Bay. Comme l'a rapporté le *Star*, Joe avait arraché « tout le "Wall Street" de Toronto du téléscripteur qui annonçait une remontée inhabituelle de la valeur du blé à deux dollars[15] ».

L'attelage avait donc parcouru la rue Bay. Dans cette partie du centre-ville, le chien de tête avait guidé son attelage avec astuce, vu les foules serrées qui bordaient les rues. Cela avait été d'autant plus difficile que le traîneau était lourdement chargé d'équipement recouvert de bâches, dont une tente de toile et beaucoup de nourriture. Joe et son équipe devaient transporter tous leurs bagages puisqu'ils déménageaient[16]. Les loups et les chiens pouvaient tirer la charge, mais à un rythme plus lent que sur des sentiers bien battus, où un attelage de dix chiens tirait facilement 275 kilos sur une distance de cent soixante kilomètres.

Après avoir créé un bouchon de circulation sur plusieurs tronçons de rues, l'équipe avait poursuivi son trajet de la rue Bay à la rue Bloor ouest, puis gravi la longue colline de la rue Bathurst. Joe avait ensuite fait halte pour donner à ses animaux le temps de reprendre leur souffle avant d'entreprendre la raide ascension de Wychwood Park. Cette montée en vaudrait la peine puisque l'endroit, avec sa neige épaisse et ses grands pins, ressemblait beaucoup à un paysage nordique. Ici, loin de «la basse ville jaune de chrome[17], un chien de Gogama a de la place pour respirer et se dégourdir les pattes[18]», remarquera le *Star*.

Prenant de la vitesse en descendant la côte, l'attelage avait filé tout droit vers la voie ferrée. On avait même cru un moment qu'il défoncerait la barrière! Joe avait alors lancé un ordre à Billy, et aussitôt le chien avait arrêté le traîneau. Nul ne pouvait nier le contrôle que le *musher* avait sur ses animaux. C'est pourtant avec un grand soulagement que les chefs de train l'avaient salué au passage.

L'attelage s'était ensuite dirigé sur la rue St. Clair ouest et avait emprunté la rue Keele pour arriver à l'avenue High Park. Tirer le lourd traîneau sur les rues enneigées et saupoudrées de sable continuait de présenter un défi pour les animaux, d'autant plus que la neige qui fondait était imbibée d'huile à moteur.

Si les foules du centre-ville avaient été enthousiastes, rien ne se comparait aux cris de joie des écoliers des rues Bloor, Bathurst et St. Clair. Les coins de rues étaient bondés de gens. Il y avait de la magie dans l'air, un peu comme lors de la parade du Père Noël. Les arbres et les bancs de neige étaient ornés de nombreuses tuques rouges portées par des jeunes qui avaient peine à contenir leur émotion. Non seulement étaient-ils excités d'avoir congé cet après-midi-là, mais ils se sentaient choyés de l'attention que Billy leur portait. Ils le saluaient par son nom à son passage. Lorsque le chien plongeait son regard dans le leur, les enfants croyaient qu'il les remerciait personnellement d'encourager son équipe. Alors les enfants y allaient de plus belle et osaient même se lancer dans le sillage du rapide cortège.

Les foules étaient encore nombreuses aux rues Keele et Dundas, et l'atmosphère, carnavalesque. Pour les derniers quatorze kilomètres menant à High Park, l'attelage avait été rejoint par un groupe de coureurs des bois qui faisaient partie du comité d'accueil de High Park. Arrivé à la rue Bloor, le convoi était descendu vers l'est du parc pour faire le tour de l'étang cerné par le remblai du chemin de fer. De là, il s'était dirigé vers la vieille résidence Howard.

La descente vers Grenadier Pond s'était faite rapidement. La pente était si raide qu'on s'était demandé si le traîneau chargé allait suivre les bêtes ou si, au contraire, il allait les dépasser. Joe ferait montre d'une bonne compréhension de la dynamique de son attelage et du système de freins de son traîneau. Il réussira à garder tendue la courroie centrale de l'attelage afin de maintenir le traîneau derrière les bêtes. Le convoi descendra en slalom jusqu'à l'étang et, une fois sur la glace enneigée, galopera vers le tremplin à ski. Un attelage de chiens et de loups courant sur Grenadier Pond, avec des collines abruptes et des pins épineux à l'arrière-plan, voilà bien un tableau typique des régions sauvages du Canada.

En raison de la fugue de Knabey, la curiosité du public pour ces passionnés du plein air, avec leurs loups et leurs huskies, avait augmenté. L'attrait du Nord et le mode de vie libre qu'il évoquait touchaient une corde sensible chez les citadins. Le *Star* rapporte, dans son édition du 30 janvier 1925 : « Il y a longtemps qu'un événement n'avait suscité un intérêt et un enthousiasme aussi grands que cette visite de Joe LaFlamme et de son équipe de Gogama en tant qu'invités du *Star*[19]. » Des milliers de personnes voulaient les voir et, durant la fin de semaine, ils auraient l'occasion de le faire de près. Avide d'inspirer un respect mêlé de crainte pour la rudesse de la vie dans le Nord, Joe avait installé un véritable camp d'hiver sur le petit promontoire boisé près du tremplin à ski de Grenadier Pond. Toute l'équipe y camperait de cette nuit-là jusqu'au samedi soir. Le public avait été invité à venir voir comment on survivait aux rigueurs de l'hiver en forêt.

Entretemps, Fortin avait continué à chercher le louveteau et, peu avant 17 h, il avait trouvé Knabey sous les hangars à marchandise de la CNR, à l'angle des rues Simcoe et Frost, à plusieurs kilomètres de son logement temporaire. À midi, les employés du chemin de fer avaient vu le louveteau abandonner les rails à l'est de la rue Spadina et se faufiler d'un wagon à l'autre. Ils avaient été nombreux à pourchasser l'animal, qui s'était amusé à jouer à cache-cache avec eux et s'était finalement caché sous les hangars. C'est là que l'avait trouvé Fortin. Repérer Knabey était un bon début, mais le défi était de le faire sortir de sa cachette : Fortin n'avait eu d'autre choix que de ramper lui-même sous les hangars. Une foule d'employés du chemin de fer s'étaient bousculés pour avoir une place au premier rang et encourager le brave jeune Canadien Français.

Bill avait guetté le loup qui, tentant de se cacher, s'était retrouvé acculé à un mur de hangar. Bill avait alors tiré sur le bout de la chaîne pour faire sortir le loup. Rien de plus simple — jusqu'à ce que l'animal se prenne entre deux madriers. Afin de le libérer, Bill avait rampé encore plus loin sous le hangar, se tassant dans l'espace sombre de vingt centimètres de haut. Lorsqu'il avait présenté son pied à Knabey, le loup avait essayé de le mordre. Bill avait alors tiré assez fort sur la chaîne pour ramener la tête de l'animal entre ses jambes, avant de le museler avec la chaîne et de le traîner vers l'extérieur, sa tête toujours entre les jambes. Deux hommes avaient alors aidé Bill à se sortir de là en le tirant par les bras. Le brave garçon avait été chanceux de s'en sortir indemne, exception faite d'une entaille au doigt. Sans aucun doute, Joe avait été soulagé de voir cette aventure se terminer sans heurt ni pour son compagnon, ni pour son loup, ni pour le public. L'événement allait sûrement faire jaser les Torontois pendant de nombreuses pauses-café.

Dans l'intervalle, même après le crépuscule, des foules continuaient d'affluer autour du campement de LaFlamme, où les loups et les huskies étaient attachés aux arbres. Joe et ses compagnons avaient établi une zone tampon de quinze mètres délimitée par une corde afin d'empêcher les curieux d'approcher les animaux. Le clair de lune et le rougeoiement du feu de bois devaient ajouter au charme romantique du campement. Au coucher, les trois hommes s'étaient blottis dans la tente non chauffée, s'emmitouflant de fourrures. Une brise froide venant du lac avait vite fait d'endormir les gaillards, qui avaient dû ronfler à en soulever les murs de la tente.

Jour cinq : le vendredi 30 janvier 1925

Dès 8 h le vendredi matin, des flots continus de gens se rendaient au bivouac afin de vérifier si les campeurs avaient survécu à leur nuit en plein air. Le seul qui aurait eu des malaises était Isaac Lewis, qui se serait plaint d'un abri trop chaud.

À 11 h 30 précises, Joe était parti promener ses chiens. Les loups, eux, ne s'étaient pas joints à ce convoi, sorte de train « édition spéciale » de Gogama. Joe les avait attachés aux grands pins à l'aide de chaînes d'acier, ce qui devait les empêcher de fuir, à moins que les bêtes ne déracinent les arbres. L'attelage de onze chiens avait donc entrepris la course à partir de Grenadier Pond avec Billy en tête, qui connaissait le sentier par cœur. Bien avant midi, ils avaient contourné Howard Park et ses hangars à autos. Joe avait fait courir ses chiens à pleine vitesse, comme s'il était investi d'une mission urgente, et les avait dirigés vers la rue Dundas, où ils s'étaient précipités le long du pont traversant la voie ferrée, puis avaient filé comme l'éclair vers l'intersection College et Dundas, dispersant la foule serrée d'enfants comme Moïse la mer Rouge.

À l'angle Dundas et Bathurst, Joe avait enfoncé les freins avec un « Holà ! » bien sonore. Les chiens s'étaient arrêtés complètement, reconnaissant peut-être Émilie, qui attendait Joe au coin de la rue. Elle avait pris le train de Gogama à 19 h la veille pour arriver à Toronto tôt le matin. Elle était accompagnée de son animal favori, un gentil « loup de brousse » (un coyote femelle) du nom de « Sparky ». Enjouée, la petite louve apprivoisée était beaucoup plus facile à faire obéir que les loups gris de Joe. Après qu'Émilie se soit installée dans le traîneau,

Sparky s'était assise docilement devant elle. La «limousine esquimaude[20]» avait alors traversé l'avenue University, bruyamment saluée par les cris d'enfants ravis. Au signal «*Haw!*», Billy avait engagé l'attelage dans la rue Yonge.

C'est à l'angle des rues Yonge et Adelaide que Joe aurait aperçu le photographe qui les suivait. Le *musher* et ses huskies avaient en horreur l'énorme trépied et la caméra vrombissante. Le photographe essayait depuis un bon moment, mais sans succès, de photographier l'attelage nordique en mouvement. Pas très heureux de le retrouver, Joe aurait fait exprès de saboter ses efforts : il avait ordonné à ses chiens d'arrêter sur-le-champ, au beau milieu d'un des carrefours les plus achalandés de Toronto.

Cette fois, le photographe en avait eu assez et avait marché vers Joe en lui reprochant son manque de coopération. Joe ne pouvait que sourire, sachant bien que sa meute ne bougerait pas tant qu'il n'en donnerait pas l'ordre. Cela lui importait peu d'entendre les autos klaxonner ou les cochers crier, ni de les voir faire un grand détour pour éviter le traîneau et l'attelage. Il se moquait même de l'agent de la circulation, qui s'était approché en lui ordonnant d'enlever son attelage du chemin. Joe aurait rétorqué : «Ôte-les toé-même[21].» Après réflexion, le policier avait décliné l'invitation : faire obéir des chiens-loups ne faisait pas partie de ses compétences. Joe s'était assuré que ses animaux restent assis sur leur derrière jusqu'à ce que le photographe perde patience, plie bagage et décide de s'en aller, frustré de n'être pas parvenu à ses fins. À ce moment seulement, la commande «*Mush!*» de Joe avait fait lever la meute, qu'il avait menée au trot le long de la rue Yonge, comme prévu.

Rue Bloor, un agent de circulation avait ouvert le passage à Billy et lui avait permis le virage à gauche, manœuvre interdite aux automobilistes. Comme Billy était un chien avenant, il avait témoigné son appréciation en faisant le tour de l'agent les pattes hautes : un virage impeccable. Joe avait sans doute souri de satisfaction en voyant la mise en scène de son chien. Enfin, le meneur et ses chiens avaient pris le chemin du retour, escortés d'un agent de la Gendarmerie royale du Canada, qui ouvrait le passage devant le convoi. Les enfants, toujours en veine de réjouissances, bordaient les rues lorsque que l'attelage avait emprunté Bloor ouest en direction de Queen's Park avant de pénétrer le parc jusqu'à la clôture de l'Université de Toronto. Traversant le terrain de l'université jusqu'à la rue College, l'équipe a longé la rue College jusqu'à Landsdowne et a pris la rue Dundas pour revenir à Howard Park. Joe et les chiens achèveraient là leur trajet de dix-huit kilomètres par une manœuvre spectaculaire : ils allaient descendre la côte glissante et escarpée qui menait au tremplin de Grenadier Pond en zigzaguant, réussissant sur la glace un atterrissage à couper le souffle, net dans leur campement. Une manœuvre à rendre jaloux tout sauteur à skis !

Une fois la course terminée, les chiens pouvaient manger et se reposer. Pour assouvir leur grande faim, Bill avait traîné trois quartiers de bœuf jusqu'au feu et les avait découpés, à la hache et au couteau, en morceaux grossiers de deux à quatre kilos. Les spectateurs, impressionnés par la vitesse et la puissance des crocs et des mâchoires déchirant la chair et broyant les os, n'auraient osé enlever leur repas à ces bêtes. Quand ils avaient eu fini de manger, Joe avait fait une dernière inspection de ses loups et de ses chiens avant la nuit. « Maintenant, ils sont en pleine forme pour la grande journée de demain[22]. » Quant à Mme LaFlamme, elle logeait probablement à un hôtel du voisinage. Sans sa Sparky.

Les hurlements intermittents des loups, à vous glacer le sang, avaient maintenu en éveil la nuit durant plusieurs citadins, y compris un journaliste du *Star*. Dans son article, il racontera dans le détail[23] le pot-pourri sauvage qui avait retenti dans High Park. La note avait dû être donnée par Pete, un loup de trente-quatre kilos aux longs poils drus, à la queue touffue et à l'allure déterminée, qui avait passé la semaine à gronder et à montrer ses crocs blancs. La plupart du temps, l'animal était muselé. Ce soir-là, Pete aura lâché des cris interminables et lugubres, déchirant le silence de Grenadier Pond et du voisinage de High Park. À son tour, Tommy, un loup de quarante et un kilos à la fois maigre et imposant, aura poussé des gémissements encore plus profonds et mélancoliques, tout en secouant ses chaînes. Le vilain Knabey et le vif Weeweep, confinés dans une cage, avaient dû reprendre le refrain en chœur avec des sons mi-aboiements, mi-hurlements. Sparky avait pleurniché au loin.

Ne voulant pas être en marge de leurs compagnons, tous les huskies, sauf un, avaient contribué à ces sérénades à la lune : La Petite ; Maheggan, fils de Pete ; Sawn, le jaune ; Huskie ; Fidel, le fidèle ; Flossic ; Waugouch, « le renard » ; Dick ; Paddy, le chiot ; et Mokooman, « le couteau »[24]. Seul Billy, le chien de tête, trop occupé à faire les cent pas devant la tente de son maître afin de veiller sur les trois trappeurs endormis, n'avait pas trouvé le temps pour la chorale.

L'ode à la lune, d'une minute et demie, s'arrêtait soudainement, le silence régnant de nouveau sur le campement…

jusqu'à ce que Pete se rassoie sur son derrière, invitant ses frères à reprendre en chœur les hurlements. Ces tours de chant avaient repris à intervalles irréguliers toute la nuit.

Jour six : le samedi 31 janvier 1925

Un article du 31 janvier 1925 tentait de semer le doute quant à la constitution de l'attelage de LaFlamme, suggérant que les quinze animaux étaient des chiens. Sûr de lui-même, Joe avait accepté les commentaires avec humour — un humour un peu espiègle, comme à l'habitude. Il avait invité les lecteurs à venir eux-mêmes vérifier s'il s'agissait bel et bien de chiens, offrant même un prix au concurrent qui relèverait le défi :

> Si quelqu'un veut venir à High Park pis prendre un des loups avec lui, sans tirer sur lui, ben sûr, j'vas lui donner 100 $. Naturellement, j'parle d'un loup sans sa muselière. V'nez tenter votre chance aujourd'hui. Si tous mes chiens sont des huskies, pis que j'ai pas de loups, ça sera assez facile pour le provocateur de partir avec n'importe quel d'eux autres. Qu'y essaie de prendre un de mes loups de sa meute ! Pour être juste, j'vas laisser le brave attacher à son corps la chaîne du loup. On verra après que c'est qui arrivera[25].

Chose étonnante, aucun article n'a fait état de quiconque ayant accepté cette offre généreuse.

Les activités de LaFlamme avaient constitué le point central du carnaval d'hiver. Des foules record de plus de cinquante mille personnes s'étaient rassemblées autour du bivouac à High Park, où s'étaient déroulés tous les événements organisés par le *Star* et ses invités du nord. Joe et ses compagnons en avaient eu beaucoup à montrer au public : une tente rustique, un feu de bois, des chiens et des loups se reposant près des arbres — attachés, bien entendu —, des courses, des exploits et des descentes, en traîneau ou en toboggan, du sommet de la côte jusque dans le parc.

Ce matin-là, en vue de contrôler l'afflux sans précédent d'automobiles dans le secteur ouest de la ville, la Toronto Transportation Commission avait dû offrir un service de tramway accru sur les trajets Beach (Queen) et Carlton en direction de High Park. Malgré que les courses de LaFlamme n'aient été prévues que pour l'après-midi, beaucoup de spectateurs s'étaient rendus tôt sur les lieux dans l'espoir de voir de près Joe et ses animaux. Résidant à Toronto, *Miss Canada* elle-même avait participé aux célébrations, osant même prendre dans ses bras la docile Sparky. Un journaliste qui a commenté l'expression de la Torontoise, faisait remarquer que son sourire n'aurait pas été aussi spontané si au lieu de la « louve » il s'était agi d'un des loups hargneux de Joe[26].

Quant au solide *musher* de Gogama, à l'aise dans ses pantalons de laine foncée et son gros gilet de tricot, coiffé d'un béret à pompon et botté jusqu'aux genoux[27], il avait paru confiant de bien connaître ses bêtes, et s'était plu à être le centre de l'attention et à se surpasser pour impressionner les citadins.

Vers 14 h, des milliers de personnes défilant à travers le parc s'étaient rendues au camp LaFlamme, de partout et par tous les moyens : à pied, en raquettes, en ski, en toboggan, en luge, en voiture, en tramway et en autobus. Un journaliste du *Star* a comparé les innombrables taches multicolores des vêtements des gens à un tableau de peintre pointilliste[28]. Mais au lieu d'empêcher par un cordon l'accès au tableau — comme dans un musée —, c'est le campement même que l'on périmétrait ici. Les autorités n'avaient pas pris de risque : les loups se seraient fait un régal des petits doigts tendus pour les flatter. Quelques jeunes garçons réussiraient tout de même à échapper à la surveillance policière et à s'approcher des animaux. Encore chanceux que les loups n'aient pas eu faim, car les mâchoires ouvertes presque à angle droit, leurs crocs blancs ressemblaient à un « croisement entre un moulin à scie et des instruments chirurgicaux[29] ».

La colline près de Grenadier Pond s'était couverte de spectateurs du pied jusqu'au sommet, certains se tenant sur le bout des orteils, d'autres enfonçant les talons dans la pente glissante pour ne pas tomber, et les plus déterminés cassant la glace au bord de l'étang, dans la gadoue jusqu'aux chevilles. Tous avaient voulu occuper la meilleure place pour observer les manœuvres de Joe LaFlamme. Le clou du spectacle avait été de le voir atteler ses bêtes. Malgré les cordes clôturant le site, la foule était tellement compacte près du *musher* qu'il est surprenant que les « charmeurs de loups[30] » aient eu suffisamment de place pour travailler.

Deux meutes avaient été attelées pour les courses. La première comprenait quatre huskies qui avaient hâte de tirer le traîneau. Ils s'étaient même laissé flatter par des centaines de petites mains en attendant l'autre meute. Celle-ci comptait les quatre loups et les sept autres chiens, qui avaient semblé dérangés par le comportement rustre des loups.

Grondant et montrant les crocs à leur maître, les quatre loups avaient résisté jusqu'à ce que Joe, imperturbable, prenne le dessus. Sa méthode était simple : fort de son autorité, il coinçait l'arrière-train de l'animal entre ses jambes tout en gardant la chaîne tendue pour l'empêcher de tourner la tête. Malgré ces précautions, il lui arrivait de recevoir des coups de pattes. Méthodique, le dompteur devait, dans ces cas-là, continuer à tirer le harnais par-dessus la tête du loup et l'amener, à force de cajoleries, à passer les pattes dans les diverses sangles du harnais. Joe et un assistant portaient ensuite le loup tremblant à la chaîne centrale reliant les animaux au traîneau, l'un des hommes tenant la tête du loup serrée contre lui tandis que l'autre contrôlait les pattes arrière. C'était un exploit des plus fascinants, qui sera répété quatre fois le 31 janvier 1925, à la grande joie du public.

Le muselage des bêtes valait aussi le coup d'œil. Faisant frissonner la foule, le dompteur plaçait sa main à côté de la gueule du loup qui grondait. Un observateur astucieux aurait vite remarqué le secret pour faire obéir les loups : ne pas leur donner de jeu — ce que Joe avait sans doute appris à ses dépens. Quoi qu'il en soit, nul n'avait tenu à mettre à l'essai ce secret du métier, malgré la promesse par Joe LaFlamme de 100 $ à quiconque viendrait atteler un loup.

Impatients de courir, les quatre loups une fois attelés s'étaient jetés par terre et roulés dans tous les sens. Mais, aussitôt que Billy avait entendu « *Mush!* », chacun avait pris sa place et commencé à tirer. Joe avait saisi le guidon, fait claquer son long fouet et dirigé l'*Express* de Gogama entre deux colonnes d'humains l'applaudissant. La police avait dû dégager un passage droit devant.

Cap au nord, le meneur était bientôt arrivé à la pointe de l'étang. Son attelage galopant sur le marécage couvert de joncs gelés transportait Émilie et deux jeunes garçons provenant de la foule. Sur le chemin du retour, à un kilomètre et demi de son but, Joe avait remarqué que la glace du marais craquait par endroits. La situation avait dû l'inquiéter étant donné les quinze mille spectateurs qui se trouvaient alors sur la glace. Pour éviter une catastrophe, le *musher* avait terminé son parcours en bifurquant vers le haut de la colline, attirant les foules vers la terre ferme.

Après la course, Joe et le camp LaFlamme étaient demeurés le centre d'attraction jusqu'à la tombée de la nuit. Entretemps, en l'honneur des résidents du nord, le *Star* avait organisé une « chasse aux loups » avec des prix pour les « chasseurs » qui feraient bonne prise. Les participants, des enfants et des adultes en raquettes ou en skis, devaient poursuivre trois « loups » humains qui se tenaient cachés dans le boisé. Les trois membres du comité exécutif du Toronto Ski Club, dont son président, Sam Cliff, ainsi que Charles Punchard fils et Alex Duncan, avaient skié comme des fous par des sentiers différents, essayant de ne pas se faire prendre. Des centaines de personnes allaient relever le défi, mais étant donné le terrain accidenté et la neige collante, seulement une trentaine de personnes persisteraient jusqu'à la fin. En dernier lieu, trois participants se mériteraient une paire de skis pour avoir attrapé les « loups » : Cliff Chilcott, A. Leaneater, et R. S. Godfrey. Chez les enfants, les gagnants étaient Lorne Mickelborough, Teddy Howard et Harvey Jackson[31].

La semaine qui venait de se terminer avait été riche en activités et en émotions. Non seulement LaFlamme, Fortin et Lewis avaient-ils suscité la curiosité des citadins pour les vastes étendues sauvages du nord ontarien, mais ils avaient réussi à attirer des foules immenses dans une partie de Toronto que peu de gens connaissaient. Ils avaient conquis le cœur et l'imagination des Torontois. Ceux-ci les chériraient dorénavant comme des héros, au même titre que le dessinateur George McManus, créateur de *Jiggs and Maggie*; Tiny Tim, du conte *A Christmas Carol* de Charles Dickens, et les champions canadiens de billes et de *jacks*. Selon le *Star*, « [m]aintenant Joe Laflamme et ses loups se sont taillé une place dans cette galaxie des étoiles[32] ».

Chapitre 9

Qui était Mme LaFlamme ?

La célébrité de Joe le suivait maintenant partout, qu'il participe à des courses à Québec ou à Lake Placid[1], dans l'État de New York. Dans les mois suivant les exploits de LaFlamme à Toronto, cette renommée était parvenue aux oreilles de milliers de Canadiens, y inclus le Gouverneur général du Canada, Sir Julian Byng, et son épouse Marie Evelyn. Le 17 juin 1925, le couple voyageait à bord du train de l'ouest. Question de réapprovisionner l'engin à vapeur en eau et en charbon, leur train devait s'arrêter pour une période de quinze minutes à Gogama. Mais comme les Byng voulaient rencontrer Joe LaFlamme et ses loups[2], ils avaient fait prolonger la halte. Nous ne savons pas s'ils se sont rendus au domicile des LaFlamme, mais s'ils l'ont fait, Mme LaFlamme se sera bien préparée. Ses nombreuses années à Paris[3] lui avaient inculqué le goût du chic.

Les origines de Mme LaFlamme

Émilie Ernestine Hélène Haigneré est née le vendredi 18 août 1893[4] à Étaples-sur-Mer, un village de pêcheurs dans le département du Pas-de-Calais, dans le nord de la France. La fille d'Auguste Pierre Josse Haigneré[5] et d'Augustine Dalila Gosselin a été baptisée le 23 août, fort probablement à l'église Saint-Michel, dans la seule paroisse catholique du village. Elle a reçu ses deux prénoms de ses parrain et marraine Ernest Altazin et Émilie Carlu. Étrangement, sur le registre des baptêmes, elle porte le nom d'Émilie Ernestine Hélène, tandis que son certificat de baptême indique « Émilie Aristide Hélène », ce qui pourrait résulter d'une erreur d'épellation puisqu'elle est aussi inscrite sous le nom d'Émilie Ernestine dans les tables décennales des archives du département du Pas-de-Calais. Par contre, les tables donnent « Julie » comme troisième prénom.

Émilie provenait d'une longue lignée de marins étaplois. Ses parents s'étaient mariés le 3 mai 1890 à Étaples. Selon les données du recensement de 1911, elle aurait eu une sœur aînée du nom d'Élisa (1891) et deux sœurs plus jeunes, Georgette (1896) et Augustine (1898), ainsi qu'un frère benjamin nommé Auguste (1906). Comme Émilie ne figure pas dans ce recensement, il est possible qu'elle ait été placée en bas âge chez un membre de la famille étendue vivant à Paris. Elle-même avouera avoir vécu la plus grande partie de sa vie sur les rives de la Seine[6].

Il est difficile d'imaginer Émilie vivant une vie rustique à Gogama, lieu éloigné et dépourvu de commodités telles que l'électricité, l'eau courante ou les toilettes intérieures. Mesurant tout au plus 1,3 mètre[7] et pesant à peine quarante-cinq kilos[8], la petite dame aux cheveux auburn sera connue à Gogama sous le surnom de « Lillie », et plus communément de « la p'tite femme », sobriquet que Joe lui aurait donné. Les gens du village se rappellent d'elle comme d'une femme très intelligente s'habillant avec chic, portant les plus belles robes et, l'hiver, un chapeau avec bord, un manteau souvent orné de renard, et des bottes en vogue. Des parents de la région montréalaise ont souvenir d'une Émilie toujours au fait de la mode et qui adorait le maquillage, les bijoux et les talons hauts. Lorsque l'ex-Parisienne visitait la famille de son conjoint durant la saison froide, elle arborait souvent manteau et chapeau de léopard, le tout complémenté par des bottes blanches[9], un ensemble élégant très à la mode de Paris.

Malgré la rudesse de son style de vie nordique, il semble que Lillie ne l'aurait pas échangé pour tous les conforts dont elle avait joui à Paris. En janvier 1925, elle racontera au *Toronto Daily Star*, en mauvais anglais, comment elle en était venue à beaucoup aimer le Canada : « Vous voyez, je possède de bien belles choses. En été, un jardin — ah! un beau jardin —, six canaris, des poules, des pigeons et trois moufettes — rien que comme animaux de compagnie[10]. » Souriante, elle avait rassuré le journaliste : « Elles [les moufettes] sont gentilles — et n'ont pas d'odeur, vous savez[11]. » Puis elle avait toujours Sparky, qu'elle appelait son « p'tit loup ».

Lillie admet par contre s'être ennuyée au début, après que Joe et elle eurent emménagé à Gogama. « Ah, oui, il n'y avait qu'une cabane quand nous sommes arrivés ici il y a cinq ans. Mais maintenant, il y a cent cinquante familles, une église, une école et deux moulins — la plupart [des familles] sont arrivées dans les deux dernières années[12]. » Ce commentaire d'Émilie était sans doute un peu exagéré, car il y avait assurément plus d'une maison à Gogama lorsque les LaFlamme s'y étaient installés en 1920.

Arthur L'Abbé, un des premiers résidents, était arrivé à Gogama en 1917. Il en sera le premier receveur des postes et marchand général. Comme il y aura, à partir de 1920, deux moulins à scie, il y construira bientôt une salle de billard. Après l'arrivée, en 1922, de Monseigneur Achille Cournoyer, premier prêtre résidant à Gogama, la salle de billard servira également d'église à la paroisse catholique de L'Ange-Gardien. Ce n'est qu'en 1947 qu'une église neuve, Notre-Dame-du-Rosaire, serait bâtie. La Compagnie de la Baie d'Hudson s'établira dans le village en 1922. Oui, Gogama était en plein essor, raison de plus pour un contrebandier d'alcool de s'établir dans cette communauté retirée.

Une Émilie indépendante et pleine de cran poursuivait, dans la même entrevue avec le *Star* : « Moi, je ne me sens jamais seule. Si, pendant l'hiver, Joe est parti et que je veux aller quelque part, je prépare l'attelage et je pars. Mais oui, je peux atteler une meute de chiens, vous savez — une petite meute[13]. » Parce qu'elle embauchait une fille pour l'aider dans sa maison de pension, Lillie était libre de partir quand bon lui semblait. Elle déplorait cependant les grandes distances à parcourir dans le Nord. Pas du tout intimidée par le fait que Joe n'approuvait pas toujours ses escapades, « la p'tite femme » savait jouer sa meilleure carte. À titre d'exemple, lorsque Joe devait partir pour Toronto en janvier 1925, elle avait voulu l'accompagner, mais il s'y était opposé, prétextant qu'elle n'était pas assez forte pour ce genre de voyage. Ce à quoi elle aurait répondu : « Si je n'y vais pas, je garde Billy à la maison. Alors, qui mènera ta meute[14] ? » C'est que Billy était son chien policier à elle et non celui de Joe. Elle avait donc pris le train, quelques jours après Joe, en direction de Toronto.

Joe aurait bientôt lieu de s'inquiéter de la santé de Lillie. Les hivers durs et les étés chauds du Canada allaient éventuellement saper ses forces : « Moi, j'étais grassouillette — agréablement ; mais j'ai perdu quarante livres[15] en six ans[16]. » En six ans, c'est-à-dire depuis son arrivée au Canada, où elle était venue à l'invitation de deux amies qui avaient épousé des soldats canadiens. En 1919, elle était arrivée à Montréal, où elle avait fait la connaissance de Joe : « Il est drôle. Il aime tout de sa vie dans le Nord — ses chiens, sa chasse et sa trappe. Il est venu ici et moi, je l'ai suivi. Quand une femme se marie, elle fait son bonheur là où va son mari[17]. » Elle prétendait avoir épousé Joe un an après la guerre, soit l'année de son arrivée en sol canadien. Cependant, aucun document administratif n'atteste ce mariage. Comme Joe s'était marié quelques années plus tôt devant l'Église, et que nous n'avons trouvé aucun document confirmant soit l'annulation du mariage devant l'Église ou un divorce au civil, nous pensons que Joe et Lillie n'ont pas pu s'engager dans le mariage.

Le seul mariage de Joe LaFlamme

Manifestement, Joe et Lillie avaient décidé de cohabiter, tout simplement, sans la sanction d'un mariage catholique comme celui de Laflamme à Florence May West cinq ans plut tôt. La cérémonie du mariage avait eu lieu le 28 avril 1914[18] à l'église Saint-Aloysius, dans la paroisse de Florence, à Montréal. Les bans de mariage avaient été publiés à l'avance, selon l'usage, dans cette paroisse et aussi à l'église Sainte-Élizabeth, dans la paroisse de Télesphore (Joe) à Montréal. Trois semaines avant son mariage, Florence avait été baptisée et reçue dans la foi catholique. Le père M. L. Shea, curé de la paroisse, avait béni le mariage. Les témoins des vœux nuptiaux étaient Joseph Laflamme, frère aîné du marié, et Joseph Roberts, un parent de la mariée. Les parents de Florence étaient William-Henry West et Christie-Anne Roberts, tous deux originaires de la Gaspésie, au Québec[19].

Il semble que le jeune couple ait fait un voyage de noces tardif à Cuba, en mars de l'année suivante, puis serait reparti de La Havane sur l'*Olivette* en direction de Key West, en Floride[20], où il aurait probablement pris un bateau pour Montréal.

On ne connaît à ce jour ni la cause ni la date de la rupture entre Joe et Florence. Aucun document lié à la séparation ou au divorce de Joe et de Florence n'a été trouvé; aucun n'indique que le couple ait eu des enfants. En date du 19 juillet 1914, Joe Laflamme et Florence West étaient encore mariés puisqu'ils ont signé ensemble le certificat de baptême de Jean Télesphore Adrien Laflamme, fils du constable George Laflamme[21], un des jeunes frères de Joe[22].

Le 19 novembre 1915, Télesphore Laflamme était de nouveau nommé parrain, cette fois de Joseph Télesphore Maurice Laflamme, fils d'Adélard, un autre de ses frères aînés, et de Marie Anne Comtois[23]. Il avait partagé cet honneur avec sa mère, Marie Théoret. Il est possible que Joe et Florence aient été séparés à cette époque, mais rien ne le confirme. Les parrains n'étaient pas toujours des couples, étant choisis parfois en fonction de traditions familiales, de préférences, ou de circonstances.

Joe et Émilie

Dieu seul sait comment Joe et Émilie se sont rencontrés en 1919. Des documents attestent qu'Émilie Haigneré a quitté le port de Liverpool, en Angleterre, sur le *R.M.S. Melita*, pour arriver à Saint-Jean, au Nouveau-Brunswick, le 6 mars 1919[24]. Mais pour quelle raison avait-elle choisi de partir de Liverpool? Probablement parce que Liverpool était, à l'époque, le port de marchandise le plus occupé de l'Europe, ce qui se traduisait par des billets moins chers pour les voyageurs émigrant en Amérique du Nord[25]. De plus, les attentes autrement coûteuses dans les villes portuaires étaient évitables à Liverpool, car le port offrait des départs fréquents. Émilie, alors domestique, était partie pour le Canada avec la maigre somme de cent trente francs français[26], et Liverpool devait être la solution la plus économique.

Même avec Montréal pour destination, Émilie avait débarqué à Saint-Jean parce que, jusque dans les années 1950, ce havre servait de port d'hiver pour ceux qui souhaitaient se rendre à Montréal[27], et ce jusqu'au dégel du fleuve Saint-Laurent et de son golfe. La voyageuse française de vingt-cinq ans était probablement arrivée à Montréal par un train du Chemin de fer Canadien Pacifique (CPR), qui traversait l'État américain du Maine. Célibataire, la jeune femme aura donné comme raison de son immigration: « pour se marier[28] ». En fait, si elle épousait un sujet britannique au Canada, elle deviendrait par le fait même sujet britannique et citoyenne canadienne, évitant tout le processus de naturalisation[29].

Nous savons que le nouveau couple n'est pas demeuré longtemps à Montréal, car il emménagera à Gogama à l'été 1920, déménagement qui changera complètement le style de vie de l'ancienne Parisienne. Quelques années plus tard, elle avouera au *Toronto Daily Star* que, selon elle, aucune autre femme n'aurait pu mener son style de vie dans la forêt du Nord[30].

Malgré les exigences de sa routine quotidienne, Lillie aura trouvé le temps de s'entraîner au billard ; elle finirait même par y exceller. Fier de l'adresse de son épouse au jeu, Joe l'opposerait souvent à des visiteurs masculins. Invariablement, « la p'tite femme » gagnerait la partie — et Joe, son pari. Queue de billard en main, LaFlamme lui-même était paraît-il redoutable[31].

La vie dans ce village pionnier n'enlèvera pas à Lillie son goût pour les objets raffinés. C'est ce dont témoigne le cadeau de noces qu'elle et Joe feront à un couple de Gogama. En mai 1937, Dave Ranger, pensionnaire chez les LaFlamme, avait pris le train vers Sudbury avec sa fiancée, Simone Morin, pour se marier secrètement à l'église Sainte-Anne-des-Pins[32]. Le cadeau des LaFlamme, une assiette et une spatule à gâteau choisies sans doute par Lillie, serait un des seuls présents reçus par le couple. L'assiette jaune et ronde, bordée d'une fine ligne bleu royal se répétant autour du centre blanc, affichait un décalque de campagne anglaise, avec jeune femme à la crinoline rose[33]. La spatule arborait le même motif. Le service à gâteau en porcelaine avait été confectionné par Hollinshead & Kirkham Tunstall, une compagnie réputée en Angleterre. Il n'avait probablement pas été acheté en

Grande-Bretagne, car il semble que Lillie ne soit jamais retournée en Europe une fois immigrée au Canada. Elle a mentionné un jour au *Toronto Daily Star* que, si jamais Joe gagnait assez d'argent, elle aimerait retourner à Paris — « pour le plaisir[34] ».

Chapitre 10

À New York, pour le plaisir

La semaine que Joe LaFlamme avait passée à Toronto en janvier 1925 n'avait fait qu'aiguiser l'appétit du dompteur de loups pour la faveur du grand public. Il en voulait toujours plus. L'attrait des foules et de l'aventure l'amènera cette fois à parcourir mille cent cinquante kilomètres jusqu'à New York avec une meute de huit huskies, un loup hybride et quatre loups pure race. Il n'avait toutefois pas fait le trajet en traîneau à chiens à partir de Gogama — tel que le suggère le titre d'un article du *New York Times*: « Mushes 700 Miles With Dogs To See Hockey Here Tonight[1] » — mais aura tout de même réussi à *musher* sur Broadway dans l'avant-midi du samedi 23 janvier 1926. Il faut s'imaginer le scénario: partir des régions sauvages du Canada à destination de Manhattan avec des loups s'apparente à un Crocodile Dundee[2] débarquant d'Australie avec une poignée de crocodiles. Joe l'aura pourtant fait, et l'aventure allait s'avérer l'un des moments les plus palpitants de sa carrière — un dont il se souviendrait sans doute jusqu'à la fin de sa vie. Comment oublier l'accueil de milliers de personnes en liesse bordant les rues de la métropole américaine[3]?

En soirée, le dompteur du Nord se rendra au Madison Square Garden, où il aura l'honneur de mettre au jeu la rondelle en début de partie entre les équipes de New York et de Boston[4]. Durant les intermissions, il paradera avec son attelage de treize animaux sur la patinoire. La foule de dix mille spectateurs se montrera à la fois excitée et ébahie de voir de vrais loups gris se mouvoir devant elle. Il fallait se méfier, quoi qu'il arrive, du comportement des loups hors de leur environnement naturel, comme l'a souligné Harry Cross du *New York Times*: «Les loups gris et les chiens du Nord glacial agissaient comme s'ils savaient qu'ils étaient loin de chez eux[5].» Les joueurs de Boston, eux, qui gagneront la partie par 3 points contre 2 en prolongation, n'avaient pas paru dépaysés. Le dompteur et ses loups allaient par la suite attirer les foules à de nombreuses parties de hockey[6].

Joe avait dû frissonner de joie — et se pincer pour s'assurer qu'il ne rêvait pas — d'ainsi se trouver sur la glace aux côtés de grands sportifs, d'autant plus que les membres de sa famille étaient des mordus du hockey[7]. Bien campé sur la glace du Garden, dans ce qui était à l'époque la plus grande ville de l'Amérique du Nord et la deuxième ville en importance sur la planète[8] — New York comptait plus de sept millions d'habitants en 1926[9] —, avait-il ressenti une simple joie ou avait-il savouré l'illusion du pouvoir qui venait avec la capacité d'accomplir des exploits jamais vus auparavant? À trente-six ans, Joe débordait d'énergie et d'entrain, avait un sens inné de la mise en scène et, surtout, un esprit indomptable lui permettant d'obtenir ce qu'il voulait. Il n'avait peur de rien, du moins en donnait l'impression, et il savait comment profiter de la vie.

LaFlamme devait aussi avoir de bonnes manières avec les gens, car il réussissait à nouer des relations utiles. Il savait d'instinct comment être au bon endroit au bon moment et comment aborder les individus. À titre d'exemple, lors d'un voyage en train dans la région de Toronto, il aurait rencontré Al Greene, chef du fil de presse de nuit à la *United Press*[10]. Celui-ci ferait par la suite connaître Joe à George L. «Tex» Rickard. Rickard[11] était à l'époque le promoteur sportif le plus connu aux États-Unis en plus d'être le fondateur de l'équipe des Rangers de New York. Comme il détenait les droits de promotion d'événements spéciaux au Madison Square Garden et que Joe LaFlamme avait le potentiel d'offrir un excellent numéro sur scène, Rickard allait donc s'engager à le parrainer pour une période de deux semaines, le tout en lien avec l'exposition canine du Westminster Kennel Club.

Durant la fin de semaine précédant l'exposition (celle du 5 février 1926), Joe s'était rendu dans le chic quartier de Jackson Heights, sur Long Island, emmenant dans son traîneau à chiens Janet Crombie, la reine du carnaval[12].

Histoire d'annoncer l'exposition canine, une photo réunissant Joe LaFlamme, son assistant Paul Giroux et une dame, Marilyn Gerndt[13], ainsi que deux loups muselés, avait paru dans le *New York Evening Graphic*, mentionnant que les «chiens dangereux» de LaFlamme seraient en montre à l'exposition. Malgré le fait que les loups seront relégués dans un coin du Garden, ils allaient perturber l'exposition. Toute l'attention des participants et des spectateurs se portera sur les « chiens sauvages » du trappeur canadien. Seuls les juges regarderont encore les chiens défilant sur scène[14].

Au terme des expositions, LaFlamme profitera de son séjour dans l'État de New York pour rendre visite à un ami américain. Il aurait aimé se rendre chez Alvah G. Strong en janvier mais, n'osant pas refuser l'offre généreuse de Tex Rickard, il avait remis à plus tard son voyage à Alton, à quelque cinq cents kilomètres au nord de la ville de New York. Le jeudi 18 février, Joe, Paul et leurs treize animaux arriveront donc à Alasa Farms en pleine forme pour les courses de la fin de semaine.

Chapitre 11

Des moments historiques à Alasa Farms

Les 648 hectares du domaine d'Alvah Griffin Strong[1] offraient un accueil des plus appropriés aux visiteurs du nord ainsi qu'à leurs animaux[2]. Située au sommet d'une des collines de la rive sud de Sodus Bay, la propriété comportait en 1926 plus de huit kilomètres de littoral, environ quarante et un hectares de pommiers et plusieurs grands champs. L'imposante maison avait été construite par les shakers près de cent ans auparavant[3]. Strong élevait des vaches laitières Shorthorn, des poneys Hackney et des huskies d'Alaska. Son superbe chenil servira de logement temporaire aux farouches animaux de LaFlamme.

La rencontre de Strong et LaFlamme avait d'ailleurs un lien direct avec ce chenil : l'été précédent, Alvah s'était rendu chez Joe à Gogama pour y acheter des huskies d'Alaska. Comment avait-il eu vent de l'offre ? Joe publiait peut-être au besoin quelque annonce dans les journaux et dans les chenils, ou auprès d'associations d'éleveurs. Quoi

Alvah G. Strong (à droite), propriétaire de Alasa Farms,
avec Joe LaFlamme et son loup, le 20 février 1926.

PHOTO GRACIEUSETÉ DE ALASA FARMS/FAMILLE STRONG.

qu'il en soit, l'Américain avait acheté plusieurs chiens dont Gogama, la mère de Fidel, morte peu de temps avant la visite de Joe à Alasa Farms.

Joe LaFlamme et Paul Giroux se plairaient beaucoup, confiera Joe, à la ferme d'Alvah. Leur passion du plein air se reflétant dans leurs habits comme dans leur conduite, ils profiteraient pleinement des grands espaces ouverts et de l'air frais d'Alasa Farms :

> New York est correct, mais y a trop d'monde, ça mène trop d'train. On est contents d'être partis. Les loups ont enduré le voyage de 375 milles[4] de Gogama à Toronto mieux que les chiens, mais y pouvaient pas endurer New York et d'être enfermés. Les chiens

pouvaient mieux endurer ça. On a toute trouvé ça dur; on a besoin d'la bonne air, d'l'exercice, d'la neige pis d'l'ouvrage — pis on manque les arbres[5].

Et ce ne sera pas l'exercice qui leur manquera, car ils se préparaient à une course historique, la première du genre au monde. Environ trois cents personnes[6] assisteront à ce spectacle extraordinaire, la plupart ayant dû s'y rendre par des routes enneigées. Chaque invité avait reçu une invitation écrite par Alvah, lui-même petit-fils d'Henry Alvah Strong, premier président de la compagnie Eastman Kodak[7].

Avant la course, un trajet avait été tracé sur les collines enneigées d'Alasa Farms. La journée du samedi 20 février était partiellement nuageuse et, selon Joe, la température

Joe LaFlamme et un de ses loups à Alasa Farms, près d'Alton, New York, le 20 février 1926.

PHOTO GRACIEUSETÉ DE ALASA FARMS/FAMILLE STRONG.

excellente pour ses loups et ses chiens. La course était prévue pour 14 h. Afin d'observer de près tous les préparatifs, les spectateurs s'étaient alignés entre ce qui semble avoir été — d'après les photos d'archives — la maison et la grange. Parmi la foule se trouvait un jeune campagnard grand et maladroit, pas du tout à l'aise si proche des loups. Il portait une carabine à canon scié et, lorsque Joe avait sorti ses loups du chenil, il aurait discrètement essayé de glisser une cartouche dans le magasin de son arme. Un jeune qui l'observait lui aurait demandé pourquoi il chargeait sa carabine. Crachant son jus de tabac dans la neige, le campagnard aurait répondu : « J'prends pas d'chance avec des loups dans les alentours[8]. »

Le jeune homme s'était probablement montré sage en prenant ces précautions, contrairement à d'autres qui croyaient que ces loups n'étaient que des « chiens dangereux », ce que Joe contestera vertement :

> Ça a pas d'allure, y font pas la différence entre un chien qui jappe pis un loup qui hurle. J'ai des chiens avec moé pis j'ai des loups. Si un homme pense que c'est des chiens, j'vas y donner — qu'y les amène chez eux. Un chien peut être dompté pis entraîné ; les loups peuvent jamais être domptés, ni même entraînés. [...] Si un homme est tanné d'sa femme, j'y en donnerai un, ça va l'aider — s'y peut l'amener chez eux[9].

Cette proposition, heureusement, ne sera pas mise à l'essai, surtout qu'à ce moment précis, les bêtes étaient dans un état de fébrilité d'avant-course. La rivalité promettait d'être vive puisque Strong possédait une équipe

L'attelage de loups et de chiens de Joe LaFlamme, à Alasa Farms,
le 20 février 1926.

PHOTO GRACIEUSETÉ DE ALASA FARMS/FAMILLE STRONG.

de huskies exceptionnelle. Joe LaFlamme possédait lui aussi une excellente meute, mais encore fallait-il la former. Atteler les bêtes sauvages requérait une énergie incroyable : Joe et Paul devaient d'abord se battre pour museler les loups, les harnacher et les sortir de leurs cages ; puis on luttait pour attacher les chaînes courtes à la longue courroie centrale qui reliait toute la meute au chien de tête. Comme les animaux étaient attelés par paires, il fallait une main habile et rapide pour leur enlever les muselières. Mais Joe et Paul avaient acquis une certaine adresse à rassembler l'attelage tout en évitant les morsures brutales.

L'attelage du *musher* canadien comprenait deux paires de loups à l'arrière, précédées du loup hybride et menées par Fidel. À la tête de l'attelage du *musher* américain figurait Billy, celui qui avait si bien performé pour Joe à Toronto l'année précédente. Suivaient Yak, le meilleur husky que les Canadiens aient vu; Husky; Nugget, un husky d'Alaska exceptionnel tant par sa taille que par son apparence; et Jumbo. Les huskies et les loups piétinaient maintenant en attendant le signal du départ.

«*Anamoosh, maheegan!*» Au signal, LaFlamme avait ordonné à son attelage de partir. Les loups excités s'étaient projetés en avant, raidissant la courroie centrale. «*Quitch!*» Fidel avait bondi et les loups l'avaient suivi. «Fidel, *gee!*» Le chien avait viré à droite. Plus tard, au signal «Fidel, *haw!*», l'équipe de loups avait tourné à gauche jusqu'à ce que le *musher* crie «*Quitch!*» pour la faire courir de nouveau en ligne droite.

Sans doute les animaux auraient-ils voulu profiter des grands espaces pour courir où bon leur semblait. Mais Fidel, qui était né pour mener, savait comment faire marcher l'attelage au pas. Ayant un vif instinct de meute, les loups n'hésitaient pas à obéir au chien de tête. Pour couronner le tout, Joe pouvait «lire» ses animaux et communiquer avec eux. Voilà pourquoi on le surnommait déjà «l'Homme aux Loups», titre qu'il savourait. Et plus que jamais, LaFlamme méritait ce surnom étant donné qu'il était le premier homme au monde[10] à avoir réussi à atteler des loups gris et à les faire tirer un traîneau.

Les compagnons de travail de LaFlamme

Les loups de LaFlamme étaient non seulement des bêtes d'exposition mais aussi des partenaires de travail. À Gogama, Joe arrondissait ses fins de mois en faisant la livraison de fournitures aux camps de bûcherons et en transportant, à l'occasion, des hommes blessés à l'infirmerie[11] lorsqu'il n'était pas possible pour les chevaux de trotter dans deux mètres de neige[12]. Pour parcourir des dizaines de kilomètres en traîneau à travers des sentiers presque impraticables en forêt, sur les étangs et les lacs, Joe avait besoin d'une meute fiable et vigoureuse, d'autant plus que les lacs étaient souvent couverts de neige fondue. Se déplacer sur ces lacs incommodait les huskies, dont les pattes trempées finissaient par geler; la neige fondue ne dérangeait pas les loups endurcis. Menés par un bon chien de tête, ils tenaient ferme au moment de tirer les lourds chargements de provisions. Malgré le dur labeur, LaFlamme savait également s'amuser avec ses animaux.

Comme il attelait quelquefois ses loups à un long toboggan[13] au lieu d'un traîneau, Joe avait appris à s'y tenir debout. Ayant trouvé la façon d'y garder son équilibre, il jouissait beaucoup de sa promenade, surtout lorsque le toboggan était tiré par une meute rapide sur un terrain plat ou des lacs gelés. Joe comparait cela à faire de la voile par un vent favorable. Mais si le sentier était cahoteux, c'était, disait-il, comme se promener à dos de chameau, ou comme descendre des rapides.

Travailler avec un attelage de loups était donc un atout pour LaFlamme. Le seul désavantage se présentait lorsque les animaux s'empilaient les uns sur les autres en descendant une côte. Dans une telle situation, les huskies avaient tendance à attendre patiemment que le problème se règle. Quant aux loups, qui ne portaient pas leurs muselières pour travailler, ils commençaient aussitôt à se battre et à se mordre les oreilles[14]. Quelle corvée que de démêler ces bêtes indisciplinées! Mais une fois de retour en piste, les loups reprenaient leur travail avec beaucoup d'endurance. Comme l'avouera plus tard Joe à un journaliste, «les loups sont plus forts, peuvent travailler plus longtemps et sont moins malades que les chiens[15]».

Si à l'occasion un loup tombait malade, Joe savait s'en occuper et lui administrer des remèdes — avec l'aide d'un assistant, bien entendu[16]: il tenait d'une main le loup gentiment par le cou, posant l'autre main sur le dos de l'animal. L'assistant ouvrait ensuite les mâchoires du loup avec un bâton, puis Joe se levait et, prenant garde à ses doigts, déposait une pilule au fond de la gorge du loup. Naturellement, la bête se débattait, mais une fois que le dompteur l'avait calmée, il versait dans sa gorge, directement de la bouteille, de la graisse d'oie diluée. Cette dernière étape était répétée deux ou trois fois pour faire descendre le médicament sans que le loup le recrache. L'animal reprenait graduellement ses forces et était prêt à retourner au travail.

La camaraderie entre LaFlamme et Strong

Alvah Strong et ses invités pourront se rendre compte de la puissance et de l'endurance des loups durant une démonstration qui aura lieu après la course de traîneaux. Attachés à des chaînes de trait, les bêtes tireront aisément non seulement de gros rondins, mais aussi une voiture Ford de plus de cinq cent cinquante kilos[17]. Strong devait

Alvah G. Strong (à gauche) porte le parka et le chapeau de Joe LaFlamme (assis à droite). Au milieu se trouve probablement Paul Giroux, assistant de LaFlamme. Alasa Farms le 20 février 1926.

PHOTO GRACIEUSETÉ DE ALASA FARMS/FAMILLE STRONG.

être heureux d'avoir invité au domaine l'ami canadien et ses loups gris.

Quant à l'issue de la course, aucun des journaux consultés n'a mentionné de gagnant. Vu le penchant naturel des deux hommes pour le divertissement[18], savoir qui avait gagné la course n'avait probablement pour eux aucune importance. En plus d'élever des chiens et de les faire courir, les deux hommes avaient encore beaucoup en commun (sauf peut-être leur taille : Joe dépassait son ami d'une tête). Une anecdote[19] raconte que LaFlamme parlait un anglais assez rudimentaire et que Strong ne comprenant pas un mot de français, l'alcool servait de traducteur entre eux. Un verre d'alcool et une bonne tape dans le dos étaient incontestablement de bons liants à leur camaraderie.

Comme toute bonne chose a une fin, l'Homme aux Loups et sa compagnie avaient quitté Alasa Farms pour Rochester, où Joe avait des engagements publics les 24 et 25 février. Sans doute impressionné par le spectacle du samedi, le quotidien *Rochester Democrat and Chronicle* avait invité l'équipe canadienne à faire la course sur l'ancien terrain de golf d'Oak Hill. L'événement était parrainé par l'université de Rochester et l'Oak Hill Country Club.

Joe LaFlamme, « l'Homme aux loups », avec un de ses loups, à Alasa Farms, près d'Alton, New York, le 20 février 1926.
PHOTO GRACIEUSETÉ DE ALASA FARMS/FAMILLE STRONG.

Chapitre 12

La séduction des foules à Rochester

Joe LaFlamme, Paul Giroux et treize animaux avaient quitté Alasa Farms pour gagner Rochester[1] vers le 23 ou 24 février 1926. Ils avaient probablement fait le trajet de soixante kilomètres en camion. Le premier jour de course, Joe était d'autant plus emballé que la température s'était mise de la partie: « On m'dit que le terrain de golf d'Oak Hill, où je vais exhiber mes loups, gracieuseté du *Democrat and Chronicle*, est excellent pour ce type d'activité. J'suis sûr qu'on sera capable d'intéresser les gens de Rochester[2]. » Avec sa barbe noire touffue et son costume traditionnel, Joe savait faire bonne figure. Mais juste au cas où l'événement tournerait mal, Curtis W. Baker, commissaire à la sécurité publique, était sur place.

Tôt en après-midi, le 24 février, des centaines de personnes avaient commencé à occuper les rues du centre-ville de Rochester, anticipant l'arrivée de LaFlamme et de ses bêtes. Entretemps, à l'hôpital vétérinaire Webber de la rue Andrew, Joe et Paul s'affairaient à atteler deux meutes. Le *musher* canadien mènerait quatre loups gris pure race tirant un petit traîneau. Debout derrière le gros traîneau chargé d'équipement, son assistant guiderait huit huskies et un loup hybride. À 14 h, tous étaient prêts et impatients d'entreprendre le rigoureux trajet à travers la ville jusqu'au terrain de golf situé à environ vingt et un kilomètres, et où aurait lieu une seconde course. La première, une exposition à travers la ville, serait également la première du genre dans l'histoire de Rochester.

L'itinéraire allait de la rue Andrew à la rue Church, puis de l'avenue Plymouth nord à la rue Main est. Les pentes de l'avenue East s'avéreront un défi pour les deux équipes, qui poursuivront leur course rue Alexander, puis par les avenues Mount Hope et Elmwood. La chaussée de cette dernière étant dégagée par endroits, Joe devra conduire son attelage sur le trottoir enneigé.

Les deux équipes s'arrêtaient ponctuellement pour se reposer ; Joe profitait de ces haltes pour rencontrer le public et l'instruire sur les loups et la vie dans le nord ontarien.

Juste avant d'arriver à la voie ferrée de Lehigh Valley, Joe avait aperçu sur le trottoir une femme se dirigeant vers lui en poussant un landau. Il lui aurait crié de libérer le passage, comme ses loups risquaient de ne pas s'arrêter à temps pour l'éviter. Affolée, la femme se serait mise à courir dans la rue, abandonnant landau et bébé. Un agent de police qui accompagnait le *musher* aurait alors attrapé le landau qu'il avait rapporté à la femme. Joe dira plus tard qu'il s'était senti en mesure d'arrêter son attelage avant de causer un accident… ce qui prouve bien le goût de LaFlamme pour le spectaculaire.

Au terrain de golf d'Oak Hill, de six à sept mille spectateurs s'étaient déplacés pour voir les Canadiens, qui devaient arriver à 16 h. Des automobiles étaient stationnées partout, jusqu'à l'intersection des avenues Brooks et Plymouth. Malgré la foule qui attendait, Joe LaFlamme avait tenu à ce que ses bêtes se reposent un peu. La moitié de la foule se pressant contre elles, cela avait compliqué les manœuvres de Joe et de Paul, qui souhaitaient raccrocher les chiens à un autre traîneau avant de gravir la côte jusqu'à l'ancien tee n° 1 et entreprendre la seconde course. L'attelage de Joe comprendra cette fois-ci le loup hybride et les quatre autres loups, menés par Fidel. Paul conduira l'attelage de chiens.

Les attelages, côte à côte, descendront la pente, les deux *mushers* criant des commandes: «Allez, *mush*! Allez, *mush*!» Joe, à l'occasion, fera claquer son fouet à lanières au-dessus des têtes. Lequel des deux *mushers* a gagné cette course? Cela tient du mystère encore à ce jour.

Dans l'heure suivant la course, l'Homme aux Loups allait démontrer au public comment il menait les loups lorsque l'attelage transportait des provisions vers des camps de bûcherons éloignés. LaFlamme, maître incontesté, n'avait eu qu'à souffler un mot pour propulser ses bêtes sauvages sur les pentes. Après la démonstration, Joe poussera la mise en scène jusqu'à offrir une promenade en traîneau à quelques écolières présentes dans la foule.

L'événement du jeudi 25 février, prévu pour 14 h 45, suivra essentiellement le même scénario, avec une course dans les rues jusqu'au collège Monroe, rue Alexander. Là, les animaux seraient détachés des traîneaux et feraient le trajet jusqu'au terrain de golf par camion. La dernière course et l'ultime démonstration débutera à 16 h 30, une demi-heure plus tard que celles de la veille, allouant plus de temps aux écoliers pour se rendre sur place.

Malheureusement, les activités du jeudi seront remises au vendredi en raison de la pluie. Le docteur Willard A. Gray et son épouse, habitant chemin Shellwood, auront alors le plaisir d'écouter Joe leur raconter comment il trappait les loups à des centaines de kilomètres au nord de Gogama.

Après l'exposition du vendredi 26 février, Fidel retournera à Alasa Farms auprès de son nouveau propriétaire, Alvah G. Strong. Quant aux autres membres de l'équipe canadienne, ils mettront plusieurs jours à regagner Gogama, à neuf cents kilomètres de Rochester.

Joe LaFlamme à 36 ans, à Alasa Farms, en février 1926.
PHOTO GRACIEUSETÉ DE ALASA FARMS/FAMILLE STRONG

Chapitre 13

La vie de tous les jours à Gogama

L'élevage de visons

Satisfait de ses aventures des derniers mois aux États-Unis, l'Homme aux Loups avait repris ses activités routinières à la maison. Et ses loups aussi, marchant de long en large dans leurs grands enclos. D'autres petites pattes faisaient également les cent pas dans les cages, car Joe comptait parmi les éleveurs de visons de l'Ontario, selon la liste de 1926 émise par le Bureau fédéral de la statistique[1]. Il en aurait fait l'élevage pendant au moins quelques années, Dave Ranger ayant confié à un journaliste s'être occupé de sa ferme d'animaux à fourrure de 1928 à 1930[2].

Il y avait à cette époque des centaines d'éleveurs d'animaux à fourrure en Ontario. Bon nombre de ces éleveurs exploitaient également d'immenses territoires de piégeage dans le nord de la province. L'un deux était Robert G. (Bob) Hodgson, également éditeur du *Fur Trade Journal* et auteur du livre *Let's Go Fur Farming*[3]. Un jour de janvier dont nous ignorons l'année, il aurait rendu à son ami Joe une visite « qui a été [pour Hodgson] une séance d'entraînement pour ses surrénales[4] » et qui lui a valu une bonne montée d'adrénaline. Hodgson raconte dans son livre que Frank Johnston et lui s'étaient rendus à Gogama pour étudier de près les loups[5]. Joe avait des spécimens assez impressionnants et féroces, dont quelques-uns, comme Pete, pesaient près de quarante-cinq kilos.

Un jour que les deux hommes étaient à la maison des LaFlamme en pleine conversation avec Lillie, ils avaient entendu du vacarme à l'extérieur de la porte. C'était Joe qui entrait avec Pete et un autre gros loup, en laisse naturellement, mais pas pour longtemps, car Joe allait les libérer de leurs chaînes. Les loups s'étaient alors mis à marcher dans la petite pièce. Aussitôt, les visiteurs s'étaient cachés derrière leur chaise en cherchant à se protéger. Hodgson raconte : « Je me souviens d'avoir pensé que les loups ne sont pas réputés pour attaquer des humains, mais j'avais énormément de difficulté à en convaincre mes pieds[6]. » Mais il n'y avait pas lieu de s'inquiéter : Joe contrôlait bien ses loups. Satisfait que ses invités se soient bien « amusés », il avait remis les chaînes aux loups et les avait conduits dehors. Quant à Hodgson, qui connaissait LaFlamme depuis longtemps, il aura décrit Joe comme « un véritable phénomène du Nord, unique en son genre, lui-même une attraction pour le grand public[7]. »

La générosité de Joe

Tout comme son sens de l'humour, le parler quotidien de Joe était parfois difficile à décoder. Son propos, habituellement d'un débit modéré, était souvent parsemé d'énigmes ou de paraboles, surtout dans le contexte familial[8]. Si, par exemple, au petit déjeuner, Joe demandait nonchalamment « Monsieur Herbert », il faisait référence à la cassonade de marque Herbert. Ou si encore il posait, mine de rien, la question : « On passe-tu au salon pour le thé[9] ? », c'est qu'il cherchait à se faire servir. Il « parlait en Laflamme », comme l'évoquent les membres de sa famille[10]. De plus, il se plaisait à donner des sobriquets aux gens de la place : « Ti-Jean L'Acadie[11] » était un pensionnaire, homme à tout faire et musicien du nom de Gérard Jean. Même sa conjointe n'avait pas échappé aux sobriquets. Les cartes de Noël que le couple envoyait à la famille étaient toujours signées : « Télesphore et P'tite femme[12] ».

Lillie LaFlamme et Dave Ranger, un pensionnaire chez les LaFlamme, tous deux costumés pour une fête dansante chez les LaFlamme, à Gogama, vers 1930.

PHOTO GRACIEUSETÉ DE EUNICE BELISLE.

Bien que sa famille affirme qu'il aimait beaucoup rire, et surtout avec son frère Joseph, les gens de Gogama prétendent que Joe était un homme sérieux qui ne riait pas souvent et saluait avec parcimonie. Il retournait paraît-il un bonjour poli par un brusque «Euh![13]». Quant aux enfants, plus souvent qu'autrement, il leur répondait par un grognement[14]. Par contre, la plupart demeurent d'avis que, malgré le fait qu'il en imposait par sa grande taille et ses loups féroces, Joe LaFlamme parlait à tout le monde, était connu pour ses soirées dansantes et avait bon cœur. Toujours prêt à aider quelqu'un dans le besoin[15], il offrirait son toit, à travers les années, à de nombreux vagabonds. Plusieurs itinérants et sans-le-sou du coin contribueront, en participant à des projets de construction, à faire de sa maison à deux étages la plus grande du village[16].

Même les écoliers qui s'ennuyaient en classe pouvaient trouver refuge chez LaFlamme: il avait toujours une place pour eux à sa table. Ernest (Dubby) Turcotte, jeune écolier dans les années 1940, manquait à l'occasion l'école pour visiter l'Homme aux Loups. Il garde aujourd'hui de beaux souvenirs de la réconfortante soupe au chou de Joe[17]. Car l'Homme aux Loups était aussi habile avec les chaudrons qu'avec le fouet. Cependant, Dubby était loin de se douter que l'ingrédient secret de cette soupe était le whisky, une tradition chez quelques familles de Laflamme[18]. Serait-ce le whisky dans le bouillon de soupe qui donnait aux garçons le goût de flâner chez LaFlamme? Parfois, pour les faire partir après le repas, Joe devait faire claquer son fouet près des oreilles des écoliers. Loin de lui l'idée de leur faire mal; il cherchait tout simplement à les chasser de la maison.

Une personne à Gogama aurait bien voulu chasser son voisin de la maison... quand elle boulangeait. Yvonne Nadeau, la future belle-mère de Dubby Turcotte, n'aurait semble-t-il jamais trouvé le courage de dire non à Joe LaFlamme. Attiré par l'odeur du pain frais, Joe cognait à la porte de Mme Nadeau, l'ouvrait, disait un poli «Bonjour, madame», mettait 25 cents sur la table, et repartait avec un pain — sans demander la permission[19]. Mais, à 25 cents le pain, qui aurait osé refuser quand, au début des années 1940, un pain de 680 grammes se vendait environ huit cents[20]?

Le côté sombre de la personnalité de Joe

Aussi vrai que le jour et la nuit existent, toute personnalité a nécessairement deux faces: un bon côté, qu'on aime montrer en public, et un pendant sombre, que l'on cherche souvent à dissimuler. Selon Debbie Ford, auteure new-yorkaise à succès, «plus nous essayons de réprimer les aspects de notre personnalité que nous jugeons indésirables, plus ils trouvent des façons malveillantes de s'exprimer[21]». Une de ces expressions malicieuses, chez Joe, surgissait à l'occasion dans sa façon de traiter Lillie, surtout lorsqu'elle mettait le nez dans ses marmites. Les gens de la région rapportent que Joe lui bottait le derrière ou bien la jetait en bas de l'escalier. Il lui aurait même trempé le bras, une fois, dans une marmite de ragoût bouillant, lui infligeant des brûlures assez graves pour exiger des soins à l'hôpital. Heureusement qu'Elzéar avait été présent, car c'est lui qui était venu à la rescousse de Lillie; il aurait arrêté le train de Sudbury, dit-on, pour y embarquer avec la blessée et l'accompagner à l'hôpital.

Après cette malencontreuse démonstration du mauvais caractère de son frère, Elzéar surveillerait toujours de près sa belle-sœur.

L'été venu, lorsque les fenêtres étaient ouvertes, les gens du coin entendaient souvent Joe et Lillie se quereller à tue-tête; il était impossible de ne pas reconnaître la voix criarde de « la p'tite femme ». La rumeur veut que Joe et Lillie buvaient quelquefois beaucoup. De plus, il aurait été rare de voir le couple ensemble en public. La relation ayant manifestement connu des difficultés, Lillie ne s'en sera jamais plainte à ses voisins. Elle avait la réputation d'être intelligente et solide. Quoi qu'il en soit, Lillie et Joe auront tenu le coup et seront demeurés ensemble jusqu'à la fin.

Elzéar Laflamme

Quant à Elzéar, de neuf ans plus jeune que Joe, il allait demeurer quelque temps chez son frère après être arrivé à Gogama vers 1935. Sourd-muet — c'est pourquoi on l'appelait « le sourd à LaFlamme[22] » —, il avait abandonné son métier de cordonnier[23] pour trouver du travail auprès de son frère. Il emménagera dans une vieille maison rue Poupore, où il demeurera jusqu'à son admission à l'Hôpital général de Sudbury en 1958. Il y est décédé le 7 août[24], à l'âge de soixante ans — longtemps après que Joe eût quitté Gogama. Elzéar est enterré dans un cimetière catholique de Sudbury[25]. Joe aura surpris tout le monde en se présentant aux funérailles de son frère à Sudbury et en se rendant par la suite à Gogama. Or c'est sa mort à lui qu'on avait rapportée par erreur dans certains journaux, notamment le *Sudbury Star*[26]. Joe avait pris cette nouvelle avec un grain de sel : « Faites-vous-en pas. On m'a déclaré mort deux fois dans l'journal partout au Canada et aux États-Unis », avait-il dit, avant d'ajouter : « J'suis en pleine santé, et j'suis ben fier d'être r'venu dans l'Nord pour un bout d'temps[27]. »

La maison de pension de LaFlamme

Joe trouvait toujours de l'ouvrage pour les sans-travail et les itinérants. En fait, gérer et entretenir sa maison de pension était un exploit en soi. L'établissement servait également au commerce de contrebande d'alcool ou ce qu'on pourrait appeler « d'hôtel ». Rien ne prouve cependant que la maison de pension ait été un bordel, même si les rumeurs étaient nombreuses.

Dès son ouverture dans les années 1920, la maison de pension de LaFlamme a été un endroit constamment achalandé, où se retrouvaient travailleurs du chemin de fer, prospecteurs et mineurs voulant être nourris et logés à Gogama. La maison comptait une dizaine de chambres, et un chiffre en métal ornait chacune des portes. Les chambres des LaFlamme se situaient au rez-de-chaussée[28]. Avec tout ce flot de travailleurs, les propriétaires employaient beaucoup d'aides, dont une domestique[29], et la voisine, Bertha Duguay[30], qui lessivait et repassait.

Joe et Lillie cuisinaient tous deux pour les pensionnaires et y réussissaient dit-on avec brio. L'Homme aux Loups était fier des habiletés de son épouse dans la cuisine, en particulier lorsqu'elle préparait de gros repas ou des banquets : « Quand c'te femme s'approche du poêle, a l'est comme une mére ourse. […] Quand a crie : "Faut que mon poêle soit rouge", a veut que son poêle chauffe au rouge. Pis, a nous met toute dehors : "Ouste !"[31]. » Les jumeaux Alfred et Roland Secord ont témoigné quant à eux des talents culinaires de Joe après avoir occasionnellement déjeuné chez lui. On y servait toujours de copieux repas, dont celui comprenant de délicieuses crêpes au lait caillé, de la saucisse et des œufs, toujours en présence de Morris, le fils unique des LaFlamme[32]. Roland aimait particulièrement la crème riche que les LaFlamme entreposaient sous le porche de la cuisine, et s'y faufilait quelquefois pour en boire. Si Joe le surprenait, il lui criait : « Mon buveux d'crème, j'veux pu t'avoir là[33]. »

Pour nourrir quotidiennement toutes ces personnes, il aura fallu un garde-manger bien garni. En plus de jardiner et d'élever sur sa propriété des animaux sauvages et domestiques, Joe élevait également des cochons sur une île du lac Minisinakwa. Ce terrain de la Couronne, à droite du pont de chemin de fer, a été surnommé « l'île aux Cochons[34] ». LaFlamme y apportait ses cochonnets au printemps et les rassemblait à l'automne une fois engraissés, gavés de plantes et de baies sauvages. Les gens du coin ont déjà vu Joe marcher de chez lui à l'épicerie locale (chez C. D. Payette et Fils) en portant sur ses épaules nues un cochon fraîchement abattu[35]. L'Homme aux Loups allait au marché soit pour y vendre la viande, soit pour la faire découper.

Lorsque les LaFlamme ne pouvaient pas se procurer certaines provisions localement, ils faisaient comme tous les résidents de Gogama et passaient une commande à la boucherie Pianosi de Copper Cliff, près de Sudbury. Leur commande mise à la poste, ils recevaient quelques jours plus tard les denrées arrivées par train[36] puis livrées par traîneau à cheval, en hiver, ou par un camion de trois quarts de tonne, en été[37].

Il fallait donc une bonne dose d'entrepreneuriat et d'initiative pour gérer la maison de pension. Et Joe LaFlamme n'en manquait pas. Il savait s'adapter aux circonstances.

Chapitre 14

Monsieur touche-à-tout

En moins de dix ans, la maison de pension des LaFlamme s'était transformée en auberge touristique. Dans les années 1940, l'en-tête du papier à lettre de Joe indiquait, en anglais, que le Moose Lodge (casier postal 106, à Gogama (Ontario), Canada), était le lieu idéal pour la chasse au gros gibier et la pêche au doré, à la truite et au grand brochet du nord, que l'établissement était situé sur la voie nautique principale menant à la baie James, et que le propriétaire, J. T. LaFlamme, pouvait organiser des randonnées en canot n'importe où[1]. On disait que cet en-tête n'était qu'un des nombreux dont se servait Joe[2]. Avec ses connaissances approfondies de la région et du canotage[3], cette enterprise touristique de voyages en canot a dû lui convenir comme un gant.

C'est en décembre 1930, lors d'une visite à Toronto, que Joe avait annoncé ses premières expéditions de camping à la baie James, prévues pour l'été suivant[4]. Le point de départ de ce périple de sept cents kilomètres vers Moose Factory était le lac Minisinakwa, à Gogama. Les canoteurs pagayaient jusqu'au lac Mattagami pour ensuite emprunter la rivière du même nom. Puis ils descendaient cette dernière jusqu'à la rivière Moose, qui se déverse dans la baie James. Le voyage se faisait à bord de canots de cèdre recouverts de toile, d'une longueur de 5,5 mètres. LaFlamme les fabriquait-il lui-même, comme il le prétendait[5]? Sinon, peut-être en aura-t-il acheté quelques-uns lors de son séjour à Toronto. S'il l'a fait, il aura sans doute cherché à les marchander, lui qui avait, raconte-t-on, la langue bien pendue — un talent qu'il avait mis à profit[6] au banquet d'adieu de Roy Jessup, gérant de la compagnie Cochrane Lumber, en février 1930.

Entretemps, l'Homme aux Loups continuait de faire l'élevage de visons et de huskies. Comme il désirait transmettre aux chiens le courage et l'endurance, il essayait de croiser la race avec certaines races de loups[7]. Il réussira à accoupler trois huskies femelles avec des loups, mais échouera dans toutes ses tentatives d'accoupler des louves avec des huskies[8]. Tout en dressant les jeunes à tirer le traîneau, il continuait à trapper des loups et à les entraîner à l'attelage pour les courses-expositions. Il piégeait aussi renards, loutres et autres petits animaux à fourrure[9], qu'il vendait au comptoir de la Compagnie de la Baie d'Hudson de Gogama. Les prix variaient d'une année à l'autre: le 24 décembre 1932, par exemple, une peau de renard se vendait 5,50 $ canadiens, soit presque autant que le vison; une martre rapportait 9,33 $; une hermine, 0,27 $, et un pékan, 36,50 $[10].

À la fonction publique régionale, provinciale et fédérale

Dans ses temps libres, Joe LaFlamme participait aux réunions de la Chambre des métiers de Gogama. La première mention de son adhésion à cette organisation remonte au 18 juin 1929. Membre actif jusqu'au 17 mars 1946, il y aura souvent déposé des motions[11]. Fonceur de nature, il est surprenant toutefois qu'il n'ait jamais accédé à la présidence de la Chambre: il se sera contenté de mener des loups plutôt que des hommes. Peut-être l'administration et la politique n'étaient-elles pas vraiment à son goût malgré le fait qu'il ait été, pendant une courte période en 1945, membre du Parti progressiste-conservateur de l'Ontario. Il aurait même tenté de se faire élire député de la circonscription de Sudbury[12] en promettant de faire pression pour obtenir une route menant à Gogama[13]. N'ayant pas été élu, il participera tout de même à la convention des Conservateurs à Sudbury en tant que délégué de Gogama ayant droit de vote[14]. En se joignant au parti «bleu», Joe allait à l'encontre de la tradition, lui qui avait grandi dans une famille d'inconditionnels du Parti libéral[15].

On pouvait toutefois s'attendre à ce qu'un jour Joe LaFlamme se proclame «maire» de son village. Un journaliste donnera son opinion sur ce fait: «Il est à peu près l'homme de plus grande stature à Gogama et lorsqu'il a annoncé [...] qu'il serait dorénavant Monsieur le maire Joseph T. Laflamme, personne n'a contesté sa déclaration[16].» Mais comme Gogama n'était pas une municipalité au sens propre, la proclamation de LaFlamme n'a jamais été officiellement reconnue. Qu'il en ait été maire ou non, selon le résident Ernest Turcotte, Joe LaFlamme avait mis Gogama en vedette[17].

Non seulement aura-t-il fait connaître Gogama dans le sud, mais il aura voyagé dans vingt et un comtés[18] du Nord de l'Ontario pour contribuer à au moins l'un des recensements de 1921, 1931 et 1941. À l'occasion, il aura servi de guide de chasse et de pêche pour le ministère ontarien de la chasse et de la pêche, quoique la plupart du temps, il le faisait à son propre compte. Dans les années 1940, il a travaillé à titre de pompier forestier pour le ministère ontarien des Terres et Forêts[19], recevant, à titre d'exemple, un salaire de 462 $ durant l'exercice financier de 1946-1947[20]. LaFlamme a aussi fait partie de la distribution d'un documentaire de dix-neuf minutes sur le contrôle des incendies de forêt, intitulé *The Forest Commandos*[21].

Dans les films

Le scénario du film *The Forest Commandos* est signé Glenn Ireton, agent de publicité d'alors pour Warner Brothers au Canada[22]. Le producteur du film, Van Campen Heilner, et le réalisateur, Gordon Hollingshead, ont travaillé en collaboration avec la direction de la protection de la forêt du ministère ontarien des Terres et Forêts. Knox Manning en a fait la narration. Bill McCormick, George Phillips et Joe LaFlamme sont filmés jouant le rôle qu'ils occupaient dans la vie réelle. La première version du film met en vedette deux des orignaux de Joe, qu'il nourrissait à même sa main[23]. Dans une autre scène, on voit le pompier forestier LaFlamme traînant de l'équipement lourd d'un endroit à l'autre et soulevant une pompe à eau de soixante-huit kilos comme s'il s'agissait d'une plume.

Dans une scène en particulier[24], le décor comprend une réplique de la maison de Joe devenant la proie des flammes, et Joe en sortant par la fenêtre du premier étage au moyen d'une échelle. Comme son « ample derrière[25] » enfourchait l'allège de la fenêtre, le châssis était tombé, frappant Joe derrière la tête. En bon comédien, Joe avait fait comme si de rien n'était.

Lorsque en entrevue on l'avait questionné sur cette scène précise, LaFlamme a avoué: « J'ai ri comme un fou[26]. » Joe savourait évidemment sa célébrité: « Les films, c'est ben correct[27]. » Ce n'est pas qu'il était un passionné des films de Hollywood; il en avait vu quelques-uns qui, pour la plupart, ne lui avaient pas plu (exception faite des films de Bette Davis). Comme celui auquel il avait participé à titre d'acteur n'avait rien à voir avec Hollywood, il confiera à un journaliste: « Les choses imaginaires, ça sert à rien. Mais quand y a des films avec des affaires qui arrivent pour le vrai, comme ce film sur les feux d'forêt, ça, c'est bon. Très instructif. Ça a ben d'l'allure[28]. »

Sorti en 1945 des studios de la Warner Brothers Pictures, le documentaire avait été filmé en Technicolor, fort probablement l'été précédent, à Gogama et au lac Shining Tree, à quatre-vingt-deux kilomètres plus au sud. Lors de leur séjour à Gogama, les membres de l'équipe de production avaient pu apprécier les talents de cuisinière et d'organisatrice de Lillie LaFlamme, qui les avait invités à un banquet chez elle. Pour l'occasion, elle avait tué, nettoyé, cuisiné et servi vingt-trois poulets[29]. « La p'tite femme » était de toute évidence un bon parti pour Joe. Et celui-ci avait aussi fait preuve de générosité en offrant à Gabriel, le jeune fils d'Ireton, un ourson noir[30]. L'animal était bien nommé: « Forest Commando[31] ».

Charlotte Batcher se blottit contre l'ourson et Joe LaFlamme, lors de la visite de Joe à Toronto en mars 1945, à l'occasion de l'avant-première du film de Warner Brothers *The Forest Commandos*, dans lequel il est mis en vedette.

PHOTO GRACIEUSETÉ DU *TORONTO STAR*/GETSTOCK.COM # 2086200452.

Le 20 mars 1945, Joe avait assisté à l'avant-première du film à Toronto. Pour marquer cet événement spécial, il portait culotte de bûcheron, chemise de finette, veste de bûcheron en lainage, bottes aux genoux et casquette à visière[32]. Le trappeur de cinquante-six ans avait le charisme d'une vedette de cinéma et attirait les admiratrices, malgré sa barbe et ses longs cheveux blancs. Sans doute son costume rustique et sa renommée en tant que dompteur d'animaux sauvages y étaient-ils pour quelque chose. Il semble que les jolies filles tombaient facilement amoureuses de lui[33]. C'était aussi le cas dans son village, où il avait un groupe de fidèles « suiveuses[34] ». C'est un fait notoire que Joe s'amusait à taquiner et à pincer, bon gré mal gré, les jeunes filles, qu'elles aient été « suiveuses » ou non.

Le film *The Forest Commandos* n'était pas le premier pour Joe. En 1925, il avait paru dans un court documentaire de l'Ontario Motion Picture Bureau intitulé *Transport in the North*. On l'avait filmé en train de trapper et de sillonner la forêt boréale avec son attelage de loups. On le montrait aussi en train de soigner un loup malade[35].

Cette expérience du cinéma aura probablement donné l'idée à Joe de se procurer un projecteur et de montrer au public des films muets à la maison. Gordon Miller, très jeune garçon durant les années 1930, se souvient d'avoir assisté, dans une grande salle chez les LaFlamme, à un film de guerre, qu'il trouverait d'ailleurs bouleversant[36]. Il affirme que Joe a été le premier à faire la projection de films muets en noir et blanc à Gogama.

Maintenant que Joe avait goûté à une carrière presque « hollywoodienne », il souhaitait à son tour produire des films avec sa nouvelle caméra. Jack Karr, le journaliste du *Toronto Daily Star* qui l'avait interviewé à la sortie de *The Forest Commandos*, racontera au sujet du nouveau passe-temps de LaFlamme : « Quand tout a été fini et bien fini, il s'est acheté une caméra seize millimètres —

et maintenant, tout ce qu'il veut c'est que quelqu'un lui montre comment marche cette maudite patente-là[37]. »

La caméra n'était qu'une étape dans le développement « professionnel » de LaFlamme, qui était photographe autodidacte. Dans le *Sudbury Star* du 2 avril 1932[38], trois photos d'un incendie tragique à Gogama ont été publiées avec la permission de Joe LaFlamme. Dans le *Globe and Mail* du 2 novembre 1938, les photos des chasseurs à l'arc sont de Joe, qui s'était semble-t-il emparé de son fusil pour se joindre au groupe[39].

Lors de ses nombreux voyages sur le continent dans les années 1920, 1930 et 1940, Joe apportait toujours avec lui plusieurs cartes postales en noir et blanc le montrant avec ses loups ou ses orignaux. Il n'avait évidemment pas pris les photos lui-même, mais avait sûrement eu son mot à dire quant à leur composition. Enfin, dans la collection du Musée Héritage de Gogama, on trouve quelques photos de Joe, ou encore prises par lui, avec cette inscription à l'endos : « J. T. LAFLAMME, PUBLICITY PHOTOGRAPHER, Gogama, Ontario, Canada ». Il se disait donc photographe publicitaire et ses sujets étaient variés, allant des travailleurs de la forêt à son propre fils, le petit Morris, dont il était tellement fier.

Chapitre 15

Le « Morrison » de Joe et le « petit Maurice » de Lillie

Morris Joseph LaFlamme, le fils unique de Joe, est né à Gogama le vendredi 26 avril 1929, neuf ans après l'arrivée de ses parents dans le nord ontarien. Le seul document trouvé mentionnant le lieu de naissance du garçon aux cheveux bruns et aux yeux noisette est une demande pour traverser les frontières à Détroit, au Michigan, en avril 1948, sur lequel figure ces informations[1]. Il n'y a pas de preuve que Morris ait été baptisé au sein de l'Église catholique. Toutefois, il aurait eu un parrain, Dave Ranger[2], qui vivait chez les LaFlamme au moment de la naissance du garçon. On peut donc conclure à l'existence d'une cérémonie de baptême chrétien lors de laquelle on aurait assigné un parrain à Morris. Après tout, ses parents avaient été catholiques et pratiquants dans leurs premières années à Gogama[3], jusqu'à ce que le curé de la paroisse découvre que Joe et Lillie vivaient en concubinage. Vivre ensemble sans être mariés constituait à l'époque un péché grave, et le père Achille Cournoyer n'avait pas pris à la légère que quelques-uns de ses paroissiens vivaient intentionnellement dans le péché. Après cette fâcheuse découverte, Joe et le curé ne s'entendraient plus, d'autant plus que le premier était contrebandier d'alcool. Ne se sentant plus à l'aise à l'église, l'Homme aux Loups soulignera son abandon de la pratique religieuse en mettant disait-on le feu à l'édifice — il aimait décidément jouer avec le feu. Heureusement, l'incendie avait été maîtrisé et l'église, sauvée[4]. Sans doute le prêtre aura-t-il été tenté de souhaiter à ce renégat de brûler en enfer — avec ses loups — pour mettre fin à la rivalité qu'il ressentait chaque fois qu'il sonnait la cloche de l'église et devait endurer en même temps l'infernale chorale de loups.

Les hurlements et les jappements des loups irritaient non seulement le curé, mais bien d'autres résidents de Gogama, qu'ils empêchaient de dormir la nuit[5]. Que des loups hurlent à la lune de l'autre côté d'un lac est un événement qui se produit, encore aujourd'hui, dans certains villages de la forêt boréale. Mais qu'une meute de loups hurlent à votre porte, c'est autre chose. Pendant des années, les résidents de Gogama ont enduré les animaux de LaFlamme et leurs hurlements à glacer le sang. Espérant mettre un terme à ce vacarme, le constable Robert Van Norman fouillera en vain tout le code pénal : aucune loi n'aurait permis à la PPO de mettre fin aux récitals[6].

Plusieurs pionniers se souviennent clairement des hurlements de loups et de chiens, parfois déclenchés par le son de cloche de l'église. Le loup de tête donnait alors la note, que la meute reprenait en chœur. Le village retentissait quotidiennent d'une série de concerts tapageurs d'une quinzaine de minutes. De nos jours, les touristes franchissent de grandes distances pour se rendre au parc Algonquin, en Ontario, dans l'espoir d'entendre hurler les loups. Quant au petit Morris, il aura vécu avec les loups comme si la situation était parfaitement normale.

Morris ne fréquentait pas l'école catholique Notre-Dame-du-Rosaire, située à quelques pas de sa demeure; il traversait plutôt la voie ferrée pour se rendre à l'école publique anglaise[7] située tout près de l'église anglicane St. Mary, où Joe était membre du comité directeur de la paroisse en 1935. En juin de la même année, il sera délégué au synode anglican qui devait avoir lieu à Timmins[8]. LaFlamme, que les membres du conseil scolaire décrivaient comme le personnage le plus célèbre de Gogama, sera élu administrateur au conseil en juillet 1939[9].

Comme les plus anciens documents d'archives de la paroisse St. Mary ont été perdus, toute information au sujet de la descendance des LaFlamme connaîtra le même sort, y compris le nom d'un deuxième enfant, une fillette qui serait morte en très bas âge. Elle est décédée si jeune que peu de personnes l'auront même jamais vue. La cause et le moment de sa mort demeurent inconnus, mais les gens du village se souviennent qu'elle a été enterrée au cimetière anglican. Ils se rappellent aussi que Lillie est allée régulièrement au cimetière et y a décoré de fleurs la tombe de sa fille. Apparemment, la croix de bois et la clôture blanche qui marquaient le terrain ont été la proie du grand feu qui devait ravager le village en 1941.

Morris — «mon petit Maurice», comme l'appelait affectueusement Lillie[10] —, demeurera donc fils unique et gâté. On raconte qu'il aurait malmené son ourson vivant[11]. Il apprendra très jeune à faire de l'équitation. Son père lui avait acheté un petit pinto blanc et brun et une jolie selle. Morris aimait longer la voie ferrée et suivre, aussi loin qu'il le pouvait, le train qui s'éloignait de Gogama[12]. Il est évident que Joe éprouvait une grande fierté envers son fils, et lorsqu'il le choyait de cadeaux[13], peut-être souhaitait-il pour son garçon ce dont lui-même avait rêvé dans son enfance.

Il semble que Morris ait eu lui aussi un grand sens de l'aventure. Dans le *Toronto Star Weekly* du 18 février 1933, le garçon de quatre ans est photographié en raquettes et costume d'hiver, avec passe-montagne et lunettes protectrices. La légende de la photo le qualifie de «solide chercheur d'or» qui, comme son papa prospecteur, faisait face à des températures au-dessous de zéro et à des loups hurleurs. Morris aura sans doute souvent suivi son père dans ses nombreuses randonnées à travers lacs et forêts. La camaraderie entre Joe et son «Morrison», comme il l'appelait[14], sera mise à l'épreuve durant l'adolescence du garçon, période pendant laquelle Morris aidera néanmoins son père à exploiter le «zoo de Gogama[15]».

Chapitre 16

Les défis face à l'exploitation du « zoo de Gogama »

Donnez deux hectares de terre à Joe LaFlamme et ce passionné des animaux les transformera en zoo. Au fil des années, Joe et Lillie auront élevé un nombre impressionnant d'animaux domestiques et sauvages: poules, canaris, pigeons, vaches, cochons, huskies, loups, chevreuils, poney, ours, visons et autres petits animaux à fourrure. Dans les années 1940 s'y ajouteront des orignaux et un blaireau femelle du nom de Géraldine. Joe était très fier d'elle, enjouée comme un chien, surtout lorsqu'elle fouillait dans l'armoire en quête de nourriture: la bête n'hésitait pas à donner une tape à quiconque essayait de l'arrêter[1]. Lillie, pour sa part, avait pour animaux de compagnie quelques mouffettes et renards. Ces derniers, assurait-elle à un journaliste en se faisant lécher la figure, étaient aussi faciles à apprivoiser que des chats, et faisaient preuve d'une affection particulière envers les femmes[2].

Comme Lillie, Joe aimait beaucoup ses animaux, en particulier sa meute de loups. Mais il n'aimait pas les attacher parce, selon lui, cela les rendait vulnérables[3]. Dans les années 1920, il les gardait dans deux cages partiellement couvertes; plus tard, ce sera dans plusieurs cages disposées en éventail[4] autour de sa propriété, avec l'enclos des orignaux au fond de la cour[5]. Construites avec des pieux et du grillage, les cages mesuraient chacune cinq mètres carrés et faisaient trois mètres de haut[6]. Une telle hauteur était nécessaire pour éviter que les loups ne sautent pour attraper un morceau de gâteau ou autre chose.

Il est fort probable que LaFlamme gardait les louves séparées des mâles afin de contrôler l'ampleur de sa « chorale » et de prévenir les querelles, auxquelles les femelles jalouses se prêtaient facilement[7]. Mais, les loups étant des loups, non seulement faisaient-ils les cent pas autour de leurs cages, à l'occasion ils s'échappaient et couraient dans les rues du village. Alors, les trois ou quatre adolescents les plus braves du coin se portaient volontaires pour rapporter chez Joe le loup en fugue. L'un d'eux, Roger (Ti-Pit) Carrière, maintenant plus âgé et plus sage, admet qu'à l'époque il n'avait pas dû être vraiment conscient du danger; il ne se prêterait pas à l'exercice aujourd'hui, pas même pour 100 $[8].

Plusieurs résidents de Gogama étaient d'avis que les loups errants étaient dangereux. Un dimanche matin, au milieu des années 1930, Hermas Dupuis et sa sœur Elzire — qui deviendrait Mme Wilfrid Charbonneau[9] — se rendaient à l'église en longeant la cour de LaFlamme. Soudain, ils étaient arrivés face à face avec un de ses loups gris: quelqu'un avait dû couper le treillis de son enclos.

Probablement surpris par la rencontre, le loup avait sauté à la gorge de la fillette de six ans. Or, comme elle portait un foulard, le loup n'avait pas eu de prise et s'était alors repris, la mordant gravement à la jambe. La bête avait ensuite attaqué le jeune garçon. Heureusement, le père Cournoyer aura entendu le vacarme et, sorti dehors tisonnier en main, il réussira à effrayer le loup, pas assez vite toutefois pour l'empêcher de blesser Hermas à la main droite. Par bonheur, le Dr Benjamin Susman a pu soigner les enfants immédiatement. À la suite de ses blessures, Elzire demeurera clouée au lit pendant six mois. Quant à Hermas, les dommages étaient à ce point considérables que le garçon ne pourra s'engager dans le service militaire quelques années plus tard. Très inquiète de l'état des enfants, Lillie LaFlamme viendra les visiter tous les jours durant leur convalescence.

Naturellement, les villageois étaient consternés par ces deux incidents impliquant la bête sauvage. Quant aux loups, indomptables, ils conserveraient à jamais leur instinct sauvage[10]. Joe acceptait cet état de fait. Le comportement de quelques-uns de ses loups, surtout, demeurera difficile à prévoir; c'était le cas pour Pete, un loup que le trappeur avait pris encore louveteau, vers 1924[11]. Tout petit, avant ses deux ans, le loup s'était montré docile, couchant même dans le lit de son maître. Mais une fois adulte, Pete avait pris un mauvais penchant et, de temps à autre, montrait son vilain caractère. À de tels moments, Joe devait faire appel à ses connaissances approfondies de la psychologie des loups et utiliser la force pour assujettir Pete.

Un journaliste du *Toronto Daily Star* en visite chez Joe avait eu l'occasion en 1925 de voir de près la férocité de

Pete : « C'étaient, à ce moment-là, soixante-dix livres[12] de crocs et de poils qui grondaient, montraient les dents et essayaient de mordre et de griffer. Ses yeux étaient haineux et injectés de sang et son corps vibrait de méchanceté. Il portait évidemment sa muselière[13]. » Malgré cette manifestation de férocité, le journaliste curieux avait osé demander à Joe ce qui arriverait si on enlevait à Pete sa muselière. Avec son goût pour le théâtre, l'Homme aux Loups lui avait répondu : « Tu penses qu'y t'attaquera pas, hein ? Correct, j'vas lui ôter sa muselière, pis j'vas partir, pis si t'es encore vivant mais que j'revienne, j'vas donner le loup à ce qu'y va rester de toé[14]. » Cette offre de LaFlamme avait vite mis un terme à la curiosité du journaliste.

LaFlamme avait poursuivi en racontant un incident survenu avec Pete :

> Les loups sont comme ça. Y ont une face honnête, pis, tout d'un coup, y t'sautent dessus. Un loup, c'est pas domptable, ça fait pas de différence comment longtemps un homme essaie. Si Pete me sautait dessus quand y porte sa muselière, y s'ferait assez mal au museau qu'y saignerait. Pis là, j'pourrais pus l'arrêter tant qu'y y resterait de la rage dans l'corps. Une fois, quand y m'a sauté dessus pis qu'y m'a mordu, j'l'ai étouffé avec un fouet jusqu'à ce qu'y tombe à terre. Y a été tranquille cinq minutes, pis y m'a resauté à' gorge[15].

D'expérience, Joe savait que si quelqu'un rencontrait un loup dans les bois, il pouvait s'attendre à l'une des trois issues suivantes : que l'animal le poursuive sans même qu'il s'en aperçoive, qu'il s'asseye pour l'observer, ou qu'il le déchire en pièces, un membre à la fois, si par malheur il avait faim ou était de mauvaise humeur. La seule chance de s'en sortir, selon Joe, face à un loup solitaire, était d'avoir les bras assez forts pour l'étouffer. Mais s'il y en avait deux, le plus éloigné s'avancerait et « te déchir'rait comme si t'étais un morceau de toast[16] ».

Contrairement à la croyance populaire, Joe affirmait que l'efficacité du feu pour éloigner une meute de loups relevait du mythe. Ce n'était pas le feu qui les effrayait mais plutôt la lumière. Il avait vu des loups s'accroupir la nuit près du feu d'un chasseur, presque assez proches pour fouiller ses poches de manteau[17]. Il avait lui-même attrapé un loup en l'hynoptisant avec une lampe de poche. Une fois le loup confus, il avait été facile de lui passer une chaîne au cou.

L'éleveur de loups devait être constamment en alerte et réceptif aux humeurs de ses bêtes. Il devait également être en pleine forme physique. Et il l'était. C'est pourquoi l'Homme aux Loups allait hériter d'un autre surnom : l'Homme Fort du Nord[18]. Les Laflamme étaient reconnus pour leur grande force physique[19], et Joe aura soutenu sa réputation bien passé la quarantaine. À titre d'exemple de sa force herculéenne, il aurait, une fois, dans les années 1920, hissé son coffre d'outils pesant quatre-vingt-onze kilos sur un traîneau et ordonné à Dave Ranger d'y monter. Puis, du bout de ses index, il aurait poussé la charge sur une distance de 457 mètres[20].

Non seulement était-il fort, Joe était également agile. En 1944, l'homme de cinquante-cinq ans participera à un match de lutte contre D. McLaren, de Timmins[21]. Le spectacle aura lieu sur l'estrade de la salle de cinéma muet de Gogama, dont Armidas Chenier était propriétaire[22].

Les spectateurs avaient misé 500 $ sur le gagnant. Et qui a remporté le match ? L'Homme Fort du Nord, bien entendu. Il n'avait pas perdu la vigueur de sa jeunesse, alors qu'il avait été champion de lutte. Il faut dire que Joe n'a jamais cessé de s'entraîner. L'ancien policier bien charpenté pratiquait la lutte avec deux ou trois loups tous les matins avant le petit-déjeuner — juste pour aiguiser son appétit[23]. C'est pourquoi Joe avait de nombreuses cicatrices aux bras et aux jambes, les loups ayant selon lui un jeu plus « brutal » que les chiens[24].

Nourrir toutes ces bêtes a dû être un exploit en lui-même — et un emploi à temps plein pour Joe, à travers les années, alors qu'il élevait des loups, puis ensuite, lorsqu'il gardait des orignaux. La ration quotidienne d'un loup ou d'un chien qui travaillait consistait à deux ou trois kilos de viande crue ou de poisson[25]. Lorsque l'animal était inactif, il était préférable de lui donner du poisson ou de la bouillie d'avoine[26]. Comme Joe ne pouvait pas se procurer, à l'époque, de viande sèche ou en boîte, il comptait sur les vaches ou les chevaux morts[27]. Il débitait les carcasses en gros morceaux et les conservait sur des blocs de glace.

Quant aux orignaux, herbivores, ils mangeaient surtout des branches — beaucoup de branches : de quinze à vingt kilos par jour en hiver, et encore plus en été[28]. Joe payait des jeunes garçons deux dollars chacun en échange d'un plein traîneau de branches ramassées sur le chemin du dépotoir. Toujours prêt à aider, le jeune Roger Carrière trouvait Joe généreux[29]. À l'époque où Joe élevait des orignaux — les années 1940 —, un paquet de vingt saucisses fumées coûtait environ dix cents[30]. Pour deux dollars, les jeunes pouvaient ainsi se payer plusieurs parties de rôtissage de saucisses fumées, communément appelées des *wiener roasts*. Sans compter les bonbons, qui se vendaient un ou deux cents au magasin de la Baie d'Hudson[31]. Et pour quinze cents, ils obtenaient une entrée au cinéma muet[32].

LaFlamme avait tendance à être généreux, mais lorsqu'il sentait une occasion de faire de l'argent ou un spectacle, il la saisissait. Comme les orignaux buvaient beaucoup d'eau durant l'été, Joe envoyait souvent des garçons au lac avec ses orignaux attachés par le cou. Le jeune Alfred Secord se souvient d'avoir régulièrement traversé la voie ferrée avec un orignal mâle, ainsi qu'une femelle et son veau, pour les amener boire au lac[33]. Dociles, les orignaux le suivaient comme des vaches. Cette marche s'avérait également lucrative, étant donné que le train faisait des arrêts réguliers de quinze minutes dans le village. C'était l'occasion rêvée pour les touristes de se faire photographier avec les orignaux. À cinquante cents la photo, l'argent s'amassait vite, jusqu'à ce qu'Alfred livre sa recette à Joe. L'adolescent venait de perdre son emploi: Joe ira dorénavant faire boire ses orignaux lui-même. « Joe [...], qui vivait à deux pas de la voie ferrée, ne manquait jamais l'occasion de rencontrer un train dans l'espoir d'y vendre rapidement on ne sait quoi à un voyageur pressé[34]. » Et, dans les années 1940, il passait trois trains par jour à Gogama[35].

D'autres garçons amenaient les orignaux, un à la fois, dans le boisé derrière les bâtiments du ministère des Terres et Forêts, situé de l'autre côté de la voie ferrée. Il fallait parfois trois ou quatre jeunes pour tirer la longue corde d'un des animaux[36]. Une fois rendus, on attachait l'orignal à un arbre et on le laissait se nourrir des branches et des aulnes toute la journée. On retournait chercher la bête avant le souper. Les garçons qui voulaient jouer avec les orignaux n'avaient qu'à se rendre chez Joe avec des branches feuillues[37], branches qui servaient de billet d'entrée au « zoo de Gogama ». Par contre, il n'y avait que Joe qui pouvait approcher les loups. Leur parlant constamment en français, en anglais et en ojibwé, il réussissait à les mener sans bâton. Quelquefois, cependant, il avait dû les prendre par le cou et les plaquer au sol[38]. Autrement, lui-même se serait fait jeter par terre. Au fil des ans, Joe l'avait échappé belle à plusieurs reprises.

Un tel incident s'était produit à l'hiver 1926[39]. À son retour de New York, LaFlamme avait commencé à entraîner sa première équipe de loups pure race. Un jour où le thermomètre frisait les −50 °C, il était parti avec eux visiter ses pièges. Confiant, il s'était aventuré dans la forêt un peu plus profondément qu'il en avait l'habitude. Soudain, les loups s'étaient arrêtés au milieu d'un lac. Avaient-ils entendu une meute hurler au loin ? C'est ce qu'avait cru Joe jusqu'à ce que Pete, le loup de tête, se retourne pour le fixer des yeux, s'approchant de lui. Les huit autres loups s'étaient alors précipités à la suite de leur leader. La neige était épaisse et Joe n'avait pas ses raquettes avec lui. Il ne pouvait donc pas marcher jusqu'au bois où il aurait pu nouer les harnais des loups autour des arbres. Il allait donc essayer un vieux truc de *musher* pour contrôler les chiens insubordonnés : faire en sorte que la meute elle-même emmêle l'attelage autour du traîneau. Les loups s'étaient mis à gronder et à courir vers Joe. Marchant de l'autre côté du traîneau, il tentait de les en dissuader en brandissant son fouet. Il savait d'instinct qu'il n'avait aucune chance d'échapper à cette attaque :

> J'ai eu ben peur quand j'étais poigné dans neige jusqu'aux genoux... Pis Pete, pour queuque raison, a enligné ses yeux su' l'sac dans l'traîneau, où était le manger... Toutes les loups ont sauté su' l'sac pis j'ai jamais vu une si grosse bataille pis un pareil mélange d'attelages, de poil pis de crocs... J'me sentais assez inquiète parce que j'savais que la seule manière de r'venir à Gogama était que les loups me ramènent[40].

Quand enfin les loups ont eu fini de dévorer leur repas, y compris les trois castors et le sac de Joe, il commençait à faire noir et les animaux étaient agités. Joe s'était approché tranquillement du traîneau par le côté opposé à celui où était allongé Pete. « J'avais la gorge assez sèche que toute ce que j'pouvais dire c'était "*Mush*, Pete!", pis le v'là qui part[41]. » Joe attribuera sa vie sauve à son sac de nourriture. « Si y avaient décidé de faire un repas avec moi, j'étais faite. Personne peut me dire que les loups se tourneront pas contre un homme[42]. »

Par une autre journée d'hiver de la fin des années 1920, LaFlamme, qui transportait des rondins avec ses loups, avait tenté un virage quand Pete s'était soudainement jeté sur lui. Heureusement, il avait gardé les mains dans les poches de sa veste, ce qui lui aura permis d'éviter une morsure. Seule sa poitrine allait être éraflée. Il avait alors saisi un pin gris en cherchant à se défaire du loup, tout en criant à son compagnon d'aller chercher le fouet. Il avait ensuite assommé la bête, la frappant trois fois sur la tête avec le bout du fouet, puis s'était senti infiniment triste car il croyait avoir tué le loup. Mais cinq minutes plus tard, Pete s'était relevé; Joe n'avait pas perdu de temps et avait tout de suite donné le départ pour Gogama. « J'm'en suis pas approché, et pas longtemps après, a dit Joe, y était apprivoisé et j'pouvais même le laisser courir en liberté, et y venait à moé sur commande[43]. »

L'Homme aux Loups avait sa propre théorie au sujet des loups, qui selon lui agissaient par impulsion et dont l'instinct de tuer pouvait éclater sans avertissement. Mais si l'on savait détourner leur attention vers autre chose, ils pouvaient alors dépenser leur rage sur cette nouvelle cible[44].

Dans les années 1930, Joe LaFlamme allait lui aussi détourner son attention de son zoo vers un nouveau centre d'intérêt: la prospection.

Chapitre 17

À la recherche de l'or

La ruée de 1932

« Après le grand coude dans l'eau. » Selon la légende, telle avait été la réponse d'un chasseur autochtone au propriétaire d'un hôtel à Chapleau (Ontario), qui lui demandait où il avait trouvé, en 1922, sa grosse pépite d'or[1]. Depuis, des prospecteurs expérimentés s'étaient mis à explorer toutes les courbes des nombreux cours d'eau dans le canton de Swayze, une bande de terrain inhospitalier d'environ cent soixante kilomètres de long sur vingt-quatre kilomètres de large, au sud-ouest de Gogama. Neuf ans plus tard, à la fin de l'automne 1931, les frères Jay et Jack Kenty étaient enfin parvenus au bon coude : ils venaient de découvrir la veine principale d'or près du lac Brett et y avaient jalonné seize claims miniers.

L'été 1932 marquera donc le début d'une frénésie de prospection s'apparentant aux ruées vers l'or de la Californie et du Klondike au XIXᵉ siècle. Plus de trois cents prospecteurs remplis d'espoir et venus de partout sur le continent envahiront la région, faisant de Gogama et de Chapleau les épicentres de la ruée.

Dans cet univers du « premier arrivé, premier à jalonner », les prospecteurs chanceux devaient protéger leurs claims jusqu'à ce que leur potentiel minier en soit déterminé. La saison froide mettant un frein aux activités de prospection, les explorateurs n'avaient d'autre choix que d'attendre la fin de l'hiver. Quelque soixante nouveaux camps de bûcherons seront donc érigés en pleine forêt. Les plus braves avaient passé l'hiver rigoureux dans des tentes de toile chauffées au moyen de petits poêles. Tous attendaient impatiemment l'ouverture de la première mine d'or dans la région.

De gauche à droite, George Simard, Joe LaFlamme, Dave Ranger (pensionnaire chez les LaFlamme) et possiblement Albert (King) Roy, tous prospecteurs de Gogama, au début des années 1930.
PHOTO GRACIEUSETÉ DE EUNICE BELISLE.

Joe LaFlamme comptait lui aussi prendre part à toutes ces activités. En « monsieur touche-à-tout » qu'il était, il voyageait en avion d'un camp à l'autre pour y livrer le courrier et les journaux. Par surcroît, il touchait des honoraires en tant que guide pour les prospecteurs, car peu d'hommes connaissaient la forêt aussi bien que lui. Et il prospectait. Sachant profiter des occasions, il avait obtenu son permis de prospecteur avant même la ruée, en 1929, l'année de la naissance de son fils. Il prendra soin de le renouveler annuellement, et ce, jusqu'en 1948-1949[2].

Joe aura battu le terrain si minutieusement qu'il finira par découvrir lui aussi un filon d'or. Sur un sentier entre les lacs Beaver et Bagsverd, un sapin marqué d'une grande encoche porte l'inscription : « Sentier de la veine Klondyke [sic] de Tom Hall et Joe LaFlamme. Essai de 200 $ la tonne en or. Témoins Howard J. Brennan et Jim MacKenzie, septembre 1932[3]. » Brennan et MacKenzie étaient eux aussi prospecteurs. Une veine qui rapportait 200 $ en or la tonne[4] s'avérait bien payante, car la valeur moyenne fluctuait entre 12 $ et 16 $ la tonne.

Morris, fils de Joe LaFlamme, prospecteur en herbe, à l'âge de 4 ans, à Gogama, hiver 1933.

PHOTO GRACIEUSETÉ DU *TORONTO STAR*/ GETSTOCK.COM # 2086200451.

LaFlamme revendra plus tard son claim minier à une importante compagnie minière[5]. Malgré tout cet argent, il n'aura pas l'occasion d'acheter des bijoux pour sa mère, car

Marie Théoret décédera avant, soit le 3 décembre 1932, à Montréal. Il semble que ni Joe, ni Lillie, ni Morris n'aient assisté au service funèbre à l'église Sainte-Élizabeth-du-Portugal, qui s'est tenu en février 1933 ; leurs noms n'apparaissent pas sur la liste des personnes présentes à la cérémonie[6]. Il faut dire que voyager de Gogama à Montréal en hiver était un long périple.

Hiver comme été, Joe et Morris, son petit chercheur d'or, étaient occupés à prospecter. Lorsque Joe n'était pas dans la forêt à manier le pic et le marteau, il aimait jouer une bonne partie de poker avec les prospecteurs.

La ruée de 1938 et la prospectrice aux bas de soie

L'effervescence de la ruée vers l'or de 1932 avait fini par décroître[7]. Or, l'excitation allait reprendre de plus belle en juillet 1938, quand le prospecteur Bert Jerome jalonnerait neuf claims au nom de la Mining Corporation of Canada, dans le canton d'Osway, à quelques kilomètres au sud des veines d'or de Swayze. Cette fois encore, Gogama deviendrait le pied-à-terre pour les prospecteurs dans le Nord.

Cette nouvelle ruée donnera lieu à bien des conjectures et des conversations dans la rue, dans tous les lieux de rencontres et, bien entendu, à la pension des LaFlamme. Lillie aura sans doute surpris plus d'une conversation confidentielle en servant le café — ou peut-être même l'alcool — à ses clients. Sa curiosité quant à ce nouveau terrain aurifère avait vite été piquée. Le mercredi 3 juillet 1938, le guide Omer Gagnon, de Gogama, lui lançait le défi de prendre l'avion jusqu'au canton d'Osway et d'y faire elle-même un peu de prospection. « La p'tite femme » avait vite accepté : « Je n'avais aucunement l'intention d'y aller, mais quand il m'a mise au défi, bien, je suis juste partie[8]. »

Aventureuse dans l'âme, Lillie était allée chercher le jour même[9] son permis de prospecteur, avait empaqueté son équipement et pris l'avion accompagnée de Gagnon. Phil Sauvé pilotait l'appareil d'Austin Airways. Une fois rendue sur le terrain, Lillie avait installé son camp au bord du lac Opeepeesway et y était demeurée jusqu'au samedi. L'endroit fourmillait de prospecteurs qui en avaient également fait leur halte.

Lillie se déplaçait en canot vêtue d'une robe, car le port du pantalon chez les femmes était encore tabou. Il faisait chaud et humide, et les mouches noires étaient voraces. Afin de se prémunir des piqûres de moustiques de toutes sortes, la prospectrice s'enveloppait les jambes de papier journal, qu'elle maintenait en place avec ses bas de soie.

L'ex-Parisienne travaillait fort et, deux jours après son arrivée, elle avait trouvé du quartz d'or : « petit, c'est vrai, mais c'est réellement de l'or[10] », avait-elle dit. Lillie avait jalonné trois claims près du tout premier site de jalonnement, et ce, dans un district si sauvage qu'il n'y vivait ni oiseaux ni fleurs. Le samedi 6 août, la prospectrice aux bas de soie prenait l'avion pour Gogama, puis pour Sudbury, afin d'y enregistrer ses claims. Figurant parmi les premiers prospecteurs à jalonner la région, elle commenterait en riant : « C'est la première fois que je dégaine plus vite que Joe[11] ! » LaFlamme ne pouvait qu'acquiescer, lui qui n'avait encore rien jalonné dans cette région.

La renommée de l'Homme aux Loups ne dépendait pas de ses titres miniers mais bien de sa grande force et de son habileté à dompter les animaux sauvages. Connaissant la réputation de LaFlamme, le prospecteur Archie Burton a approché, en 1938, l'Homme Fort du Nord pour lui demander de ligoter ses deux poneys de plus de trois cents kilos. Il prévoyait les envoyer par avion à son camp du lac Opeepeesway, où ils passeraient l'hiver à tirer des rondins et à déménager la foreuse à pointe de diamant. Pour voyager, les animaux devaient être ligotés afin d'éviter que leurs sabots ne perforent les parois de l'habitacle de l'avion[12] d'Austin Airways. Joe était le seul homme dans la région à pouvoir réussir cet exercice. Et c'est ce qu'il avait fait le 20 septembre, montrant dès le lendemain aux journalistes et aux prospecteurs au village comment il s'y prenait pour dompter ses loups à l'attelage.

Les deux ruées vers l'or du Nord de l'Ontario se distinguaient des autres ruées quant au mode de transport vers les terrains aurifères. Voyager en canot l'été et en traîneau à chiens l'hiver aurait été long, voire impossible vu les marchandises lourdes qui devaient être transportées sur les lieux. Des trajets qui auraient pris de deux à trois jours par voie terrestre ou maritime, l'hydravion moderne les survolait en quarante minutes[13], des canots attachés aux flotteurs. Comme Gogama servait de point de ravitaillement et de rencontre pour les prospecteurs, sa base aérienne aura connu une croissance d'activité. Et Joe LaFlamme, un habitué de ses services, y aura pris l'avion, à l'automne 1938, presque une fois de trop.

Chapitre 18

À l'eau... avec les brochets

Le vendredi 14 octobre 1938, en après-midi

Peu après 15 h[1], le pilote Phil Sauvé vérifiait son Waco VKS-7, un biplan à quatre places utilisé pour le transport léger durant les années 1930 et 1940. Le fuselage de l'avion aux ailes doubles était construit en tubulure de chrome avec réglettes en bois léger, le tout recouvert d'étoffe. L'aile inférieure, plus petite que l'autre, était fixée directement au fuselage tandis que l'aile supérieure, placée au-dessus du fuselage, était attachée à celui-ci ainsi qu'à l'aile du bas au moyen de tiges d'acier nommées «haubans».

Sauvé faisait équipe avec Chuck Austin. Les deux pilotes d'Austin Airways à Sudbury alternaient leurs allées et venues au terrain aurifère du lac Opeepeesway. Chacun d'eux travaillait une semaine à partir de la base aérienne de

Gogama, et c'était maintenant au tour de Phil de retourner à la maison. Il était donc parti de Gogama un peu après 15 h, avec ses provisions et Joe LaFlamme, son seul passager. Vingt-cinq minutes plus tard, il faisait escale à la Ronda Gold Mine, près de Shining Tree. À 16 h 15, Sauvé décollait à nouveau, cette fois-ci avec deux nouveaux passagers installés à l'arrière : Donald T. Groom, un représentant de Cochrane-Dunlop Hardware Limited, et Leslie L. W. Ashcroft, le gérant de la compagnie Canadian General Electric.

À 17 h, l'avion volait à une altitude de 1 539 mètres et avait parcouru les deux tiers de la distance entre son point de départ et sa destination finale lorsque Sauvé avait entendu un gros bruit.

Le vilebrequin qui retenait l'hélice venait de se briser ! Le pilote de brousse chevronné le savait d'instinct. L'hélice s'était détachée et, en s'envolant vers la droite, elle avait frappé l'aile inférieure. Les soubresauts de l'avion qui volait sans hélice secouaient les passagers. Sauvé leur avait alors conseillé d'attacher leur ceinture de sécurité. Après avoir évalué la situation, il avait coupé le moteur. LaFlamme n'avait pu s'empêcher de demander : « On a-tu frappé un' outarde[2] ? » Quand Donald Groom lui avait répondu que non, Joe avait tout de suite commenté : « Ben, ça pourrait être pire. On aura pu pardre un' aile. » Et Groom de constater : « Merde ! L'aile est en train de s'arracher ! » LaFlamme, voyant l'aile endommagée se faire ronger par le vent, aurait alors averti le pilote d'une voix rauque : « Torrieu ! L'aile est partie. » Phil : « Jusqu'où ? » Joe : « Du boutte jusqu'aux strappes[3]. » Phil avait tendu le cou pour vérifier. Même le bout de l'aile supérieure était courbé.

L'avion faisait des embardées et perdait rapidement de l'altitude. Les arbres grossissaient à vue d'œil. Les passagers, les nerfs à vif, explosaient de questions. Sauvé leur avait fait signe de se taire. Assis bien droit, le pilote gardait un visage impassible. Ses nerfs d'acier lui permettaient de dissimuler une importante montée d'adrénaline. Phil savait qu'ils n'avaient pratiquement aucune chance de survivre à cette épreuve, mais ne disait rien. Les idées se bousculaient dans sa tête. Il lui fallait tenter quelque chose: le mieux était d'essayer de se poser sur un plan d'eau.

Les ailes endommagées et sans hélice, l'avion oscillait dangereusement, devenant de plus en plus difficile à contrôler. Empoignant le manche à balai, Phil s'était penché vers la gauche. Il cherchait la meilleure place pour se poser. La région était parsemée de très petits lacs. Enfin, il en avait aperçu un plus grand à huit kilomètres à l'est. Tout en manœuvrant pour empêcher l'avion de tomber en vrille, il l'avait dirigée vers le lac. Il savait que ses passengers allaient expérimenter la plus longue chute libre de leur vie.

Trois minutes à flotter dans le vide comme un cerf-volant. Une éternité pour les passagers à bout de nerfs. La vitesse de l'avion le faisait vibrer. L'étoffe commençait à se déchirer. Les nervures et les longerons se cassaient. Phil craignait de perdre l'aile brisée. Finalement, à soixante-deux mètres au-dessus du lac, à une vitesse de 144 km/h qu'il avait peine à réduire, Phil avait entrepris un piqué. Lorsque les flotteurs avaient touché la surface de l'eau, l'avion s'était balancé une dernière fois, puis s'était stabilisé avant de filer à toute allure. Le pilote réussira finalement à l'arrêter, non loin de la rive. Son travail achevé, Sauvé s'était effondré sur les commandes, à bout de nerfs et tremblant comme une feuille. «Je ne crois pas que l'avion aurait tenu le coup pour un autre mille pieds[4] », a-t-il confié plus tard[5].

L'opinion de Joe sur leur amerrissage forcé est, comme à son habitude, colorée de son humour pince-sans-rire : « V'là que notr' aile part pis que quatre bons diables plongent à l'eau. Avec les brochets[6]. »

Après s'être remis du choc, Sauvé était sorti de l'avion ; l'ayant posée non loin de la rive, il avait pu la gagner à pied, l'avion en remorque. Sains et saufs, blêmes mais soulagés, les trois passagers avaient enlevé leurs souliers, puis étaient sortis de l'avion. Ils devraient bientôt s'affairer à installer un campement de fortune avant la tombée du jour. Même s'il n'était qu'environ 17 h 15, il ferait bientôt noir puisqu'on était en octobre.

Perdus dans l'épaisse forêt du canton de Fralek, à quelque cinquante-six kilomètres au nord de Sudbury[7], les hommes ont dû être heureux de constater que l'avion était équipé pour les urgences. La trousse de survie de base comptait quelques sacs de couchage, des couvertures, des outils et des vivres. Joe avait également apporté dans ses bagages de la viande d'orignal. Ses compagnons et lui avaient alors pris les haches afin de préparer le terrain, d'assembler leurs lits et d'allumer un feu. Chanceux que les nuits ne soient pas encore trop froides, ils s'étaient blottis, après un repas léger, dans leurs lits de fortune à la belle étoile. De là à savoir s'ils auront dormi ou non, c'est une autre histoire. Joe n'aura probablement pas éprouvé d'inconfort, habitué qu'il était de vivre à la dure, et Phil non plus, étant donné ses vols fréquents dans la forêt boréale et les tourbières. Quant à Donald et Leslie, vêtus de leurs complets, ils auront au moins desserré leur cravate.

Le samedi 15 octobre 1938

À la base d'Austin Airways, sur le lac Ramsey à Sudbury, le président Charles (Chuck) Austin s'inquiétait du fait que Sauvé n'avait pas signalé sa position vendredi après-midi. On lui avait confirmé à la base de Gogama que le pilote avait quitté la mine Ronda aux environs de 16 h la veille. Sans tarder, Austin avait envoyé trois avions vérifier tous les lacs sur le trajet habituel de Sauvé. À midi, comme on était toujours sans nouvelle de l'avion et de ses passagers, Austin avait organisé une expédition de secours, mobilisant sept avions : trois de sa compagnie, deux de l'Algoma Air Transport de South Porcupine et deux autres de la Direction ontarienne de la forêt de Biscotasing. Tout l'après-midi, ils suivraient la trajectoire du Waco, mais en vain. La visibilité étant considérablement réduite par une fumée épaisse venant d'un feu de forêt près de Foleyet, tous les avions étaient rentrés à la base avant la tombée du jour.

Entretemps, les naufragés avaient ravivé leur feu toute la journée, espérant qu'on en aperçoive la fumée. En après-midi, ils avaient entendu au loin un des avions de l'expédition, qui ne les avait pas vus, cependant, Sauvé ayant posé son avion quelque seize kilomètres à l'est de sa route habituelle. Avec suffisamment de nourriture et des sacs de couchage chauds, les hommes n'avaient pour le moment d'autre tracas que de savoir leurs êtres chers inquiets à leur sujet.

Le dimanche 16 octobre 1938

À l'aube, les sept avions avaient repris ce qui deviendrait une des recherches aériennes les plus importantes de l'histoire du Nord de l'Ontario. À midi, tous étaient rentrés à la base pour se ravitailler en carburant.

Sur les rives du lac, le pilote et ses compagnons savaient qu'ils devaient absolument signaler leur position aux équipes de secouristes. Joe avait opiné que la meilleure alerte serait un feu de brousse. Ne voulant pas incendier toute la forêt, les hommes avaient convenu du meilleur endroit pour allumer le feu : une petite île située assez loin de la rive pour contenir les flammes. Pour s'y rendre, ils avaient dû construire un radeau. Peu après, le feu produisant deux minces colonnes de fumée attirerait finalement l'attention de Chuck Austin.

Sur le chemin du retour vers Sudbury, Austin avait en effet décidé, guidé par son instinct, de voler loin de son parcours habituel. Voyant la fumée, il avait survolé le lac afin d'évaluer l'étendue du feu. Apercevant le Waco sur la rive, il avait posé son avion et trouvé les quatre hommes heureux de le voir. Il était rentré à la base avec Groom et Ashcroft à bord. Avant de poser l'avion à Sudbury, le pilote avait signalé son succès aux pilotes et à la centaine de spectateurs qui attendaient au bureau de la compagnie : au-dessus du lac Ramsey, il avait fait une descente en piqué puis avait incliné les ailes pour indiquer que l'avion disparu avait été retrouvé[381]. Peu de temps après, le pilote torontois Jimmy Bell et le mécanicien Red McCrea partaient à la rescousse de Sauvé et de LaFlamme.

Arrivés sains et saufs, les passagers ont été accueillis par une foule joyeuse et des journalistes curieux. Groom et Ashcroft admettront tous les deux avoir été terrifiés par cette expérience unique, qu'ils ne tenaient pas à revivre. Quand on avait demandé à LaFlamme s'il avait eu peur, il avait répondu plutôt nonchalamment : « Oh, non !

Personne a eu peur; on est juste faibles à cause d'la faim ou quequ'chose[9]. »

Les trois hommes n'avaient que des louanges et de l'admiration pour l'habileté et le courage extraordinaires de Sauvé, que Joe résumera ainsi :

> C'est un des plus grands exploits de l'aviation dans l'Nord — pis j'veux pas dire peut-être. Si vous aviez été dans c't avion-là, à 5 000 pieds dans les airs, pis que vous aviez vu votre hélice tomber, les strappes des ailes coupées, pis les ailes tomber en morceaux, vous auriez été d'accord que Sauvé est sans aucun doute le meilleur pilote que l'Nord a jamais eu. Il a sûrement sauvé nos vies[10].

Et Groom de renchérir : « Il n'y a qu'un pilote entre mille qui aurait pu faire ce qu'il a fait. On ne fait pas meilleur pilote[11]. »

Au cœur de ce périple dans le canton de Fralek, l'optimiste Sauvé avait même eu la clairvoyance de choisir un lac asssez grand pour qu'on puisse — lui ou un autre pilote — faire décoller l'avion une fois réparé. Quelques jours plus tard, Phil allait effectivement le piloter lui-même pour le ramener à Sudbury.

La manœuvre habile, louangée par LaFlamme et tous les autres, n'était pas la première du pilote, qui venait du Michigan. Parmi ses nombreux vols d'urgence, l'un des plus héroïques avait eu lieu en 1933 à Chapleau, où, avec un avion plein de dynamite, il avait atterri sur de la glace — sur un ski!

Quarante-quatre ans après l'incident du canton de Fralek, Leslie Ashcroft racontera à l'auteur Larry Milberry combien LaFlamme avait su alléger l'atmosphère au sein du groupe : « Finalement, nous avons eu du plaisir là-bas. Nous avions des belles couvertures chaudes et nous attisions un bon feu. L'Homme aux Loups a fait ce commentaire plusieurs fois : "Ma femme a pas besoin d'être inquiète, mais j'espère ben qu'elle donne à manger à mes loups"[12]. »

Pour LaFlamme, il était important que ses onze loups gris soient en pleine forme parce qu'il s'était engagé à les emmener aux expositions sportives de New York et de Boston l'hiver suivant. La première étape de la tournée inclurait des haltes à Sudbury et à Montréal, deux villes où le *musher* tentera des essais en vue des expositions américaines.

Chapitre 19

Une carabine... si seulement !

Le meilleur attelage de loups

LaFlamme avait tellement aimé son voyage à New York à l'hiver 1926 qu'il pensait y retourner en 1939. Mais cette fois, il s'y rendrait avec une meute formée uniquement de loups gris sauvages. Sa première meute avait été dispersée ; trois des loups avaient été vendus en 1928, pour 75 $ chacun, à une compagnie de cinéma d'Hollywood[1]. À ce moment-là, Joe avait éprouvé des difficultés financières et n'avait pas pu refuser l'offre généreuse[2]. Et depuis, il avait été trop occupé à faire de la prospection pour entraîner une autre meute. Mais vers 1937, il avait vendu son claim minier et, avec le profit, il avait commandé une douzaine de loups de la Compagnie de la Baie d'Hudson. Chacun se vendait de 35 $ à 50 $, y compris les frais de transport[3]. Joe avait passé sa commande bien à l'avance parce qu'il savait que piéger autant de loups prendrait du temps. S'il voulait être prêt pour les expositions sportives de l'hiver 1939, il devait commencer l'entraînement dès l'été 1938. Et les négociations aussi.

En juin 1938, LaFlamme s'était donc rendu à Montréal pour rencontrer avec Albert C. Rau, le directeur des expositions d'hiver de New York et Boston[4]. Celui-ci l'avait reçu au bureau de C. K. Howard, directeur du service de tourisme du Canadien National. Joe avait promis à Rau de parader en traîneau dans les rues de New York et de Boston aux commandes d'un attelage de loups totalement nouveau.

Joe LaFlamme avec un de ses loups noirs, à Gogama vers 1938.
PHOTO GRACIEUSETÉ DE GERRY TALBOT.

L'un des premiers loups que s'était procuré LaFlamme était Calgary, une grosse louve. Il avait passé l'été à la convaincre qu'il ne lui voulait pas de mal, pour ensuite mettre quatre mois à l'entraîner à mener la meute[5]. Entretemps, en août, les autres loups étaient arrivés un ou deux à la fois en provenance du Québec, de la Saskatchewan et du Manitoba[6].

Joe était convaincu d'avoir le meilleur attelage qu'il ait jamais eu, un attelage formé entièrement de loups : « J'pense que l'équipe que j'ai à c't'heure, j'vas pouvoir toujours me fier dessus[7]. » L'équipe était composée de la louve de tête Calgary, qui avait quatre ans ; de Shownia (« argent ») et Mok-uman (« couteau de poche »), tous deux âgés d'un an ; de Wolf (« loup »), dix-neuf mois ; et de Muckoos (« ourson »), Maheegan (« loup »), Nigig (« loutre »), Wagoosh (« renard »), Ojeek (« pékan »), Wabsehech (« martre ») et Weeweepe (« éclair »), qui avaient tous onze mois. Joe aimait habituer ses loups aux lumières et à la circulation de la ville alors qu'ils étaient encore jeunes. Ils devenaient ainsi plus faciles à mener. Il donnait à la plupart de ses loups des noms ojibwés afin d'éviter que les gens dans la foule ne les captent assez clairement pour appeler eux-mêmes les animaux et les distraire de leur tâche au traîneau.

De toute sa meute de loups, Joe était particulièrement fier de Wolf, un puissant mâle de cinquante kilos[8]. Ses yeux jaunes perçants, son tempérament rétif ainsi que sa troublante habileté à lire la pensée des gens[9] en faisaient une bête redoutable. Il aura fallu deux mois à Joe avant de même pouvoir l'approcher et lui donner une caresse sans risquer de perdre un bras. Peu de temps après, même Lillie et Morris pouvaient l'aborder sans danger[10]. Même s'il devait prendre une heure ou deux pour le persuader de sortir de sa cage, Joe ne le laissait jamais gagner. Sa stratégie pour réussir avec les loups était faite de douceur et d'autorité entremêlées de paroles dans un mélange de français, d'ojibwé et d'anglais[11]. Comme il l'expliquerait à un journaliste, « Ça fait longtemps que j'm'occupe des loups pis les battre, ça mène nulle part; mais une bonne volée, ça fait du bien de temps en temps[12]. »

La veille de son départ pour Sudbury, le mardi 24 janvier 1939, Joe avait fait un essai avec son attelage et son nouveau traîneau de 3,4 mètres[13]. Celui-ci avait été fabriqué sur commande par la firme québécoise ALP Paquin & Fils, à Joliette[14]. C'était un traîneau pour longs parcours dont la surface plane, le lit, mesurait deux mètres et demi. L'expérience avait démontré à Joe qu'avec un gros attelage, il fallait un traîneau avec un lit plus large et des patins plus longs et doublés de métal. Cela assurait à la fois stabilité et capacité de prendre des chargements plus lourds. Probablement confectionné en frêne blanc, comme c'était la pratique à l'époque, le traîneau à deux longerons avait une proue courbée. Les longues poignées étaient d'une hauteur d'un peu plus d'un mètre. Les appuie-pieds étaient assez larges pour assurer le confort du meneur. Les freins en métal étaient en forme de « pattes de cochon[15] »; ils arrêtaient le traîneau lorsqu'une pression était appliquée sur le grand tapis de frein en bois. Ce traîneau était vraiment à la mesure du grand *musher* et lui servirait pendant plusieurs années.

La journée de l'essai, le thermomètre indiquait -28 °C à Gogama comme à Sudbury. De la maison à la base aérienne locale, en passant par-devant la gare, des enfants curieux étaient accourus dans les rues, essayant de suivre le traîneau. Cela distrayait Calgary, qui déviait de son parcours de temps à autre. Joe la ramenait en

Joe LaFlamme et sa louve de tête Calgary, probablement à Gogama, en janvier 1939.

CARTE POSTALE DE LA FIN DES ANNÉES 1990, GRACIEUSETÉ DE LA CHAMBRE DE COMMERCE DE GOGAMA.

lui ordonnant fermement: «*Heigh*, Calgary[16]!». Sur le chemin de la base, le vent s'était fait vif, mais cela ne nuisait aucunement aux loups, qui continuaient de tirer aisément le long traîneau. Cet exercice d'une durée de deux heures allait rassurer Joe: satisfait de l'entraînement, il entreprendrait les préparatifs nécessaires pour leur voyage vers les grandes villes.

Quand, en octobre 1938, un journaliste du *Toronto Daily Star* avait demandé à Joe comment il planifiait emmener ses loups à New York, celui-ci lui aurait répondu d'un ton nonchalant : « Oh, j'vas les empiler dans le wagon de bagages pis j'vas rester moi-même avec eux autres[17]. » N'étant pas convaincu que l'idée soit bonne, le reporter avait voulu savoir si, dans une telle situation, il était possible que les loups attaquent leur maître. Joe n'avait pas hésité à répondre : « Ben, si ça arrive, j'suppose que j'serai pus là pour vous dire comment ça s'est passé, mais j'suis pas inquiet. Ça arrivera pas[18]. » L'Homme aux Loups connaissait ses loups.

Des loups dans les airs

Il faisait très froid le matin du 25 janvier 1939. Joe savait qu'à -38 °C, un long trajet jusqu'à Sudbury dans un train glacial nuirait à la santé de ses bêtes. Il avait donc décidé, à la dernière minute, d'acheter des billets d'avion pour son jeune assistant George Thibodeau (alors âgé de vingt-cinq ans), lui-même et... ses onze loups. C'était la première fois dans l'histoire de l'aviation canadienne que des loups voyageraient en avion à titre de passagers payants[19] un autre exploit historique à mettre au compte de Joe. En après-midi, billets et permis de transport en main, LaFlamme et compagnie s'étaient dirigés vers la base aérienne d'hiver au lac Minisinakwa. Les loups portaient déjà leurs harnais, question d'être prêts à être attelés dès l'arrivée à Sudbury.

Pour un loup, le seul fait d'approcher un avion est angoissant. Après que trois des loups furent montés à bord, les autres avaient attendu plus ou moins patiemment dehors, quand soudain la laisse d'un des deux

Joe LaFlamme (à gauche), Morris, son fils, un homme non identifié, le pilote d'Austin Airways Jimmy Bell, un autre homme non identifié et probablement George Thibodeau, assistant de LaFlamme, devant l'avion qui amènera l'équipe de loups gris de Gogama à Sudbury, le 25 janvier 1939.
PHOTO GRACIEUSETÉ DE GERRY TALBOT.

magnifiques loups noirs de Joe s'était détachée. Libre, Muckoos en avait profité pour fuir vers la forêt de l'autre côté du lac. « Y est parti comme une flèche pis en moins d'une minute, tu voyais juste une tache noire sur le lac couvert de neige », expliquera Joe à un journaliste. « Avant même qu'on commence à courir après lui, y était deux milles[20] plus loin[21]. » Pressé de retrouver son rare loup noir, l'Homme aux Loups avait organisé une battue sur-le-champ. Comme plusieurs de ses amis étaient venus lui dire au revoir, il leur avait assigné à tous la tâche de surveiller les rives, tandis que Joe et Jimmy Bell (le pilote d'Austin Airways qui était allé chercher Joe dans le canton de Fralek) avaient poursuivi la louve en avion autour du lac, jusqu'à ce qu'ils parviennent à le coincer près d'une rive surveillée. Le pilote avait alors atterri et arrêté le moteur puis il avait sauté à l'extérieur, se faufilant dans la neige épaisse. En peu de temps, Jimmy réussira à jeter ses bras autour de la bête fugitive. Joe avait retrouvé son loup. Mais aussitôt que LaFlamme lui avait tourné le dos, un Wolf mécontent avait montré ses longs crocs et sauté à la gorge de Mokuman. Sérieusement blessé, le jeune loup devra rester à Gogama pour y être soigné. Joe n'aurait pas été surpris que l'animal en meure. On devra alors museler Wolf — et Calgary aussi, par précaution.

En rétrospective, Joe savait qu'il n'aurait pas dû presser ses loups. Préférant ne pas voyager à la noirceur avec une meute de loups à bord, le pilote avait supplié LaFlamme de se dépêcher à les embarquer. Mais Joe parlait d'expérience : « Le plus tu pousses un loup, le moins vite que ça va aller. Les loups sont les créatures les plus têtues au monde, pis y ont senti que j'essayais d'aller trop vite, ce qui fait qu'y sont devenus plus énervés que si j'avais pris l'temps que ça prenait[22]. »

La première équipe canadienne de loups était enfin à bord de l'avion, un Fairchild léger à six passagers. Le vol de quarante minutes en direction de Sudbury commençait. Et commençait aussi l'épisode le plus trépidant que Joe a connu durant ses seize ans en tant que dompteur de loups. Aussitôt que l'avion s'était mis à bouger, il avait remarqué que les loups devenaient agités. Cette réaction était normale étant donné qu'ils n'avaient pas l'habitude de ce mode de transport. Au décollage, la situation s'était vite détériorée. Quelques loups s'étaient dressés sur leurs pattes de derrière, combatifs. Cherchant à s'enfuir, ils labouraient les fenêtres avec leurs griffes. Bientôt, les loups s'étaient mis à se battre entre eux et à griffer les murs. Joe et George les repoussaient. Dans un fouillis de crocs, de poil et de griffes, les loups revenaient à la charge. Joe criait à son assistant de les éloigner. George avait donné un coup de poing à une des bêtes. Un loup avait sauté sur LaFlamme, qui l'avait repoussé à l'arrière de l'avion, mais le loup avait vite foncé de nouveau sur lui. La bataille avait continué de plus belle, les loups déchirant en lambeaux l'intérieur de l'habitacle — et les nouvelles bottes indiennes de Joe.

Lorsque l'avion avait enfin atteint son altitude de croisière, les loups s'étaient calmés et couchés sur le ventre, flairant le plancher. Joe avait ouvert une fenêtre pour leur donner un peu d'air frais. Le pilote, qui avait maintenant un peu plus de temps, s'était tourné vers Joe pour lui demander comment se portaient les loups. Joe l'avait ménagé en lui répondant que les bêtes n'avaient pas bougé d'un poil, convaincu que si Jimmy avait vu ce qui s'était passé à l'arrière, il se serait posé sur le premier lac en vue pour y débarquer ses loups.

Le voyage à Sudbury se fera en un temps record, et Joe se l'expliquera comme suit: «J'pense qu'on a dû avoir un bon vent qui poussait en arrière ou ben que le pilote avait hâte de débarquer son chargement de loups[23].» Et pour plaisanter: «C'te fois-ci on est arrivé(s) avec l'hélice sur l'devant de l'avion[24].»

LaFlamme regrettera de n'avoir pas attaché ses loups dans l'avion. Il ne l'avait pas fait de peur qu'ils ne s'entremêlent et ne s'étranglent. Il confiera plus tard que ce vol aura été le plus affolant qu'il ait jamais fait. Il avait craint que les loups sautent hors de l'avion. «C'est la première fois depuis que j'm'occupe des loups que j'aurais aimé avoir une carabine avec moi[25].»

Une fois descendus sur la base aérienne de Sudbury, les loups avaient reniflé l'air extérieur et décidé que l'avion était, après tout, plus confortable qu'un froid de -32 °C. Ce n'est qu'après plus d'une heure et à force de

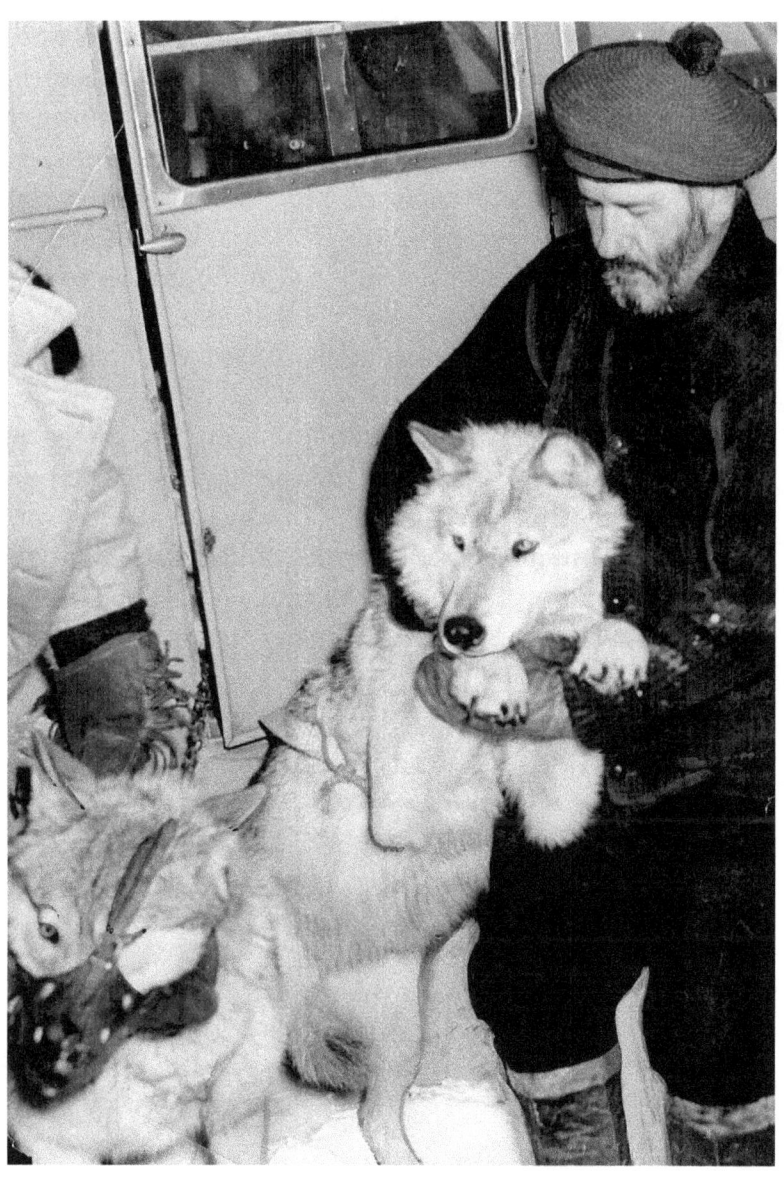

Joe LaFlamme sort un de ses loups de l'avion d'Austin Airways, à la base aérienne de Sudbury, le 25 janvier 1939.

PHOTO GRACIEUSETÉ DU *TORONTO STAR*/GETSTOCK.COM # 2086200444.

cajoleries que Joe et son assistant avaient réussi à faire sortir tous les loups. Cette opération sera cependant interrompue puisque, dès que Calgary et deux autres loups ont été débarqués, un chien du coin est passé, et les loups, en voulant rejoindre leur proie au plus vite, avaient couru sous l'avion et y avaient emmêlé leurs harnais. Forcé d'aller les chercher sur son dos, Joe avait dû utiliser toutes les techniques de lutte qu'il connaissait pour les démêler et convaincre sa grosse louve d'abandonner la chasse au chien.

Au fur et à mesure que les loups étaient sortis de l'avion, on leur avait passé le harnais pour les atteler à la courroie centrale, où les chaînes individuelles se trouvaient rapidement entortillées de nouveau. Malgré ce désordre, LaFlamme demeurait convaincu d'avoir le meilleur attelage de loups qui soit.

Chapitre 20

Le fouet dans les foules de Sudbury

Après leur premier vol en avion, et probablement désorientés par les lumières brillantes de la ville, les loups avaient dû être contents de trouver refuge dans une immense grange dans l'ouest de la ville. Elle était située rue Lorne, derrière le hangar de la Sudbury Brewing and Malting Company Limited, la brasserie qui parrainait la visite de l'Homme aux Loups. Joe et son assistant y camperaient ce soir-là et le suivant. Tous avaient grandement besoin de repos avant de faire leur apparition publique le lendemain[1]. Sudbury serait la première ville au Canada, sinon au monde, à voir un attelage composé entièrement de loups.

En ce jeudi matin, 26 janvier 1939, Joe LaFlamme n'avait pas besoin de se raser. L'Homme aux Loups s'était laissé pousser la barbe pour la tournée — il le faisait d'ailleurs depuis son voyage à New York en 1926, histoire de se donner un air d'authentique *musher*. À ce stade-ci par contre, sa barbe était striée de gris. À cinquante ans, Joe avait aussi pris du poids, pesant maintenant cent quatorze kilos. Il portait ce matin-là son costume traditionnel : parka vert bordé de fourrure, ceinture fléchée, chapeau de fourrure pointu, mitaines indiennes montant aux coudes, bottes aux genoux en cuir enduit de graisse d'ours, et brandissait son fouet de lanières d'orignal de sept mètres.

Vers midi, le thermomètre indiquait -35 °C. Les rues enneigées étaient bondées de spectateurs s'entassant sur quatre à cinq rangées. Une foule de cinq mille personnes attendait avec impatience l'arrivée des loups et du légendaire *musher*. Des centaines d'écoliers étaient sur place depuis plusieurs heures déjà. « Après tout, dira un membre du personnel enseignant, ce n'est pas tous les jours qu'on a des loups gris qui courent dans les rues de la ville[2]. »

Pendant ce temps, Joe se préparait pour une course historique : avec l'aide de George, il attelait ses loups, en terminant par la louve Calgary, qui perdait vite contenance. Comme elle était timide, il la manipulait gentiment. Quant aux loups déjà attelés, ils ne manifestaient de gentillesse ni envers leur meneur ni envers les spectateurs, qu'ils dévisageaient d'un regard féroce. Joe et George restaient calmes même devant la foule surexcitée. La meute avait hâte de partir. Pour permettre aux loups de prendre leur élan, le *musher* avait demandé aux spectateurs curieux de quitter la cour de la brasserie, ce que la plupart avait fait, à l'exception d'un petit groupe qui sera alors témoin d'un événement particulier : Wolf, le loup le plus féroce, se mettra en colère à l'entrée de la grange.

La bête, refusant d'obéir aux ordres de son maître peu importe la langue qu'il utilisait pour les lui transmettre, s'était mise à lui mordre les mitaines avec acharnement. Bavant, grognant pour le mettre en garde, Wolf lançait des regards défiants à son meneur. LaFlamme avait reculé d'un bond et, d'une main rapide, avait saisi la patte antérieure du loup, lui exposant le ventre. Vulnérabilisé, Wolf s'était finalement soumis à son maître, qui avait choisi de ne pas le frapper, mais de le museler — juste au cas. Le loup était encore jeune et son instinct sauvage pouvait toujours prendre le dessus. Mieux valait s'en méfier lorsqu'il était entouré de gens, et plus encore dans un cadre nouveau où l'animal perdait tous ses points de référence. En plus de tenir le dompteur en haleine, cet épisode avait retardé de plus de quarante-cinq minutes le départ de la «parade». Joe offrirait cette explication à la foule qui trépignait: «Tu peux pas pousser un loup[3].»

On pouvait encore moins presser une horde de loups, surtout lorsqu'ils se faisaient sans cesse coincer par des spectateurs enthousiasmés. Par conséquent, alors qu'il aurait dû être là deux heures plus tôt, Joe était arrivé au centre-ville à 13 h. Là, l'allure avait ralenti davantage en raison de la circulation et de la foule. Joe ne pouvait utiliser son fouet pour faire avancer l'attelage parce qu'il risquait de toucher un spectateur. Les gens, en particulier les enfants, ne semblaient pas se rendre compte qu'ils étaient en présence de bêtes sauvages, nerveuses et imprévisibles. LaFlamme devra recourir à une stratégie plus sûre que le fouet: il allait demeurer à l'arrière du traîneau pour contrôler les freins. Thibodeau, lui, marcherait devant l'attelage afin de garder les loups focalisés sur leur tâche. Tout en tenant Calgary au col, George surveillait les enfants pour ne pas qu'ils s'approchent des loups pour les flatter. Au passage, un des spectateurs n'avait pu s'empêcher de suggérer que ces loups gris avaient l'air apprivoisé. Joe avait rétorqué avec une invitation, montrant du doigt la grosse bête au regard méchant : « Si quelqu'un pense qu'y peut chatouiller un loup sous l'menton pis s'en sauver, y peut rester dans c'te grange-ci avec Wolf[4]. » Aucun volontaire ne s'était manifesté. Mais cela n'avait pas réussi à éloigner les enfants, qui s'approchaient même davantage. Au début, Joe n'avait pu que sourire : « Câline, y a donc ben des enfants à Sudbury[5] ! »

Le convoi se dirigeait lentement vers l'est pour prendre la rue Elm, puis la rue Durham sud. La foule grossissait, au point de causer des embouteillages. Et les policiers brillaient par leur absence. L'attelage, avançant à peine, s'était arrêté un moment, pratiquement coincé par les spectateurs. Affolée, Calgary avait cherché un endroit où se cacher. Ayant aperçu non loin une remise, elle s'était élancée vers ce refuge, entraînant attelage et traîneau avec elle. Inquiet, Joe avait tenté d'avertir les gens : « Ceux qui veulent servir de repas pour les loups peuvent rester où y sont, et on n'aura pas besoin d'acheter de viande. Si vous voulez pas être la proie des loups, reculez-vous[6]. » Mais la foule s'approchait toujours plus. Joe n'avait eu d'autre choix que de déployer son long fouet devant les curieux, qui se sont dispersés — pour revenir aussitôt.

Joe et ses loups exerçaient une attraction irrésistible sur les enfants, et même sur Morris, son « jeune homme » de dix ans. Ce jour-là, quand il n'était pas assis dans le traîneau, Morris se glissait dans la foule, excité et appelant chacun des loups par son nom. Sa favorite était Shownia. Enchanté par la performance de son père, il aurait déclaré : « Quand je serai grand, je veux conduire des loups comme mon papa[7]. » Mais la vie a parfois de drôles de façons de nous accorder nos souhaits. À ce qu'on dit, Morris une fois adulte finirait effectivement par conduire non pas des loups, mais des taxis, à Montréal[8], puis des poids-lourds[9].

Tout comme leur maître, les bêtes n'aimaient pas tellement la grande ville. Incommodés par les vapeurs d'essence, les loups cherchaient partout les terrains inoccupés et la neige épaisse. Joe et George n'avaient d'autre choix que de les suivre. Tous deux perdaient beaucoup de temps à faire sortir les loups de leurs nombreuses cachettes, sous les wagons de marchandise, les automobiles ou les vérandas. Le *mushing* au centre-ville s'avérait une expérience extrêmement pénible pour les hommes comme pour les bêtes. On ne pouvait presser les loups, encore moins lorsque le loup de tête montrait des signes de fatigue. Dans la cour de l'école Central, rue Station, Joe avait remplacé Calgary par Wolf, malgré son peu d'expérience : « Y a pas encore l'sens de l'attelage pour être un bon leader ; si y aperçoit un chien, y part après comme une flèche[10]. »

Il est vrai que Wolf s'avérera un piètre loup de tête dans les rues bondées et congestionnées. Mais après que l'attelage aura fait un virage à l'angle des rues John et Elizabeth, la foule avait diminué et la circulation avait retrouvé un débit normal. À la vue de grands espaces au loin, les loups avaient descendu la côte à toute vitesse pour aboutir sur le lac Ramsey. On pouvait apercevoir un attelage de chiens sur le lac, à la grande joie de Wolf, qui y avait mené sa meute ; bientôt, les deux attelages couraient côte à côte. Thibodeau courait encore, lui aussi, à côté de Wolf ; il tenait sa laisse afin de prévenir un enchevêtrement entre les chiens et les loups. C'était là du véritable *mushing*, comme le connaissaient les résidents de Gogama. Après la compétition, LaFlamme avait ramené ses loups vers leur grange rue Lorne. Le trajet du retour s'était fait rapidement, sans obstacle : une conclusion mémorable à cette première étape.

Avant de s'éclipser, Joe avait voulu offrir un dernier coup d'éclat à Sudbury et démontrer la force incroyable de Wolf. Peu de détails en subsistent, mais nous savons que le loup a tiré une automobile sept places sur une distance de quinze mètres dans la neige. Il aurait probablement pu la tirer plus loin si son harnais ne s'était pas brisé lorsqu'un des pneus s'était enfoncé dans un nid-de-poule.

Le départ de Muckoos

Deux jours après la course dans les rues de Sudbury, Joe se séparerait de Muckoos. Il venait de faire la connaissance de Nettie Madger, une journaliste du *Toronto Daily Star*, et l'idée lui était venue de lui demander si elle voulait un loup. Quand elle lui avait répondu qu'elle ne saurait quoi en faire, il avait répliqué : « Oh, tu peux faire c'que tu veux avec elle. Si tu la veux, est à toi[11]. » Il s'était fait convaincant : « C'est Muckoos. Est gentille. Est une femme, une vraie dame. Est pas comme les autres loups. A te mordra pas la main. Mais a l'aime pas les lumières. J'pourrai rien faire avec elle à New York. J'dois la retourner à Gogama, à moins que t'a prennes. Débarrasse-moé, pis est à toé[12]. » Comme Joe s'était toujours montré généreux envers les journalistes, Nettie se sentait obligée de lui rendre service en retour. Elle consentira finalement à prendre Muckoos ; Joe l'emmenera donc à l'entrepôt où ses loups étaient enchaînés.

À leur arrivée, LaFlamme avait constaté que les choses n'étaient pas telles qu'il les avait laissées : « Ben, j'ai mon voyage. Sonja[13] s'est sauvée et a donné à manger aux autres[14]. » En effet, l'astucieuse Shownia avait fait mâcher, par un autre loup, son collier de cuir jusqu'à ce qu'il se rompe. Une fois libérée, elle avait traîné une grosse boîte de viande d'un loup à l'autre. Les bêtes s'étaient régalées.

Quant à Muckoos, lorsque Joe l'avait tapotée sur la tête et lui avait demandé si elle voulait une nouvelle maîtresse, elle avait jeté un regard consentant à Nettie et lui avait léché la main. « Si elle a tant d'affection pour moi, Joe, il me fera plaisir de t'en enlever la charge[15], » aurait acquiescé Nettie. Et elle était partie avec Muckoos, tout en se demandant ce qu'elle allait faire avec la louve. « Après tout, on l'enlève d'une maisonnée royale quand on la retire des soins de Joe[16] », livrerait-elle au *Toronto Daily Star*.

Entre le samedi et le lundi suivant, Nettie changerait d'avis : la garde de Muckoos l'exposait à quatre chefs d'accusation en vertu de la *Loi sur la chasse et la pêche* de l'Ontario. Au pire, elle serait passible d'emprisonnement pour possession d'un loup sans permis. Elle aurait alors contacté Joe, qui à son tour aurait envoyé un télégramme à Gogama afin qu'on expédie à Nettie une caisse spéciale pour l'envoi de la louve au zoo Belle Isle, près de Détroit. La séparation d'avec la douce Muckoos avait attristé Nettie. Elle admettrait toutefois par la suite : « Je ne voudrais pas être à la place de Joe LaFlamme, avec dix loups. J'ai eu assez d'ennuis rien qu'avec ma Muckoos[17]. »

L'Homme aux Loups allait donc se retrouver avec un loup en moins pour la tournée ; le mardi 31 janvier 1939, Muckoos partait pour Détroit. Durant la soirée du lundi, Joe et ses neuf autres loups voyageront par camion jusqu'à Montréal. Mais avant le départ, une dernière visite restait à faire dans Sudbury.

Chapitre 21

Des grondements en direct de l'Opéra

Distribution

Joe LaFlamme, le dompteur de loups de Gogama
George Thibodeau, l'assistant du dompteur
Wolf, le loup gris de cinquante kilos
Monsieur l'annonceur de CKSO
Barney Gloster, le photographe du *Sudbury Star*

Mise en contexte

CKSO, une station de radio de Sudbury, publiait dans les années 1930 un bulletin hebdomadaire ciblant les auditeurs du sud de l'Ontario[1]. La photo en page couverture du bulletin représentait habituellement un thème ou un paysage du nord ontarien. Le jeudi 26 janvier 1939, journée de sa course en traîneau dans les rues de la ville, Joe LaFlamme avait été invité à la radio pour discuter de son expérience en tant que dompteur de loups. Cet entretien serait le sujet du prochain bulletin. On lui avait demandé de revenir à la station le surlendemain pour une séance photo avec un de ses loups.

Le samedi 28 janvier, en après-midi, George, Joe et son gros méchant Wolf avaient défilé sur la rue Elm, en route vers la station radiophonique. Avec son allure de gros chien policier, Wolf impressionnait et les foules et les chiens. Ceux-ci le fuyaient comme la peste.

À son arrivée à la station, Joe avait été avisé que son rendez-vous était retardé ; les deux hommes et le loup devraient donc attendre dans le studio. Mais comme il y faisait trop chaud pour le loup, Joe et George l'avaient emmené à l'extérieur, où une foule s'était rassemblée. Wolf, enchaîné à un arbre, avait commencé à s'agiter, montrant ses longs crocs. Cela avait incité George à sortir la muselière, que Joe mettrait au moins cinq minutes à passer au museau de la bête. Une fois Wolf calmé, tous trois étaient rentrés au studio pour la séance photo.

Premier acte

Contre son gré, Wolf avait été soulevé et posé sur la table de l'annonceur, entre celui-ci et Joe. « À c'te heure, on va y ôter sa muselière, avait alors dit le dompteur. Ça va faire un plus beau portrait[2]. » L'annonceur et le photographe avaient insisté : « Oh, ce n'est pas grave. Ça ne change rien qu'il porte sa muselière ou non. » Joe avait fait la sourde oreille, lui enlevant la muselière tout en demandant : « Comment qu'y peut parler avec sa muselière ? » Sentant les crocs un peu trop près, l'annonceur s'était éloigné lentement de Wolf, qui était attaché par une chaîne. Joe avait rassuré l'annonceur : « Inquiète-toé pas. Y est choqué après moé, pas après toé. » Wolf avait alors secoué la tête et, en tirant brusquement, s'était libéré de sa chaîne ! Le photographe s'était aussitôt réfugié derrière un piano. L'annonceur, qui surveillait la situation depuis l'entrée du studio, était sorti discrètement, refermant la porte derrière lui.

Deuxième acte

Cherchant à reprendre le contrôle de sa bête, Joe avait formé une grande boucle avec la chaîne et s'était dirigé vers Wolf. Le loup avait fait un bond vers une fenêtre ouverte à l'arrière du studio, mais celle-ci était grillagée. Il s'était ensuite précipité vers la porte... qui était fermée. Enragé, il l'avait griffée de sa grosse patte. Joe, surveillant toujours Wolf, s'en approchait lentement. Le loup avait jeté un regard furieux à son maître, mais Joe s'était avancé un peu plus. La bête sauvage lui avait alors sauté dessus en lui donnant des coups de griffes. Joe avait reculé pour éviter les crocs, et Wolf s'était jeté sur le mur du fond.

Pour se donner une plus grande liberté de mouvement, LaFlamme avait enlevé son parka, sa ceinture et son casque. Puis, George et le dompteur s'étaient chacun emparé d'une chaise de métal, la tenant devant eux comme le font les dompteurs de lions. Ils ont ainsi réussi à coincer Wolf près de la porte. La chaise toujours en main, Joe avait passé la boucle de la chaîne autour de la tête du loup.

Témoin de toute l'excitation qui régnait dans le studio, quelqu'un s'était écrié : « On aurait dû diffuser tout ça ! » Et quelqu'un d'autre : « Mais ce n'est pas encore terminé ! » Quant à l'annonceur, constatant que Joe maîtrisait bien la situation, il s'était rassis à son poste.

Entracte

Le samedi, la station locale de CKSO diffusait en direct la programmation du Metropolitan Opera (Met) de New York. On en était à l'entracte de *Louise*, de Gustave Charpentier[3].

Troisième acte

L'annonceur, micro ouvert, n'aura pas le temps d'expliquer aux auditeurs ce qui se passait en studio. Un Wolf, enchaîné à la poignée de porte, grondant, jappant et agitant sa chaîne — en ondes — avait interrompu l'annonceur du Met dans son studio à New York. Joe ordonnait à Wolf : « Assis, assis », tandis que l'animateur sudburois, fébrile, tentait de s'exprimer au dessus du vacarme.

Une fois de plus, Wolf s'était précipité sur Joe et avait tenté de le griffer, la veste et les pantalons de laine du dompteur y échappant de justesse. Joe ripostait de-ci, de-là d'un coup de béret écossais. Wolf, se tenant dans un coin, avait l'avantage de voir venir son maître ; il refusait toujours de se soumettre. Passant à l'offensive, Joe avait détaché Wolf de la poignée de porte, remis la chaîne à George et essayé d'approcher le loup par derrière. La bête s'était retournée vers lui en grondant et en tentant de le mordre. Joe avait détourné l'attention de Wolf vers la muselière, qu'il balançait devant ses yeux. Puis, enfourchant l'animal — dans une prise en ciseaux —, il l'avait immobilisée d'un bras et lui avait ensuite glissé la muselière. Wolf s'était finalement avoué vaincu, rabattant les oreilles vers l'arrière, malheureux d'avoir perdu la bataille.

Quatrième acte

D'un calme déconcertant, Joe avait remis son costume d'exposition, donnant ainsi à Wolf quelques instants pour se remettre d'un duel qui aura duré vingt-cinq minutes. Venait maintenant le temps de la séance photo. Gloster arrangeait les éléments de décor : debout, Joe tiendrait Wolf par la chaîne tandis que l'annonceur se pencherait pour mettre le micro devant la gueule du loup. Se méfiant des réactions de son animal favori, LaFlamme surveillait attentivement chacun de ses gestes, se préparant à l'imprévisible.

Une fois la séance terminée, Joe et George s'étaient dirigés vers leur pied-à-terre, avec en tête les images de cette bataille épique. Quant à Wolf, comme l'aura rapporté avec humour un journaliste, il était tombé malade à la suite de sa prestation à l'Opéra et le demeurerait encore un bout de temps[4].

Chapitre 22

Une dernière tournée à titre d'Homme aux Loups

Le transport aura sans aucun doute été le plus grand défi de LaFlamme lors de sa tournée d'exposition de 1939. Pour se rendre à Boston de Sudbury, il lui fallait prendre le train du CPR. Se pliant au règlement, l'agent de la compagnie ferroviaire insistait pour que les loups, considérés dangereux, soient enfermés à clé dans des cages de fer[1]. Mais Joe voulait faire les choses autrement: « J'vas les transporter comme une troupe de théâtre[2]. » Comme il ne possédait pas neuf cages de fer avec cadenas, il n'avait pas pu prendre le train. Cela posait donc le problème du transport des bêtes de Sudbury à Montréal, puis de là jusqu'à Boston.

Généreux de nature, Joe était toujours prêt à venir en aide aux gens; à présent c'était à son tour de la leur réclamer. Dick Fee, un Sudburois bienveillant, lui a offert une camionnette ainsi qu'un chauffeur, Romeo Elie, pour conduire la « troupe » jusqu'aux États-Unis[3]. En route, ils feraient escale à North Bay, où Joe avait tenu à montrer à un journaliste combien ses loups étaient apprivoisés. À l'ouverture des portes arrière de la camionnette, de nombreux yeux jaunes et bridés avaient clignoté sous la lumière vive. Malgré que tous les loups, sauf Wolf, soient libres, pas un n'avait bougé quand Joe était monté sur son traîneau chargé de bagages. Les loups semblaient effectivement apprivoisés. Mais que fallait-il conclure des accrocs et des déchirures aux vêtements du meneur de loups[4]?

La « troupe » s'était ensuite arrêtée à Montréal, le temps de démontrer aux citadins l'art du *mushing* avec des loups. Puis, le jeudi 2 février, tous s'étaient dirigés vers Boston. Aucun problème n'était survenu à la frontière canado-américaine, Joe ayant son permis de transport du ministère ontarien de la chasse et de la pêche[5].

Le *Boston Sportsman's and Boat Show* devait se tenir du 4 au 12 février 1939 dans l'édifice Mechanics, au cœur de la ville. Les organisateurs avaient mis beaucoup d'effort pour créer une ambiance de forêt sauvage. Des chevreuils erraient dans leurs grands parcs, des truites nageaient dans de vrais ruisseaux et des guides de chasse et de pêche se mêlaient à la foule[6]. Joe, surnommé « l'Homme merveilleux du Canada[7] », s'intégrait parfaitement à cet environnement. Il captait l'attention avec ses loups, non seulement à l'exposition, mais aussi lorsqu'ils défilaient dans les rues de Boston. Le journaliste John F. Kenney qui, avec son guide Floyd Bell et le joueur de basket-ball Foster Browning, contemplait les loups, se serait exclamé : « Pouvez-vous imaginer un gaillard vivant parmi les loups[8] ? » Browning aurait répondu d'un ton cynique : « Ne le faisons-nous pas tous[9] ? » Plaisanterie à part, peu d'entre nous aurions pu mener l'existence de Joe LaFlamme. Il lui fallait beaucoup de force, d'endurance, de patience et de courage pour voyager sur de grandes distances avec une meute de loups au comportement imprévisible.

Joe s'était ensuite rendu au National Sportsmen's Show[10] de New York, qui avait lieu au Grand Central Palace du 18 au 25 février. Joe y travaillera de longues journées, l'exposition ouvrant ses portes à 11 h et les refermant à 22 h. Plusieurs milliers de passionnés du plein air allaient la visiter. L'entrée coûtait 75 cents par adulte et 35 cents par enfant.

L'exposition mettait en vedette les provinces canadiennes du Nouveau-Brunswick, de la Nouvelle-Écosse, de Terre-Neuve et de la Colombie-Britannique. Il semble que LaFlamme ait été le seul exposant de l'Ontario, comme cela avait probablement été le cas en 1926. Il constituait l'une des principales attractions des organisateurs des expositions Campbell-Fairbanks, qui se plaisaient à l'appeler, affectueusement, « le Méchant Homme aux Loups du Nord[11] ». Joe avait établi le Camp LaFlamme à la mezzanine du Palace. Le campement représentait celui d'un trappeur du Nord et comprenait une tente de trappeur autochtone construite en écorce de bouleau cousue de racines d'épinettes. Malgré le décor, les loups n'étaient pas dupes. La vie à l'intérieur les rendait indolents. Joe expliquera à une journaliste que ses loups se sentaient « mieux quand c'est quarante ou quarante-cinq degrés en-dessous de zéro. Y deviennent paresseux quand le temps radoucit[12]. »

Joe LaFlamme promène ses loups sur la 47ᵉ rue, à l'angle de l'avenue Park, à New York, le 16 février 1939.

PHOTO GRACIEUSETÉ DE CPIMAGES.CA.

Leur comportement était inquiétant : ils grondaient à l'approche de journalistes ou de visiteurs, dont certains auraient souhaité voir les loups mordre Joe ou George. Les loups se faisaient cependant dociles lorsque les spectateurs leur apportaient des cornets de crème glacée, ou encore lorsqu'ils dormaient près du bloc de glace dans leur enclos.

Après l'exposition de New York, LaFlamme et sa « troupe » s'étaient dirigés vers Indianapolis, en Indiana, pour participer au Hoosier State-Wide Sportsmen's Show, qui avait lieu du 4 au 12 mars dans l'édifice Manufacturers, sur le terrain du State Fair. C'était la première fois que Joe se rendait dans cette ville avec ses loups.

La tournée de 1939 allait s'achever au Coliseum, toujours sur le terrain du State Fair de Détroit. Durant la première semaine d'avril, Joe avait montré ses loups à la deuxième exposition annuelle du Michigan[13]. Son permis de transport devant expirer le 31 mars, soit Joe avait demandé une prolongation, soit il s'était risqué à voyager avec ses bêtes sans permis pour revenir à Gogama[14].

Quoi qu'il en soit, Joe LaFlamme avait fait deux haltes sur le chemin du retour en Ontario. Le 11 avril, il avait présenté toute sa meute de loups gris sur la scène du théâtre Empire de Windsor. Le public lui avait réservé un accueil chaleureux : « Nous connaissons Joe, et son numéro est l'un des plus originaux dans le monde du spectacle. Il est une attraction importante ; il marchera sans doute sur les traces de Grey Owl[15], Jack Miner (et) Ernest T. Seton[16] », rapportait le *Windsor Daily*. La dernière halte était à la ville de Hamilton, où il défilera dans les rues avec son attelage. Selon la *Montreal Gazette*, des centaines de curieux seraient venus l'observer — mais de loin[17].

Joe LaFlamme aimait ses loups et les aura toujours respectés. Quoiqu'il soit devenu assez perspicace, avec le temps, pour prévoir la plupart de leurs humeurs et de leurs réactions, il devait parer à toute éventualité. Sa connaissance des loups contredisait cependant les théories de Jim Curran, l'éditeur du *Sault Daily Star* de Sault-Sainte-Marie[18]. Curran était convaincu que les loups n'attaquaient jamais les humains. Il se fiait aux données

Joe LaFlamme et son loup, dans le bureau de D. J. Taylor, sous-ministre ontarien de la chasse et de la pêche, Queen's Park, Toronto, 1939.

PHOTO GRACIEUSETÉ DES CITY OF TORONTO ARCHIVES, FONDS 1257, SÉRIE 1057, ARTICLE 3328.

du United States Biological Survey, selon lesquelles il n'y avait eu aucun cas d'attaques de loups contre des humains. Confiant de cette statistique, l'éditeur offrait, au nom du journal, une récompense de 100 $ à quiconque prouverait qu'un loup a attaqué une personne. Le dompteur de loups voyait les choses différemment :

> J'prendrais pas d'chance avec aucun loup, ça m'fait pas de différence c'que dit le United States Biology Survey. J'ai fait treize ans avec les loups[19] pis créyez-moé, j'en sais long sur eux autres. Mes loups ont essayé de m'attaquer plusieurs fois. [...] Les loups vont attaquer les humains pis y l'ont déjà fait ; y sont loin d'avoir aussi peur de nous autres que certains pensent[20].

Par bonheur, le *Sault Daily Star* n'aura jamais l'occasion de donner sa récompense à quiconque.

À la maison, deux tristes événements

Quelques semaines après son retour à Gogama, LaFlamme allait vivre deux événements qui devaient beaucoup l'attrister. Le premier serait de ne pas assumer de fonction officielle lors de la visite royale, lui qui pourtant avait le don d'attirer l'attention des personnages de marque. Cette fois, il ratera une occasion spéciale. Son village se préparait à accueillir le roi George VI et la reine Elizabeth. Le couple royal traversait l'Ontario en train et une halte de sept minutes était prévue à Gogama le lundi 5 juin 1939. Un congé public avait été décrété dans toutes les localités environnantes le long de la ligne du CNR. Tous les résidents, y inclus les écoliers, pourraient ainsi participer à la cérémonie d'accueil organisée par les enterprises locales. La Chambre des métiers avait même nommé une mairesse[21] pour la journée : Emma Poupore, épouse de Michael J. (Joe) Poupore, à l'époque propriétaire d'un des moulins à scie de Gogama[22]. Joe était déçu de ne pas pouvoir montrer au couple royal ses célèbres loups, le préposé à la sécurité au CNR ayant interdit la présence d'animaux durant la cérémonie[23].

L'autre événement qui allait accabler les LaFlamme serait la mort subite de Billy, leur chien de tête bien-aimé. Âgé de quinze ans, le chien désormais aveugle a été heurté par un train qui traversait le village. Joe en avait eu le cœur brisé. À la suite de cet accident tragique, pour une raison ou pour une autre, Joe avait dispersé sa meute[24]. Peu de temps après, Joe trouverait d'autres bêtes à dompter : l'Homme aux Loups deviendrait bientôt l'Homme aux Orignaux.

Chapitre 23

Une première tournée pour l'Homme aux Orignaux

Joe LaFlamme aimait beaucoup les animaux. Il n'était pas heureux s'il ne pouvait s'occuper de bêtes, peu importe lesquelles. À l'automne 1939, il s'était trouvé deux jeunes orignaux[1]. Quebec, un orignal femelle âgé de deux ans et demi, avait été capturée près de Senneterre, au Québec. Elle était plus petite et plus intelligente que Moosenose[2], une femelle de huit mois que Joe avait attrapée lui-même près de Gogama. Pleines d'astuces, les bêtes étaient attachées à leur maître. Elles aimaient jouer avec lui, quoique un peu trop brutalement parfois. Avec l'aide de «Mme Joe», qui était, par la force des choses, dompteuse adjointe de tous les animaux de son mari, Joe réussira à domestiquer les énormes bêtes et à leur inculquer une routine d'hygiène. Dès qu'elles purent grimper les marches de l'escalier de la maison, elles se joignaient aux membres de la famille pour le petit-déjeuner, mangeant à la même table leur bol de bouillie au son.

Joe LaFlamme entraîne son orignal à monter l'escalier qui mène au balcon de sa maison, à Gogama, au début des années 1940.
PHOTO GRACIEUSETÉ DE GERRY TALBOT.

Mais la bouillie n'était pas toujours uniquement dans le bol, comme en a témoigné Léo A. Landreville. À l'époque jeune avocat de Sudbury, il défendait souvent LaFlamme en cour. Ce jour-là, Joe s'était vanté à son visiteur de la servilité de son orignal: « Bonyeu, c't orignal-là, a fait tout' c'que j'y dis. Tu vois c't escalier-là, a peut même le monter. R'garde, tu vas voir[3]. » Et Landreville avait observé Joe amener son original, à force de cajoleries, à monter les marches qui craquaient. Si monter s'était avéré facile, descendre le serait encore plus. L'étage supérieur était chauffé au moyen d'un petit poêle de marque Québec qui, à ce moment-là, était brûlant. Et l'orignal maladroit s'était cogné contre l'appareil. « Doit-on en dire plus..., ajouterait Landreville, sinon que la maison de Joe ne sera plus la même[4]. »

Joe LaFlamme entraînant son orignal à marcher au pas, à Gogama au milieu des années 1940.
PHOTO GRACIEUSETÉ DE GERRY TALBOT.

Les nouveaux — et énormes — animaux de compagnie de Joe étaient sans aucun doute moins rétifs et plus faciles à dresser que ses loups sauvages. Mais les orignaux avaient également le don d'obliger leur maître à rester vigilant. Au début d'octobre 1939, Joe gardait temporairement ses deux protégées dans une île du lac Minisinakwa. Un jour que les bêtes s'étaient senties seules et effrayées par une grosse tempête, elles avaient nagé jusqu'à la rive à la recherche de leur maître. Un campeur avait dû les apercevoir et en avait avisé Joe. En un rien de temps, ce dernier était sur leur piste avec une équipe de secours comprenant trois autochtones et un husky. Il finirait par les trouver et les ramener à la maison. Plus tard, Joe dira à un journaliste du *Toronto Daily Star* que ses orignaux étaient contents d'être de retour chez lui parce Joe était le seul qui les traitait comme des animaux de compagnie[5]. Mais c'était peut-être Joe le plus heureux, de les savoir sains et saufs à la maison. Bien qu'ils n'y resteraient pas longtemps.

Avant la fin de novembre 1939, Joe avait annoncé qu'il participerait à la prochaine exposition sportive de New York, du 17 au 25 février 1940. Ses deux orignaux femelles avaient été, elles aussi, dressées pour être attelées. En réalité, leur première exposition sera celle de Boston, durant les deux premières semaines du même mois.

Mais avant de traverser la frontière, les orignaux devront subir un examen médical, tel que requis par la loi fédérale des États-Unis. Le samedi 27 janvier, Quebec, Moosenose et Joe ont donc pris le train pour Montréal. Le dompteur connaissait un vétérinaire qui pourrait examiner ses bêtes. Heureusement pour Joe, les deux orignaux jouissaient d'une bonne santé.

De Montréal, LaFlamme et ses animaux étaient ensuite partis direction Boston, première étape d'une tournée américaine de trois mois. LaFlamme imaginait déjà les réactions des visiteurs à la vue de ses orignaux : « Ben des chasseurs d'orignal ont même jamais vu ça, un orignal. Les doigts vont leur démanger quand y vont voir de proche ces deux bêtes-là[6]. » Par précaution, Joe demandera aux organisateurs que tous les fusils en montre soient déchargés[7].

Comme en 1939, Joe se rendra ensuite au Grand Central Palace de New York. Dès son arrivée en gare Pennsylvania, Joe allait créer un événement médiatique, occasion rêvée de faire de belles photos. Puis, pour se rendre au Palace, il fera monter Quebec, la plus petite des orignaux, dans un taxi[8]. Les journaux ne semblent pas avoir publié de photo de cet événement, mais il n'y a qu'à imaginer la banquette arrière d'un taxi occupée d'une porte à l'autre par un orignal, en supposant évidemment que la bête y était couchée — à moins qu'elle n'ait été assise sur son postérieur, les quatre pattes entrecroisées par-dessus la banquette avant... comme on voit dans les bandes dessinées.

Le vendredi 16 février 1940, à la veille de l'exposition, Joe et une de ses bêtes avaient une mission spéciale à remplir. Len Hugues, président de l'Association touristique du Nord de l'Ontario, avait remis une enveloppe à Joe, qui l'avait fixée au dos de son orignal. Puis, l'Homme aux Orignaux et sa bête avaient gravi les marches de l'hôtel de ville de New York[9] et avaient livré un message au maire Fiorello LaGuardia : le maire de North Bay, Arthur Beattie, invitait son homologue américain à visiter la ville nord-ontarienne et les célèbres quintuplées Dionne — cinq fillettes nées le 29 mai 1934. Nous ignorons si Joe avait été payé pour ses services de messager.

La New York Sportmen's Association, qui parrainait l'exposition, payait Joe environ 400 $ par semaine pour exhiber ses orignaux[10]. Cela peut sembler un montant élevé pour l'époque, mais Joe ne pouvait guère s'y enrichir si l'on considère les coûts exorbitants du transport[11], des services vétérinaires, des permis d'exposition, du décor, des cartes postales qu'il distribuait, de la nourriture et du logement pour ses animaux et ses hommes — quoiqu'on ne fasse aucune mention d'un assistant pour cette tournée —, ainsi que le temps passé sur la route entre les diverses expositions. Mais Joe gagnait sa vie à faire ce qu'il aimait le plus. Sans compter qu'il rencontrait beaucoup de gens de toutes les strates de la société, ce qu'il trouvait sans doute fascinant.

LaFlamme entreprenait cette tournée-ci de façon distincte. Il s'était joint à l'Association touristique du Nord de l'Ontario, qui espérait y faire bonne figure[12] afin d'attirer plus de touristes, par la suite, dans la région. Joe et ses deux orignaux s'étaient donc installés dans l'immense section réservée à l'Ontario. Comme la province de Québec participait aussi à l'exposition, Joe avait changé, dans un élan de rectitude politique, le nom de Quebec pour Ontie. La présence de LaFlamme, avec Moosenose et Ontie qui muaient[13] à cause des températures plus élevées, aura permis à l'Ontario de voler la vedette à plusieurs autres exposants populaires.

Joe profitait de toute cette attention pour faire un peu de publicité pour le Canada. Depuis le début de la Deuxième Guerre mondiale, certaines publications américaines avertissaient les chasseurs et les pêcheurs désireux de visiter le dominion que le gouvernement canadien pouvait saisir leurs armes et leur équipement[14]. Toujours selon ces publications, les visiteurs risquaient d'être recrutés pour servir dans l'armée. Comme ces informations étaient fausses, le Canada devait les démentir et rassurer les Américains qu'il n'imposait pas plus de restrictions aux visiteurs qu'il ne le faisait avant la guerre. Et qui de mieux placé que Joe LaFlamme pour livrer ce message? Avec sa langue bien pendue et son profond amour du Nord, celui-ci figurait certainement parmi les meilleurs ambassadeurs de l'Ontario, voire du Canada[15].

Après l'exposition de New York, Joe et ses orignaux avaient disposé d'une semaine pour se rendre à celle de Détroit, qui se tenait du 4 au 10 mars 1940. Après avoir attiré des foules de curieux au Convention Hall[16], l'Homme aux Orignaux devait participer à d'autres expositions, puisqu'il était sensé être en tournée jusqu'au mois d'avril. Vraisemblablement, Joe aura terminé sa tournée à Buffalo, présentant ses orignaux au zoo municipal de la ville, un zoo alors en pleine croissance et qui cherchait des animaux exotiques. L'idée était survenue lors d'un banquet des sportifs durant l'exposition à Détroit[17], au cours duquel Joe avait fait la connaissance de Marlin Perkins, le conservateur du zoo.

Durant le banquet, le maître de cérémonie avait soudainement attiré l'attention des dîneurs vers l'entrée de la salle, qui se trouvait au huitième étage. Dans l'embrasure de la porte était apparue Moosenose, qui mesurait deux mètres aux épaules. Ontie serait arrivée en marchant tranquillement derrière elle, suivie de LaFlamme en habit de trappeur. La foule aurait été abasourdie. Une fois remis de leur surprise, les invités au banquet auraient commencé à donner de la laitue aux bêtes — pour elles un heureux changement au menu régulier de la tournée, composé de brindilles, de paille, d'avoine et de moulée pour les vaches[18].

Trouvant les orignaux faciles à dompter et impressionné par le fait qu'on pouvait les atteler, le conservateur du zoo s'était informé auprès de LaFlamme quant à la possibilité d'en faire l'acquisition au terme de la tournée. Avec Joe, tout était possible. De toute façon, il ne pouvait pas ramener les bêtes à Gogama : la mue leur avait fait perdre leur poil d'hiver, et les ramener dans un climat froid les exposerait au danger de mourir de froid[19]. Et Joe les aimait trop pour cela. Dans une lettre, Jim M. Taylor, forestier régional à Gogama, commentera plus tard l'amour de l'Homme aux Orignaux pour ses bêtes : « J'ai personnellement observé les soins que M. Laflamme donne à ses animaux [...] et je sens que rien de plus ne pourrait être fait à cet égard[20]. » Mais à Buffalo, les orignaux de Joe vivraient-ils même jusqu'à trois ans (espérance de vie typique de l'espèce lorsque gardée en captivité) ? Selon le responsable des zoos de Toronto à l'époque, le docteur J. A. Campbell, lorsque les orignaux vivaient loin des terrains marécageux, leurs pattes devenaient endolories. Comme ils ne pouvaient soulager leur douleur dans les ruisseaux des forêts, ils finissaient par dépérir[21].

Déjà le 11 avril 1940 : le temps était venu pour Joe de rentrer chez lui, dans le Nord sauvage. En traversant Toronto, il avait décidé de faire une nouvelle visite à Queen's Park. Quand le *Toronto Daily Star* avait appris que LaFlamme avait donné ses orignaux, il l'avait questionné au sujet de ses projets pour l'année suivante. Étonnamment, le dompteur d'animaux rêvait de former une autre meute de loups. Cette fois, tous les loups seraient noirs. Il en avait déjà quatre à la maison. Quand le reporter lui avait demandé pourquoi il voulait continuer de travailler avec les loups, Joe aurait admis : « Les loups sont plus populaires [...]. Pis j'vas m'trouver que'ques loups noirs pis former une équipe qui va vraiment attirer le monde[22]. »

Une période d'épuisement

Le seul indice qui montre que Joe aurait mené son projet à terme est son témoignage dans le *Toronto Daily Star* en 1945 :

> Quand j'suis revenu de New York avec mes loups, à l'hiver 1941, ma pression était basse. Le docteur m'dit que j'suis trop gros pis qu'y faut que j'maigrisse tranquillement. Mais j'ai maigri trop vite pis j'suis tombé malade. J'suis pus capable de m'occuper des loups. J'm'arrange encore ben avec eux autres, mais y sont comme des femmes. Tu peux jamais les dompter[23].

Ce dernier commentaire, Joe l'aura fait souvent durant sa carrière, mais n'aura jamais révélé comment il en connaissait tant sur les femmes.

Quant aux tournées d'exposition, LaFlamme n'en aura probablement pas entrepris d'autres pendant la guerre : il aurait été difficile de traverser la frontière canado-américaine, étant donné les restrictions imposées sur les voyages à cette période[24]. Il est possible que Joe se soit rendu au carnaval d'hiver de North Bay entre les 4 et 9 février 1946. Le *Toronto Daily Star* du 22 janvier rapporte que LaFlamme y était attendu avec les deux orignaux qu'il avait entraînés pour labourer sa terre à Gogama[25]. Pourtant, le *North Bay Nugget* ne fait aucune mention de la présence de l'Homme aux Orignaux avant, pendant, ni après le carnaval. Étant donné sa grande popularité, il aurait sûrement fait parler de lui s'il y avait participé.

La renommée de Joe LaFlamme était désormais étendue. Son nom était entré depuis longtemps dans l'histoire comme dans le folklore. On en trouve des preuves dans plusieurs articles de journaux, dont celui de la *Montreal Gazette*, qui raconte comment les Montréalais pouvaient éviter de faire face à leur première bordée de neige en trouvant refuge dans des Laurentides idéalisées :

> Si quelqu'un veut entendre des clochettes de traîneau, il peut se rendre aux villages laurentiens et écouter les carillons à cœur joie. Il peut même faire une promenade en traîneau à chiens autour d'un lac en compagnie de Joe LaFlamme, un homme du coin, qui crie « *mush* » à ses huskies aux yeux sinistres[26].

La réputation de Joe avait traversé les frontières du Canada jusqu'aux États-Unis. Dans un bulletin de 1955 intitulé *Lost Battalion Survivors*, Raymond Flynn, un ancien membre de l'infanterie américaine, rapportait que, de 1932 à 1935, il avait joué le rôle de Joe LaFlamme sur le plateau de *Joe and Bateese*, une émission diffusée en français canadien à partir de la station de radio WBZ de Boston[27]. Malheureusement, il ne semble subsister aucun enregistrement de l'émission.

Un autre exemple de la renommée de LaFlamme serait survenu à l'occasion de la participation, dans les années 1950, d'employés de CBC Radio à un concours international de sauts de grenouille en Californie. L'équipe y subira une cuisante défaite ; selon le *Lethbridge Herald*, le seul qui aurait pu sauver la situation et prouver que les « ouaouarons » du Nord de l'Ontario pouvaient sauter le plus loin était l'unique Joe LaFlamme[28].

Dans « Tall Tales from the North », publié dans une édition de février 1962 du *Toronto Star Weekly*, Joe LaFlamme est décrit comme étant capable de porter à lui seul un canot de marchandises de sept mètres surnommé « canot aux trois orignaux ». Selon la légende, il fallait habituellement deux Indiens ou quatre hommes blancs pour le portager, mais l'Homme Fort du Nord le faisait seul[29].

Mais que faisait désormais l'Homme aux Orignaux, maintenant qu'il n'avait plus de bêtes à dompter ? Selon ce que lui permettait sa santé, il continuera à faire de la trappe et de la prospection. C'est à cette époque, vers le milieu des années 1940, qu'il jouera dans le film des Warner Brothers, *The Forest Commandos*. Il allait en outre animer des débats radiodiffusés à la CBC[30], où il racontera ses expériences avec les animaux sauvages et partagera ses observations sur la nature. La radio

Joe LaFlamme, alors dans la mi-cinquantaine, portant son « costume d'exposition », devant sa fourgonnette de tournée, vers 1945.
PHOTO GRACIEUSETÉ DE LA FAMILLE DE CHARLES LAFLAMME.

CKRC de Winnipeg annonçait, dans le *Winnipeg Free Press* du 26 avril 1945, que Joe LaFlamme figurait parmi les cinq invités de l'émission *Canadian Cavalcade*, diffusée en soirée. Cy Mack en serait l'interviewer, et le narrateur, Lorne Greene (le futur Ben Cartwright de la série télévisée *Bonanza*). La publicité présentait Joe comme un prospecteur, trappeur, gagnant de derbys de chiens et maire de Gogama. Il est évident que la publicité ciblait les filles; la légende sous sa photo disait: « *Girls, He Tames Wolves!*[31] ». Au moins une femme écouterait cette émission — si elle avait, bien entendu, une radio à large bande — et c'était la conjointe du dompteur de loups. Lillie était une passionnée de la radio: « J'me couche pas avant une ou deux heures du matin, parce qu'il y a un beau concert ou quelque chose d'intéressant tous les soirs[32]. »

Chapitre 24

En tournée de nouveau

Joe LaFlamme a été contacté à l'automne 1946 par les organisateurs d'expositions de la compagnie bostonienne Campbell-Fairbanks. On lui a demandé d'exhiber, dans le cadre de plusieurs expositions sportives aux États-Unis, ses animaux sauvages, entre autres ses orignaux et ses chevreuils[1]. La compagnie General Shows de Minneapolis voulait aussi qu'il se présente aux expositions de St. Louis (Missouri), de Chicago (Illinois), de Minneapolis (Minnesota), de San Francisco (Californie) et de Portland (Orégon). Conséquemment, Joe devra renouveler le permis de transport qu'il avait obtenu en 1940 du ministère ontarien des Terres et Forêts. L'Homme aux Orignaux offrira au ministère de tenir un kiosque représentant l'Ontario aux diverses expositions[2].

Il n'aurait pas été bien vu que le ministère refuse à LaFlamme son permis car, selon le forestier régional Jim M. Taylor, « [...] la publicité obtenue par l'exposition de ces animaux est probablement plus efficace que n'importe quelle publicité écrite émise par notre agence de publicité[3]. » Joe faisait de la promotion non seulement par l'entremise des expositions elles-mêmes, mais aussi au moyen de cartes postales et de dépliants qui témoignaient des meilleurs atouts du nord ontarien, et qu'il distribuait gratuitement[4]. LaFlamme était convaincu que le Nord de l'Ontario avait le potentiel de devenir une destination touristique de premier choix.

En route pour Toronto

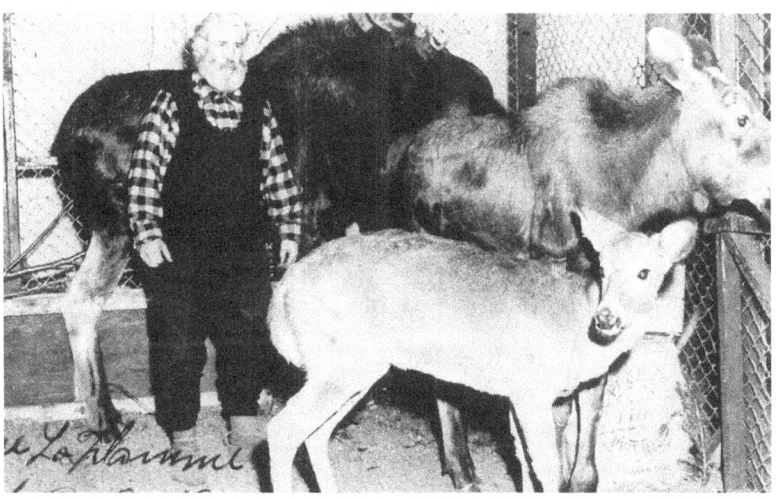

Joe LaFlamme avec deux orignaux et un chevreuil lors d'une exposition sportive, probablement en 1947 quelque part aux États-Unis.
PHOTO GRACIEUSETÉ DE GERRY TALBOT.

Pour sa prochaine tournée, Joe avait décidé d'emmener trois orignaux et un chevreuil. Morris, maintenant âgé de dix-huit ans, l'accompagnerait. Le jeudi 23 janvier 1947, l'Homme aux Orignaux de cinquante-huit ans, son fils et ses quatre « enfants », comme il surnommait ses animaux, feront le voyage ensemble dans le fourgon à messagerie du CNR[5]. Le groupe devant arriver à Toronto tôt le vendredi matin, Joe avait annoncé sa visite aux journalistes au moyen de télégrammes. Au fil des années, LaFlamme avait accueilli chez lui de nombreux journalistes, se bâtissant ainsi un bon réseau de contacts médiatiques[6].

Invités à Toronto par le Carling Conservation Club[7], Joe et ses orignaux avaient visité plusieurs écoles dans les quartiers moins nantis de la ville, ce qui s'était avéré une expérience intéressante pour des jeunes qui, autrement, n'auraient peut-être jamais eu la chance de côtoyer ces créatures des forêts boréales. C'était aussi l'occasion parfaite pour Joe de se mêler aux jeunes, qu'il aimait beaucoup. Le sentiment était réciproque. Avec sa barbe et ses longs cheveux flottants et presque blancs, il était le sosie du Père Noël[8]. D'ailleurs, on s'y méprenait souvent[9].

Pendant son séjour à Toronto, Joe logera ses orignaux et son chevreuil aux champs de course Dufferin[10]. Lui et son orignal le plus gros assisteront à un déjeuner du Rotary Club à l'hôtel Royal York[11]; malheureusement, aucun article ne témoigne de cette fabuleuse visite dans la chic salle à manger de ce qui était à l'époque le plus gros hôtel du Commonwealth[12].

Joe n'aura pu obtenir, toutefois, de rendez-vous avec Robert Saunders, le maire de Toronto, qu'il aurait aimé rencontrer après avoir conduit un de ses orignaux en haut de l'escalier de l'hôtel de ville. Un journaliste du *Globe and Mail* aurait ainsi encouragé le dompteur: «Comme monsieur le maire a l'habitude d'accueillir les maires des autres municipalités, nous croyons qu'il ne fermera pas les yeux sur le maire de Gogama[13].»

Joe LaFlamme et son orignal entrent déjeuner avec les membres du club Rotary, à l'hôtel Royal York à Toronto, fin janvier 1947. À gauche se trouvent son fils Morris et le Dr J. A. Campbell, du zoo de Toronto.

PHOTO GRACIEUSETÉ DU *TORONTO STAR*/GETSTOCK.COM # 2086200454

Un hommage à Bette Davis

Avant de quitter Toronto, LaFlamme avait rendu hommage à sa vedette préférée, la charmante Bette Davis. En février 1947, elle ne faisait plus de films pour Warner Brothers puisqu'elle était enceinte. Mais Joe tenait à ce que l'actrice retourne au travail le plus tôt possible, une fois le bébé né. Pour l'aider, il lui avait offert un porte-bébé amérindien. Le cadeau avait été accepté au nom de Bette Davis par l'agent en relations publiques de la Warner Brothers, Glenn Ireton, celui-là même qui avait écrit le scénario du film *The Forest Commandos* quelques années auparavant. Le porte-bébé d'occasion, qui appartenait autrefois à une autochtone, était fait d'une planche rectangulaire à laquelle était fixée une large bande d'étoffe; des lacets servaient d'attaches pour le bébé et de bretelles pour la maman; enfin, à la tête de la planche se trouvait un support de métal: en cas d'intempérie, la maman pouvait couvrir le bébé d'une couverture, que le support servirait à garder éloignée de son visage. Une note accompagnait le cadeau: « À Bette Davis avec dévotion. Joe LaFlamme, l'Homme aux Loups[14]. » Joe avait aussi inclus une lettre adressée à l'actrice et écrite en un très mauvais anglais[15]. En voici la traduction:

Chère Bette Davis,

Je viens juste de voir maintenant ta belle photo sur la couverture du magazine *Canadian Liberty*. Hier ou avant-hier, j'ai appris que tu vas avoir un petit *papoose*. C'est bien! Aussi, c'est un bon hiver dans le nord du Canada avec plein d'orignaux, de ratons laveurs, de

Joe LaFlamme, accompagné d'un orignal et d'un chevreuil, offre un porte-*papoose* en cadeau à Bette Davis, sa comédienne préférée. Glenn Ireton, représentant des relations publiques pour Warner Brothers au Canada, accepte le cadeau au nom de Mme Davis. À Toronto, probablement pendant la dernière semaine de janvier 1947.

PHOTO GRACIEUSETÉ DES CITY OF TORONTO ARCHIVES, FONDS 1257, SÉRIE 1057, ARTICLE 3327.

castors. J'ai entendu dire que t'as jamais vu ces affaires-là à Hollywood. C'est probablement mieux comme ça. À propos des *papooses*, j'vas t'envoyer le porte-*papoose* de la squaw d'un chef qui a porté sur son dos ses vingt-trois *papooses*. La squaw a soixante-quinze printemps pis utilise pus le porte-*papoose*, pis je te l'envoie, Bette Davis. Je pense que c'est une bonne idée. Aussi, c'est une bonne idée de te servir du porte-*papoose* pour pas perdre de temps pis te dépêcher à retourner à Hollywood pour faire d'autres films de Warner. Peut-être que le *papoose* pourrait être sur ton dos tout l'temps. Je t'aime bien, Bette Davis, pis les Indiens aussi.

(Signé) Joe LaFlamme
« Miganinvinna »,
chef blanc honoraire des Indiens ojibwés.

Joe se présentait donc comme un chef honoraire des Ojibwés : « Miganinvinna » signifie « chef des animaux et des hommes[16] ». Comme la réserve autochtone de Mattagami était située à quelques kilomètres au nord de Gogama, on peut supposer que Joe avait des rapports avec cette communauté, d'autant plus qu'il avait une certaine connaissance de la langue ojibwée. En lui donnant ce titre, les autochtones avaient sans doute voulu reconnaître son lien avec les animaux sauvages ou encore sa contribution à la sensibilisation du public à la faune, ou peut-être même une aide quelconque que Joe leur aurait apportée. Quoiqu'il en soit, « le dompteur d'animaux sauvages le plus original sur le continent[17] » chérissait son titre de chef honoraire — et portait maintenant des lunettes.

Prochaines haltes : Montréal et Boston

Avant de traverser la frontière des États-Unis, Joe se rendra à Montréal par fourgon à messagerie, à la fin de janvier 1947, afin de faire examiner ses animaux par un

Joe LaFlamme (à gauche) et son fils Morris, avec trois orignaux et un chevreuil dans un avion de la compagnie Bruning, à l'aérodrome LaGuardia, à New York. L'équipe y arrive de Boston le 13 février 1947.

PHOTO GRACIEUSETÉ DE ASSOCIATED PRESS, NEW YORK.

vétérinaire. Par la suite, il prendra part à la New England Sportsmen's and Boat Show, qui avait lieu du 1er au 9 février, à Boston.

New York, encore

Pour une raison inconnue, Joe avait décidé de faire le trajet Boston-New York, en compagnie de ses trois orignaux et de son chevreuil, à bord d'un avion de la compagnie Bruning[18]. Encore un exploit historique pour LaFlamme, car ce serait la première fois que des orignaux voyageront en avion[19]. Sauf que les trois orignaux auront le mal de l'air… Pour contrôler la situation, le trappeur aura fait appel à toute son ingéniosité et à ses habiletés de dompteur. Après l'atterrissage à l'aérodrome LaGuardia, les orignaux, tout comme les loups en 1939, n'avaient plus voulu descendre de l'avion. Débrouillard, Joe avait alors tiré les orignaux un à la fois hors de l'avion sur une rampe recouverte de couvertures carrelées. Il y était parvenu au moyen de câbles et de maints efforts. Pousser et tirer ces animaux avait sans doute été un travail ardu si l'on considère qu'un orignal peut peser jusqu'à six cents kilos[20] et avoir, selon LaFlamme, la force de dix chevaux[21].

L'exposition de 1947 avait lieu, cette fois encore, au Grand Central Palace; il s'agissait de la première expo depuis 1941, temps de guerre oblige[22]. Du 17 au 23 février, un nombre record de visiteurs, soit trois cent mille[23], allait affluer au Palace afin de s'informer des nouveautés du monde de la chasse, de la pêche ou du plein air. Le hasard existe-t-il? Joe était à New York au même moment où Babe Ruth, héros du baseball, recevait son congé de l'hôpital French après un séjour de quatre-vingt-deux jours[24]. Ruth sera salué par une foule d'admirateurs à l'extérieur de l'hôpital alors que LaFlamme était accueilli par une multitude de gens à l'intérieur du Palace.

Pendant toute la semaine, il aura fait un numéro superbe avec un de ses orignaux, tout probablement son préféré, Muskeg. Montrant l'orignal du doigt, «Big

Joe » — qui avait repris beaucoup de poids — racontait que l'animal était si fort qu'il pourrait, s'il le voulait, sortir de l'édifice en défonçant les murs à coups de tête[25]. Bien entraîné à réagir au signal de Joe, l'orignal grondait. Joe marchait alors vers l'animal et appuyait son visage contre ses naseaux, indiquant à la foule que la bête voulait lui parler. Avec son sens de l'humour et du spectacle, Joe adaptait probablement le message au groupe de spectateurs du moment.

Au cours de ce voyage, LaFlamme a décidé, un jour, de se rendre au centre-ville de New York avec Muskeg. La foule de spectateurs curieux aurait tellement grossi que l'homme et la bête ont créé un embouteillage sur la Fifth Avenue[26]. Joe ne demandait pas mieux que de se mêler à cette foule à la mode, lui qui était habillé avec ses pantalons et sa veste en grosse laine et ses longues bottes. Quant à son casque de poil habituel, il avait dû le ranger avec son parka parce que, sur les photos de l'époque, il porte un béret. Il faut s'imaginer la scène quelque peu anachronique : un trappeur du Nord barbu et bedonnant, coiffé d'un béret écossais, se promenant nonchalamment sur une Fifth Avenue animée, orignal canadien en laisse.

Lorsqu'il ne présentait pas son orignal, Joe amusait les foules avec sa « panoplie d'histoires fabuleuses[27] ». Il avait le tour de raconter des blagues, tant à propos de bûcherons qui visitaient la ville que de citadins qui se rendaient en forêt. Comme un journaliste le dira si bien : « Il n'y a aucun rat des villes dans les environs du Grand Central Palace qui peut débiter des histoires comme le trappeur de Gogama, avec son singulier anglais du Québec parsemé ici et là d'étranges mots indiens[28]. »

Joe LaFlamme, à 57 ans, probablement à Montréal en janvier 1947.

PHOTO GRACIEUSETÉ DU MUSÉE DES SCIENCES ET DE LA TECHNOLOGIE DU CANADA.

On peut se demander si ce personnage farceur n'était pas une façade, car sur plusieurs photos de l'époque, les yeux de l'Homme aux Orignaux sont tristes.

Fin de la tournée d'hiver de 1947

Lorsqu'il s'est rendu à l'exposition sportive de Philadelphie durant la première semaine de mars, le « maire » de Gogama en a profité pour rendre visite au maire Bernard Samuel, à l'hôtel de ville[29]. Joe y avait emmené son « attaché politique » : l'orignal Ti-Mousse. À l'horaire figuraient également des apparitions à quatre émissions radiophoniques. Joe et Morris étaient très occupés depuis leur départ de New York. La popularité de l'Homme aux Orignaux le suivait comme une ombre partout où il allait.

Après cette exposition, LaFlamme en fera une autre à Buffalo. Mais cette fois, il n'y laissera pas d'orignaux parce qu'il devait se rendre à d'autres expositions plus à l'ouest. Il semble qu'après l'exposition de Buffalo, Joe se soit effectivement rendu aux autres villes prévues dans la tournée. Il se sera ensuite dirigé au Salon national des Sportsmen du Canada, qui avait lieu au Colisée d'Ottawa du 21 au 26 avril. Comme à l'habitude, Joe et ses orignaux y voleraient la vedette au kiosque de l'Ottawa Fish and Game Association[30].

Cette tournée conclue, Joe était revenu chez lui, où il allait demeurer au moins jusqu'à l'été. On raconte qu'il aurait quand même visité Sudbury entretemps avec son blaireau Géraldine, mais trop de détails manquent quant à ce voyage[31].

Chapitre 25

À la recherche de Columbus, Ohio

À l'été 1947, Joe avait syntonisé une chaîne américaine à la radio, sur les ondes de laquelle on avait diffusé une invitation qui semblait à Joe une bonne occasion de gagner de l'argent. Il s'était empressé de télégraphier à Columbus, la capitale de l'Ohio, ce message qu'il avait écrit en anglais[1] :

> J'ai entendu à la radio que quelqu'un à Columbus, Ohio, veut des orignaux pour aller à des assemblées. Moi, Joe LaFlamme, j'ai les seuls orignaux dans tout le pays du Nord qui peuvent aller à des assemblées. Dites à ces personnes à Columbus, Ohio, que Joe LaFlamme pis ses orignaux partent tout de suite. C'est où, au juste, Columbus, Ohio ? (Signé) Joe LaFlamme.

Eh bien, Joe allait vite trouver où était Colombus, Ohio, parce qu'il voulait empocher la récompense de 1 000 $ offerte par le Loyal Order of Moose à quiconque livrerait une paire d'orignaux vivants à la convention internationale des Moose à Columbus, située à environ mille kilomètres de Gogama. La seule anicroche dans cette offre était que les orignaux devaient arriver à temps pour la rencontre qui commençait le 17 août 1947. Sinon, Jack Stoehr, directeur régional des Moose pour l'Ohio, la Pennsylvanie et la Virginie-Occidentale, garderait l'argent. Apparemment, Stoehr aurait lui-même répondu à l'appel et aurait réussi à emmener des orignaux vivants sur le site de la convention (le terrain de la Statehouse). Malheureusement, pour une raison ou une autre, les orignaux seraient morts avant qu'il ait l'occasion de les emmener dans la salle où avait lieu la réunion[2].

Entretemps, le samedi 9 août, le « meilleur maudit homme des bois au Canada[3] » s'était dirigé vers la gare de Gogama avec ses deux orignaux[4], d'où ils prendront ensemble le train du soir pour Toronto. C'est du moins ce que Joe pensait. Sauf que ses orignaux avaient d'autres projets. Comme le train sifflait, Muskeg, le plus rebelle des deux, s'était retourné soudainement et avait sauté en bas de la rampe. Joe, gardant son sang-froid et scrutant les réactions de l'original, avait ajusté ses bretelles sur son torse nu, redressé du bout des doigts son chapeau de paille. Puis, ramassant un câble, il s'était approché prudemment de la bête récalcitrante.

Faisant semblant d'ignorer son maître, le jeune original avait baissé la tête, une patte grattant nonchalamment le sol couvert de cendres de charbon. Joe avait saisi l'occasion et s'était précipité sur les bois de la bête. Au même instant, Muskeg avait levé la tête, accrochant Joe dans son mouvement. S'en était suivi une lutte où Joe réussira finalement à passer un lasso autour du cou de Muskeg. Vainqueur, l'Homme Fort du Nord avait fièrement redressé son chapeau de paille, ne se préoccupant pas de la suie et du sang sur sa poitrine. L'orignal avait fait, avec son sabot gauche, une profonde entaille au cou et à l'épaule de Joe. Le dompteur réussira à faire monter l'orignal à bord du train, qui partira de Gogama avec trente minutes de retard. Les passagers avaient pu profiter d'un spectacle extraordinaire.

À son arrivée à Toronto le lendemain matin, Joe avait dû être hospitalisé, affaibli par une perte de sang importante. Muskeg avait été amené à un zoo. Quant au deuxième orignal, celui-ci avait succombé, au début du voyage, à un coup de chaleur[5]. À sa sortie de l'hôpital, le dompteur déclarerait, résolu : « Joe LaFlamme va avoir c't argent d'orignal avant longtemps, bonyeu[6] ! », avant de prendre la route pour l'Ohio avec un Muskeg maussade, qui fera le trajet en camion frigorifique. Joe prenait ses précautions devant la vague de chaleur[7] qui sévissait alors dans cette région des États-Unis. Le camion de Dew the Mover Limited, de Toronto, s'était mis en route pour la convention nationale des Moose à Columbus. Et le chargement était assuré[8], comme l'indiquait la publicité sur le camion.

Après une halte à Hamilton[9], qui fera le bonheur des sportifs locaux, LaFlamme et Muskeg avaient traversé le pont international de Buffalo dans la nuit du vendredi 15 août 1947. À leur arrivée à la convention des Moose le dimanche, sous une pluie battante[10], vingt-cinq mille

Joe LaFlamme, accompagné de Muskeg, probablement à sa sortie de l'hôpital à Toronto le 14 août 1947.

PHOTO GRACIEUSETÉ DES CITY OF TORONTO ARCHIVES, FONDS 1257, SÉRIE 1057, ARTICLE 3316

membres de l'organisation les accueilleront chaleureusement : « Nous devons élire Muskeg conseiller suprême[11]. »

Le jour suivant, Joe recevra sa récompense de 1 000 $ lors d'une cérémonie publique. Fier de son succès, d'autant plus qu'ils étaient seulement cinq personnes à tenter de relever le défi, Joe cajolait Muskeg, son orignal de 227 kilos : « Beau p'tit orignal. Gentil p'tit orignal[12]. » Mais Muskeg n'avait aucune envie d'être un beau et gentil petit orignal encore bien longtemps. Lorsque Joe a traversé la rue avec lui pour se rendre à une séance photo dans la cour du State Capitol, la bête s'est libérée de son collier et enfuie vers la rue High. Ne bronchant pas, « Big Joe » avait arrêté la circulation et commandé à Muskeg, dans un mélange d'anglais et d'ojibwé, de revenir vers lui. C'était l'heure de rentrer à la maison, « beau petit orignal ».

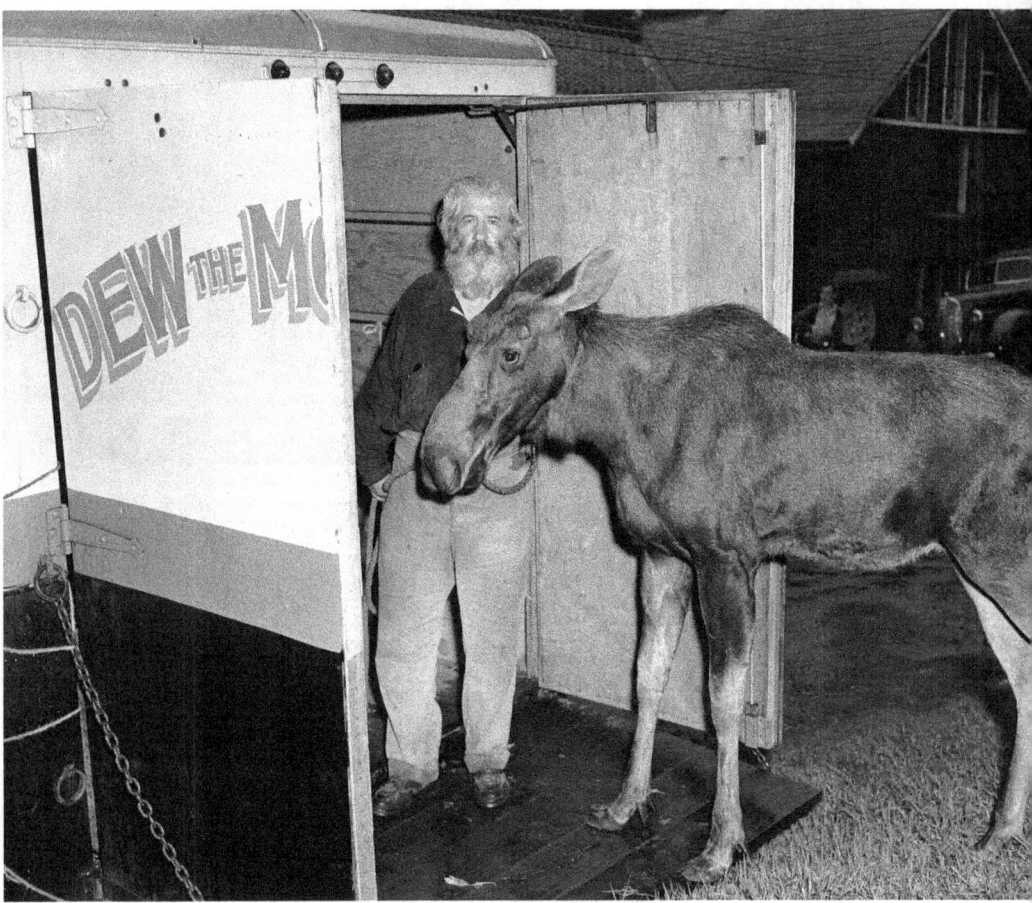

Joe LaFlamme fait monter son orignal Muskeg dans un camion frigorifique de la compagnie Dew the Mover Ltd., à Toronto le 15 août 1947. Ils se rendent à la convention internationale des « Moose » à Columbus en Ohio.

PHOTO GRACIEUSETÉ DES CITY OF TORONTO ARCHIVES, FONDS 1257, SÉRIE 1057, ARTICLE 3321

Chapitre 26

Le peintre des orignaux influencé par l'Homme aux Orignaux

À l'exposition canadienne nationale

La populaire exposition canadienne nationale (Canadian National Exhibition, CNE) de Toronto, communément appelée « l'Ex », faisait elle aussi un retour après-guerre[1]. On attendait à l'édition de 1947 quelque trois millions de personnes, et Joe LaFlamme voulait y prendre part. Un Joe plutôt mince y installera donc son kiosque avec Moosie pour la période du 22 août au 8 septembre. De temps à autre, l'Homme aux Orignaux prenait une pause-promenade sur le terrain avec son animal familier, tous deux en quête de nourriture. Moosie n'était pas une grande adepte du prêt-à-manger ni même des hamburgers. Le kiosque à thé, par contre, lui plaisait beaucoup. D'une traite, elle pouvait boire jusqu'à quatre litres d'infusion[2].

Durant son séjour à l'Ex, Joe aura, encore une fois, l'occasion de jouer à la vedette de cinéma. L'Office national du film du Canada (ONF) préparait un court métrage figurant un petit garçon qui se perdait à l'Ex et qui, tout en cherchant ses parents, faisait la rencontre de diverses célébrités, dont le premier ministre du Canada, William Lyon Mackenzie King, la patineuse Barbara Ann Scott, et le champion de la boxe Joe Louis[3]. Dans une des scènes de *Johnny at the Fair*, Charles Pachter, alors âgé de quatre ans, est assis sur les genoux de Joe LaFlamme et flatte Moosie. Charles, aujourd'hui une figure importante des arts au Canada et reconnu pour ses peintures d'orignaux, se souvient clairement de l'odeur âcre de la peau de l'orignal femelle qui était allongée dans du bran de scie à côté de Joe. Il se rappelle aussi la souplesse du costume en peau de daim que portait LaFlamme. Il rigole en se remémorant l'idée qu'il se faisait de LaFlamme : « Moi, bien sûr, je croyais que Joe sortait directement de la Bible[4] ! »

Pachter explique que la scène avec Joe et son orignal ne sera pas retenue dans la version finale du film, même si elle sera utilisée à des fins publicitaires. « Et, à titre d'artiste ayant contribué à rendre l'orignal célèbre, j'attribue mon inspiration initiale à cette lointaine rencontre avec Joe LaFlamme[5]. » Il est étonnant de constater l'influence qu'aura exercée, à travers les années, « l'Homme aux Animaux[6] », comme on l'appelait à la CNE. Joe mériterait peut-être même le surnom d'Homme aux Ours, étant donné qu'en fin de carrière, il dompterait aussi des ours.

Le 4 septembre, LaFlamme amenait à l'Ex un ourson noir femelle de six mois. Louise[7] fera sensation auprès des journalistes qui espéraient la photographier avant son

Joe LaFlamme (58 ans) tient Charles Pachter (4 ans), qui flatte l'orignal de Joe à l'occasion de l'exposition canadienne nationale (CNE), à Toronto, août 1947. Pachter deviendra un artiste de grande renommée, notamment pour ses peintures d'orignaux.

PHOTO GRACIEUSETÉ DE CHARLES PACHTER.

départ pour Sydney, en Australie. Don de Joe, l'ourson avait été choisi pour représenter le Toronto Press Club au bal des signatures (*By-Line Ball*) du Sydney Journalists Club, en octobre. Il s'agissait d'un échange d'animaux : au printemps, les journalistes de Sydney avaient envoyé à leurs collègues torontois un kangourou nommé Bluey.

L'échange servait à amasser des fonds pour les enfants de journalistes ayant perdu la vie durant la Deuxième Guerre mondiale.

L'espiègle Louise, surnommée *Miss Byline 1947*, n'était guère enchantée de toute cette affaire, peu importait la cause. Décontenancée par la foule à son arrivée à l'édifice, elle avait grimpé à une épinette du décor artificiel, qui était tombée avec elle. Puis elle avait essayé une chaise berçante après avoir renversé la baratte à beurre. Elle se sera sans doute sentie vulnérable devant tous ces spectateurs armés d'appareils photo. Cherchant à s'esquiver, elle avait plongé sous un lit, juste à temps pour éviter une hachette qui tombait d'une tablette. Joe avait dû insister longtemps pour qu'elle sorte de sa cachette, puis l'avait ramenée à son lieu d'hébergement temporaire, où elle demeurera jusqu'à son départ pour l'Australie.

Quand ils eurent vent du voyage que Louise entreprendrait bientôt par avion vers leur pays, les fonctionnaires australiens avaient failli déclencher une querelle internationale : ils avaient insisté pour que les animaux soient importés dans leur pays par bateau plutôt que par avion, s'assurant ainsi que toute maladie se manifeste avant leur arrivée. Sauf que si Louise ne pouvait pas se rendre à Sydney en avion, elle n'arriverait pas à temps pour l'événement. On attendait donc chez les LaFlamme la résolution de ce conflit diplomatique. Le « naturaliste canadien », comme on le surnommait au *Lethbridge Herald*[8], avait confié aux médias que, pour le voyage, Louise aurait beaucoup aimé être accompagnée d'un mâle de son espèce. Était-il possible que Joe ait eu un autre ours à donner, et qu'il ait eu besoin de placer ses animaux avant de prendre la fuite — pour éviter de paraître en cour, où il était attendu encore une fois ?

Comme un fugitif

LaFlamme souhaitait probablement que l'Ex de 1947 dure indéfiniment... afin d'échapper à la justice. En juillet de cette année-là, il avait été inculpé, encore une fois, de possession illégale d'alcool ; mais parce qu'il avait un engagement envers la CNE jusqu'au début de septembre, son procès avait été reporté au mois suivant. De fait, le 17 octobre, Joe comparaîtra en cours et sera condamné à trois mois de prison à Sudbury[9].

Joe savait donc ce qui l'attendait, et il avait entrepris de déménager ses animaux à la ferme de son frère, dans le rang Saint-Thomas à Saint-Zotique, au Québec. Joseph n'était pas tellement enthousiasmé à l'idée de voir des animaux sauvages partager l'étable avec ses vaches. Mais Joe avait tant insisté que son frère aîné avait fini par céder à sa demande, pour le plaisir des voisins qui pourraient enfin côtoyer d'étranges animaux sauvages. En plus d'accueillir les visiteurs chez son frère, Joe se promenait souvent en camion avec ses bêtes, allant de ferme en ferme pour amuser les gens. Il aimait faire parler Muskeg dans un microphone[10] ou proposer des randonnées à dos d'orignal aux petits, en particulier à ses neveux et nièces[11].

La famille se doutait que Joe fuyait la justice[12]. En effet, à moins d'accepter de passer quelques mois en prison, celui-ci ne pouvait retourner à Gogama ni ailleurs en Ontario. Quoiqu'il n'existe pas de preuve à cet effet, il est possible que Joe ait été exempté de purger sa peine à la condition de ne plus revenir en Ontario, excepté pour quelques jours à la fois. C'est d'ailleurs ce qu'il a fait, au dire des gens de la place[13].

À partir de l'automne 1947, LaFlamme aurait donc voyagé entre les deux provinces pendant quelques mois.

Quant à Lillie, elle serait demeurée à Gogama pendant une autre année. Les LaFlamme pouvaient garder contact par courrier postal ou par télégramme — le réseau de téléphonie du village était encore de courte portée.

1948 : en tournée avec la ménagerie

Sa sentence n'empêchera pas LaFlamme de planifier d'autres tournées. Avant d'entreprendre celle de 1948 aux États-Unis, il emmènera Muskeg chez le vétérinaire, à Montréal[14]. Le 29 janvier, Joe et Morris sont arrivés à la gare centrale pour prendre le train pour Boston.

Après avoir traversé le hall de la gare avec toute sa ménagerie — un orignal, un blaireau, un loup et un ourson —, l'Homme aux Orignaux s'était dirigé vers l'agence ferroviaire de messagerie exprès (*Railway Express Agency*) pour y enregistrer tous les animaux, sauf l'orignal, puis il était sorti de la gare suivi de Muskeg. Les citadins du centre-ville auront équarquillé les yeux à la vue de ce spectacle, mais ni Joe ni Muskeg ne s'en seront inquiété : ils se dirigeaient vers le bureau du vétérinaire George Étienne, rue Drummond. D'après l'examen, l'orignal était en parfaite santé, même après avoir mangé le modèle réduit de voilier du médecin ainsi qu'un pot de trèfle. Joe trouvait tout naturel les goûts extravagants de son orignal : « Y mange presque n'importe quelle sorte de bois — sans indigestion[15]. » Une fois la visite médicale terminée, Joe et Muskeg avaient emprunté la rue Sainte-Catherine pour se rendre à la gare. Le dompteur y avait rencontré son fils, rassemblé ses autres bêtes et, tous ensemble, ils étaient partis en direction de Boston.

La prochaine exposition aura lieu à New York à la mi-février 1948. Une des activités les plus marquantes de

Joe LaFlamme et son orignal Muskeg, en plein centre-ville de Montréal, se dirigent vers le bureau du vétérinaire George Etienne, le 29 janvier 1948.

PHOTO GRACIEUSETÉ DU FONDS *MONTREAL HERALD*, ARCHIVES DE LA *MONTREAL GAZETTE*.
RICHARD ARLESS, PHOTOGRAPHE.

Joe LaFlamme (au centre), accompagné de son loup et de son orignal, sortent de l'ascenseur de l'édifice Radio City, à New York, vers la mi-février 1948.

PHOTO PARUE DANS LE *LIFE MAGAZINE*, 15 MARS 1948, P. 61.

la visite de LaFlamme dans la Grosse Pomme serait l'invitation qui lui été faite de se présenter avec Muskeg et un loup sur le plateau de l'animatrice Nancy Craig, à la radio ABC. L'émission portera sur les vacances. Cette visite aura sans doute été parrainée par Glenn Ireton, alors un grand ami de Joe[16]. Pour se rendre au studio dans l'édifice de Radio City, Joe avait pris l'ascenseur avec son loup gris bien enchaîné et son orignal de 318 kilos[17]. Les deux animaux avaient fait comme si de rien n'était. Muskeg avait eu une entrevue superbe avec Joe, qui lui parlait en ojibwé puis traduisait pour l'auditoire[18].

LaFlamme : « Aimerais-tu dire qu'chose au micro, Mushkeg[19] ? »

Mushkeg : « Bra-a-a-a-h. »

LaFlamme : « Y dit qu'y serait content de le faire. À c'te heure, Mushkeg, donne aux gens la température. Y va-tu faire beau demain ou ben si y va mouiller ? »

Mushkeg : « Bra-a----. Uh. »

LaFlamme : « Mushkeg dit qu'y va faire beau. »

Craig : « Merci beaucoup[20] ! »

Certains membres de l'auditoire ne s'empresseraient pas trop de remercier Muskeg, en particulier l'agente de publicité, que l'orignal avait mordillée en attendant son entrevue. Au menu figuraient également des dépliants touristiques, de la gomme à mâcher et le feuillage décoratif sur le chapeau de Craig[21].

Tout s'étant bien déroulé durant l'exposition sportive, l'Homme aux Orignaux, qui n'avait d'ailleurs jamais tellement aimé la ville[22], en avait eu « à peu près assez de la civilisation[23] » vers la fin, et était « prêt à retourner à sa cabane et ses pièges ». Le journaliste du *New York Times* qui rapportait ses propos ignorait évidemment que LaFlamme possédait la plus grande maison de Gogama et qu'elle était loin d'être une cabane.

Sans savoir avec certitude si LaFlamme devait participer à d'autres expositions américaines en mars, nous savons qu'il est demeuré aux États-Unis au moins jusqu'au 29 mars, parce que *La Presse* de ce jour-là publiait une photo[24] de lui et de Muskeg passant l'inspection avec Marcel Bonin, le commis des douanes à la gare centrale de Montréal. De là, Joe et sa ménagerie étaient attendus à l'exposition des Sportsmen, qui aura lieu au début d'avril à la caserne des 17e Hussards, sur le chemin de la Côte-des-Neiges. La recette de l'exposition sera versée à un organisme québécois de protection de la faune et de la flore[25]. C'était une cause que Joe avait bien à cœur.

Le commis des douanes, Marcel Bonin (à droite), fait l'inspection des voyageurs Joe LaFlamme et son orignal Muskeg, à la gare centrale de Montréal, le 29 mars 1948.
PHOTO GRACIEUSETÉ DES ARCHIVES DE LA PRESSE.

LaFlamme s'était ensuite rendu au Convention Hall de Détroit. Le 15 avril 1948, lui et son fils avaient rempli les formulaires nécessaires pour traverser la frontière. Sur son formulaire, Joe s'était déclaré chasseur de métier. Quant à Morris, il s'était inscrit à titre de photographe[26]. Les deux hommes avaient indiqué Gogama comme domicile (quoique Joe soit parti de Niagara Falls, en Ontario, et que Morris ait traversé la frontière au poste de Lacolle, au Québec).

Ce même 15 avril, le forestier régional Jim M. Taylor écrivait une lettre à LaFlamme concernant le renouvellement de « l'autorisation de capturer tout animal dont vous aurez besoin à des fins d'exposition d'animaux vivants[27] »; Taylor y mentionnait aussi que Lillie était passée au bureau ce jour-là. La lettre avait été envoyée à Joe par le biais de la compagnie Campbell-Fairbanks, ce qui laisse croire que Joe et Morris comptaient poursuivre la tournée encore quelques jours. La saison des tournées de 1948 tirait toutefois à sa fin, tout comme la dernière tournée de Joe aux États-Unis. Des changements importants se profilaient pour les LaFlamme.

Chapitre 27

Un défenseur passionné de la faune

Personne à Gogama ne se souvient exactement de quand ni comment Joe et Lillie LaFlamme ont quitté le village de manière définitive. La rumeur veut que Morris soit parti le premier pour chercher du travail à Montréal, vers 1946 ou 1947. Depuis que le grand feu de 1941 avait ravagé les moulins à scie de la localité, les petits commerces avaient peine à joindre les deux bouts. Les gens quittaient donc le village, abandonnant souvent leurs propriétés. Avec l'économie locale au ralenti, une peine d'emprisonnement imminente et ses soixante ans bientôt sonnés, Joe avait suffisamment de raisons de retourner à Montréal avec sa conjointe. De plus, il souffrait d'hypotension chronique, un problème qui nécessitait des soins médicaux[1]. Mais avant de quitter définitivement le Nord en 1948, il allait capturer quelques animaux sauvages, et venait de renouveler son autorisation à cet effet.

Tout porte à croire que l'Homme aux Orignaux souhaitait continuer à travailler avec les animaux à Montréal.

Il semble qu'il ait capturé plusieurs ours noirs, probablement lors de ses visites à Gogama prédatant l'été 1948. La *Montreal Gazette* rapporte qu'en août 1948, LaFlamme, portant chemise blanche et cravate[2], s'était rendu à l'aéroport de Dorval pour inspecter ses neuf ours avant leur long voyage outre-mer. Leurs cages avaient été placées dans une cabine derrière le siège du pilote, sur un vol de la Trans-Canada Airlines (aujourd'hui Air Canada). Les membres de l'équipage avaient reçu des biscuits à chien[3] pour nourrir les bêtes pendant leur trajet jusqu'à Londres, en Angleterre et, de là, jusqu'au cirque de Chipperfield à Pontypridd, au sud du pays de Galles. Selon l'article, Joe aurait capturé les ours dans la région de Gogama et les aurait domptés dans son espace touristique au parc Belmont. Le parc d'attractions était situé sur la Rivière-des-Prairies, dans le quartier montréalais de Cartierville[4].

Comme le nom de Joe n'allait pas paraître dans le *Montreal Directory* avant 1952[5], on peut supposer que Joe et Lillie vivaient en sous-location avec des membres de la famille ou des amis, peut-être près du parc, non loin des animaux. Quant à la propriété principale des LaFlamme à Gogama, trois des quatre parcelles seront vendues en 1951. La dernière, située à l'extrémité sud, sera vendue quatre ans plus tard à la même personne[6].

Même s'il vivait dans la grande ville, LaFlamme continuait de faire ce qui le passionnait : donner l'occasion au public de voir des animaux sauvages vivants et d'apprendre à mieux les connaître. À l'été 1948, grâce à l'initiative de l'Anglers Association of Montreal (une

Joe LaFlamme montre son orignal Muskeg à un couple non identifié, vers 1948.
PHOTO GRACIEUSETÉ DE GERRY TALBOT.

association de pêcheurs), Joe partira avec sa ménagerie en tournée à travers le Québec afin de sensibiliser les gens à la protection de la faune et de la flore[7]. La tournée était parrainée par plusieurs regroupements de protection de la faune terrestre et aquatique, chacun s'engageant à utiliser les recettes pour des projets de conservation dans sa localité.

La première halte de LaFlamme, durant la dernière semaine du mois d'août 1948, était à la foire de Trois-Rivières. On y attendait environ cent mille visiteurs. Les numéros exécutés par les animaux de Joe y seront, comme toujours, très populaires. Le loup Maheegan luttera contre l'ours Louis — tous les coups étant permis ! Il ne fallait pas s'en inquiéter, car les deux bêtes avaient l'habitude : depuis des années, l'ours et le loup se pratiquaient régulièrement dans leur enclos[8]. Muskeg, le seul orignal à avoir fait de la radiodiffusion, performera encore au micro, terminant les entrevues avec un appel digne de la saison des amours qui approchait à grands pas. Reconnu depuis longtemps pour son sens de la mise en scène, Joe savait monter des spectacles qui enchantaient les enfants. Toutefois, il y en avait toujours quelques-uns parmi eux qui n'avaient aucun scrupule à donner des coups de pied aux cages des animaux, ce qui les rendait nerveux. Le zoo itinérant s'arrêtera ensuite à Shawinigan Falls[9], Sherbrooke et Québec.

Joe ne ratait jamais l'occasion d'expliquer l'importance de la conservation de la faune. Il illustrait ses propos à l'aide de trois douzaines de spécimens sauvages : en plus de Muskeg, Maheegan et Louis, s'y trouvaient entre autres un chat sauvage, des castors, des coyotes, des porcs-épics, des canards sauvages et des hiboux prêtés par le zoo de Charlesbourg, près de Québec. Et qui de mieux venu que Muskeg pour faire comprendre l'importance de la protection de l'orignal? Joe, qui voyait la population d'orignaux diminuer, aura toujours été un porte-parole convaincu de la bonne gestion de l'espèce. Mais en 1948 il y avait une urgence dans sa voix, particulièrement en ce qui avait trait au braconnage : « Dans le fond, y a pas beaucoup de gens qui sont braconniers. Le problème est quand y se mettent à croire que les lois protectrices sont adoptées pour être violées. Y ont juste besoin de se faire expliquer toute ça pis de réaliser les dangers, pis la plupart d'eux autres vont coopérer[10]. » Du moins, c'était ce que Joe espérait.

Les associations qui avaient parrainé la tournée étaient très satisfaites de la réponse du public au message de conservation transmis par LaFlamme. Leo Cassidy, président de la Quebec Federation of Fish and Game Associations Inc., n'aura que des éloges pour le travail de Joe : « Si plus de gens l'imitaient, tous les Québécois comprendraient le vrai sens de la conservation, et nous pourrions faire des avancées dans la gestion du plein air avant qu'il ne soit trop tard[11]. »

Joe avait toujours été, au fond de lui-même, un grand défenseur de la faune, et ce, même dans son rôle d'Homme aux Loups, des années auparavant. Dans *Wolves: Behavior, Ecology, and Conservation*, une référence dans le domaine, on dit que dès 1930, les loups avaient disparu de presque tous les états de la zone continentale des États-Unis, y compris du parc national de Yellowstone[12]. Au Canada et en Alaska, la population de loups se débrouillait bien dans presque tous les coins de son habitat naturel jusqu'à ce que d'importantes campagnes soient mises sur pied pour éradiquer l'espèce. Toujours en 1930, la population canadienne de loups avait atteint son niveau le plus bas dans le sud du Québec et en Ontario. La survie de l'espèce était menacée et il fallait agir.

Parce que l'information populaire sur les loups était souvent biaisée ou erronée[13], une sensibilisation auprès du grand public s'imposait, particulièrement si l'on voulait influencer les décisions pour assurer la survie de l'espèce. Joe LaFlamme était en avance sur son temps puisqu'il utilisait, dès 1925, plusieurs des méthodes éducatives qui seront préconisées et utilisées plusieurs décennies plus tard[14], dont les expositions itinérantes avec ses loups « ambassadeurs » et des conférences publiques à la radio, dans les écoles et dans un zoo montréalais.

Les activités de LaFlamme, bien que non encadrées par une campagne de sensibilisation sur les loups en bonne et due forme, rejoindraient des centaines de milliers de personnes, dont beaucoup d'enfants et d'adolescents. Qui sait dans quelle mesure son grand amour de la nature et de la faune aura su influencer cette génération? Plusieurs de ces jeunes deviendront des enseignants; d'autres joueront un rôle clé dans la gestion de la population de loups. En 2006, les biologistes L. David Mech et Luigi Boitani affirmaient que les attitudes humaines envers les loups s'étaient grandement améliorées depuis une soixantaine d'années[15] — époque à laquelle LaFlamme aura fait connaître ses animaux.

Joe LaFlamme (né en 1889), serait une sorte de version canadienne d'Aldo Leopold (né en 1887), ce défenseur de l'environnement qui a été l'un des premiers Américains à se porter à la défense du loup[16]. Et si l'on en juge par cet extrait de la lettre de Jim M. Taylor datée du 31 décembre 1946, Joe aura donné une grande portée à ses efforts de conservation de la faune:

> Depuis 1920, J. T. LaFlamme de Gogama a réussi à dompter des animaux sauvages pour des expositions, en particulier des loups et des orignaux. Des dépêches de presse, des photographies et la demande constante par les organisateurs de ces expositions témoignent de son succès dans ce domaine ainsi que de sa valeur en tant qu'agent de publicité pour le tourisme et possiblement pour la conservation de la faune[17].

Après son départ de Gogama, comme il l'avait fait pendant de nombreuses années, LaFlamme continuera à exhiber ses animaux au Québec, sa province natale. Selon les membres de la famille de Joe, celui-ci aura participé au moins une fois à une exposition sportive à Montréal[18]. En effet, la *Montreal Gazette* rapporte que LaFlamme y a exposé ses animaux à l'hiver 1948, et de nouveau en 1949. À cette dernière exposition, l'expert de la faune, déjà très connu à travers l'Amérique du Nord, y aurait présenté un orignal (Muskeg), un ours noir, un blaireau, un raton laveur, deux loutres et trois loups[19]. Durant la soirée précédant l'exposition, un journaliste débutant du nom de Jerry Williams aurait commis l'erreur de croire que les loups n'étaient que de beaux gros chiens. Il raconte que Joe avait accepté avec empressement l'invitation du rédacteur Gerald Fitzgerald de venir au bureau lui donner un aperçu de la performance de son orignal Muskeg. Arrivé au 1000 de la rue Saint-Antoine, conduisant jusqu'à la porte de l'édifice de la *Montreal Gazette* son « vieux camion à plateau bourré de cages qui s'entrechoquaient bruyamment[20] », Joe avait fait descendre son « gentil cheval à bois[21] » sur la rampe pour ensuite l'emmener à l'intérieur et le faire monter dans le monte-charge menant au quatrième étage. Entretemps, le jeune reporter Williams avait reçu la tâche de surveiller le reste de la ménagerie de LaFlamme. N'ayant jamais vu d'animaux sauvages de près, il avait fait le tour du camion, admirant les bêtes, en particulier les magnifiques « chiens », croyait-il, dont les yeux « reflétaient la lueur jaune des réverbères du coin[22] ». Il s'était mis à leur parler à travers le grillage de la cage, les animaux répondant par une faible plainte tout en se pressant d'un côté de la cage. Williams avait alors tenté d'élargir le grillage de façon à y passer la main. Le garçon avait été tout fier de voir que les « chiens » cherchaient son affection, jusqu'à ce que son rédacteur, ouvrant la fenêtre de son bureau, lui hurle :

« Ôte ta main de là, maudit idiot ! Ce sont des loups[23]. »
Tranquillement, Williams avait retiré sa main de la cage, plus émerveillé qu'apeuré. Cela expliquait les yeux jaunes des bêtes. Ce n'est qu'après avoir pris conscience de la stupidité de son geste qu'il avait réalisé qu'il venait de flatter des loups[24].

Chapitre 28

À la croisée des chemins

Depuis son retour définitif au Québec en 1948, Joe LaFlamme était propriétaire exploitant d'un zoo au 7450, boulevard Décarie, près de l'actuelle station de métro Namur, devant l'ancienne piste Blue Bonnets[1] (devenue plus tard l'Hippodrome de Montréal). Dans la petite forteresse, le « gardien du zoo » s'occupait de plusieurs espèces d'animaux : un orignal, un chat sauvage, un furet, quelques loups, un ours de 227 kilos et deux crocodiles. « Ceux-là, je les laisse tranquille », avait admis LaFlamme à un journaliste, ajoutant : « Impossible de les raisonner comme des loups[2] ! »

De temps à autre, Joe invitait les enfants à son zoo et présentait des conférences sur les animaux sauvages[3]. Jeune fille à l'époque, Sarah Hartt-Snowbell se souvient clairement d'un incident dont elle avait été témoin lors d'une visite dominicale au zoo. Pendant que LaFlamme nourrissait les loups, l'un d'entre eux

L'ours Louis embrasse affectueusement son maître, Joe LaFlamme,
au zoo à Montréal le 18 septembre 1950.

PHOTO GRACIEUSETÉ DE LA FAMILLE DE CHARLES LAFLAMME.

lui avait accidentellement mordu le doigt. « Joe a eu une "conversation" très émotive avec le loup — après quoi celui-ci a baissé la tête et a pleuré[4] », a-t-elle raconté.

En plus d'exploiter sa ménagerie, LaFlamme avait trouvé du travail — pour une période indéterminée — comme gardien de nuit aux quais du Vieux-Port de Montréal[4]. Il serait aussi brigadier scolaire pour le Service de police de la Ville de Montréal, un emploi qu'il occupera jusqu'en 1950, quand lui-même aura soixante et un ans[6]. Cet été-là, il a travaillé à l'hôtel Waumbek, un centre de villégiature à Jefferson, au New Hampshire, à quelque deux cents kilomètres au sud-est de Montréal. Comme le club Randolph Mountain avait besoin d'aide pour défricher des sentiers dans la forêt, le propriétaire de l'hôtel y avait envoyé Joe[7]. Malgré son âge et son poids — il pesait alors 121 kilos —, Joe était encore vigoureux : il pouvait apparemment porter son propre poids sur son dos, sur une distance de quatre cents mètres[8].

Revenu à Montréal en août 1950, Joe avait éprouvé des ennuis avec son loup Maheegan, évadé pour une deuxième fois en deux semaines. Cette fois, la police avait pris les choses en main : un agent avait abattu le pauvre loup[9]. Joe avait eu le cœur brisé par cette perte. Né en Saskatchewan, le loup avait habité le zoo LaFlamme jusque avant sa mort.

À l'été 1951, Joe était retourné ouvrir des sentiers pour une dernière fois. Le travail devenait peut-être trop exigeant pour son âge[10]. Selon la famille Laflamme, l'hiver suivant Joe aura fait monter Muskeg et d'autres animaux dans sa camionnette rouge, une Dodge 1950. Morris, Lillie et son petit singe y auront pris place sur la banquette avant. Le camion se sera ensuite dirigé vers la Caroline du Sud en vue de participer à quelques expositions sportives. Mais à cause de la chaleur de la Caroline, l'orignal aura perdu son poil d'hiver. Par conséquent, lorsqu'il est revenu à Montréal en février 1952, dans des températures sous le point de congélation, l'animal a pris froid et en est mort quelques semaines plus tard. Muskeg a été enterré à la ferme familiale, dans le rang Saint-Thomas, à Saint-Zotique[11].

Joe LaFlamme (à droite) en compagnie de son frère aîné, Joseph Laflamme, au rang Saint-Thomas, à Saint-Zotique (au Québec), vers 1956.
PHOTO GRACIEUSETÉ DE LA FAMILLE DE CHARLES LAFLAMME.

Pour une deuxième fois en dix-huit mois, LaFlamme subissait la perte d'un animal de compagnie qui lui était cher. Joe affectionnait particulièrement cet orignal qu'il avait adopté tout petit, lorsque la mère orignal avait abandonné son bébé non loin de Gogama. L'orignal avait donc grandi dans ce village où il avait suivi Joe partout, même pour faire les courses. À plusieurs reprises, Muskeg avait été pris à croquer des pommes à même les boisseaux, à l'extérieur du magasin général de Muriel Cooke[12]. Joe et son orignal avaient aussi fréquenté l'hôtel d'Albert Giroux[13], dont Muskeg avait souvent monté l'escalier qui menait au bar — tout cela pour une bière. L'automne arrivé, Joe avait chaque fois relâché son orignal dans la forêt pour augmenter ses chances de survivre à la saison froide ; à chaque printemps, le dompteur avait envoyé un loup à moitié apprivoisé sur la piste de l'orignal et, immanquablement, le loup avait repéré Muskeg.

Après la mort de Muskeg, le grand amoureux des animaux sauvages se retirera de façon définitive de la vie avec les bêtes. Joe et Lillie loueront alors un appartement à Westmount. À compter de 1952, le nom de Joe figurera de nouveau dans le *Montreal Directory*, à titre de locataire du 2300, rue du Souvenir, près de l'ancien Forum de Montréal[14]. Son nom n'allait plus défrayer la chronique, à l'exception d'une mention, en 1953, en relation avec une invasion de coyotes dans l'État de New York : « Livre pour livre, dans une bataille, le coyote peut tenir le coup face à n'importe quoi de vivant[15] », y déclarait Joe, qui avait sûrement rencontré bien des coyotes lors de ses randonnées dans les forêts du Nord.

Mais quel genre de « bêtes » Joe rencontrait-il maintenant, en tant que gardien spécial au Barnes Investigation Bureau ? L'entreprise appartenait à un ancien policier et ami qui avait servi dans les forces de l'ordre en même temps que lui[16], il y avait déjà quatre décennies de cela. Cet emploi sera sans doute le dernier qu'occupera Joe avant de prendre officiellement sa retraite.

Joe LaFlamme et deux hommes non identifiés scient un tronc d'arbre chez les LaFlamme, au 2300, rue du Souvenir à Montréal, vers le milieu des années 1950.
PHOTO GRACIEUSETÉ DE LA FAMILLE DE CHARLES LAFLAMME.

Joe LaFlamme mesure le diamètre d'un tronc d'arbre abattu à sa demeure à Montréal, vers le milieu des années 1950.
PHOTO GRACIEUSETÉ DE LA FAMILLE DE CHARLES LAFLAMME.

Dans l'ordre habituel : Morris, fils de Joe LaFlamme, probablement Auguste Haigneré (jeune frère de Lillie, alors en visite), Lillie et Joe LaFlamme, devant leur demeure à Montréal, vers la fin des années 1950.
PHOTO GRACIEUSETÉ DE LA FAMILLE DE CHARLES LAFLAMME.

Pour renflouer les coffres de la retraite, Joe et Lillie sous-loueront des chambres dans leur appartement. Un de leurs locataires de longue durée était chauffeur chez Veteran Taxi. Au début du mois d'avril 1964, Tony Ladansky, alors âgé de quarante-deux ans, a été tué à coups de couteau durant son quart de travail. Un coup terrible pour LaFlamme, qui considérait Ladansky comme son meilleur ami. Il n'aurait qu'un commentaire pour *Le Nouveau Samedi*: « Il y a des humains plus féroces que le plus féroce des loups que j'ai domptés[17]. » Outre cette perle de sagesse, l'ancien Homme aux Loups avait beaucoup d'anecdotes à raconter au sujet de ses expériences. Sa mémoire était bonne malgré ses articulations endolories qui freinaient ses activités.

Selon la famille Laflamme, Joe aurait vécu les dernières années de sa vie presque en ermite, ne quittant son appartement que pour laisser sortir les deux teckels — couramment appelés « chiens saucisses » — de son épouse. « Faites la guérre[18]! » commandait-il, en y mettant un accent aigu, aux chiens qui sortaient pour se

Lillie et Joe LaFlamme (à gauche) avec leur ami Paul Giroux et Aldéa Laflamme, sœur de Joe, probablement à Montréal, au début des années 1960.
PHOTO GRACIEUSETÉ DE LA FAMILLE DE CHARLES LAFLAMME.

soulager. Lorsque ceux-ci jappaient pour rentrer dans la maison, il leur disait : « Est finie, la guérre. »

LaFlamme avait aussi changé ses habitudes vestimentaires. Il passait maintenant ses journées en maillot de corps et caleçon long, ou encore en pyjama, quand ce n'était pas complètement nu. Quand les membres de la famille visitaient Joe et Lillie, ils étaient quelquefois accueillis par un homme pas bien présentable. Quelques-uns de ses petits-neveux et petites-nièces se souviennent de la répartie de leur grand-oncle Télesphore lorsque leur père lui disait : « Dis-moi donc, mon oncle[19] ! » Joe rétorquait : « J'suis pas tout nu, j'ai mes pantoufles[20]. » En effet, ses grosses pantoufles de mouton lui cachaient bien les chevilles. Ce comportement n'était pas non plus complètement nouveau pour Joe : à Gogama, il avait pris à l'occasion des bains d'air frais sur sa véranda[21]. Toujours près de la nature et sans inhibitions, il avait dû avoir envie de sentir le vent sur sa peau nue.

À la suite de la mort de Ladansky, Joe et Lillie LaFlamme avaient changé d'appartement et de voisinage, renonçant ainsi à la sous-location de chambres. Dans le *Montreal Directory* de 1964-1965[22], le nom de Joe est inscrit avec celui de Morris au 8265 de la rue Baillargé, dans le quartier Anjou. Les souvenirs et l'absence de son ami avaient probablement été trop pénibles pour un homme qui avait de moins en moins de contacts sociaux. De plus, LaFlamme souffrait non seulement d'hypotension mais, depuis un certain temps, de diabète[23], et son état de santé continuait de se détériorer. C'était aussi le cas de Lillie.

Au mois de janvier 1965, LaFlamme a été hospitalisé à l'Hôpital général de Montréal. Il aura alors une décision difficile à prendre : sa jambe droite était tellement infectée sous le genou qu'il devait autoriser une amputation. Mais comment un homme qui s'était autant servi de ses jambes dans sa vie pouvait-il accepter pareil verdict ? Sa réponse aura été un « Non ! » catégorique.

Les médecins avaient insisté: l'amputation devait être faite le plus tôt possible. Ses amis l'avaient supplié de se faire une raison. C'était toujours «Non».

C'est à ce moment-là que W. G. (Bill) Power, gérant des expositions sportives de Montréal, allait reparaître dans sa vie. Ayant eu affaire à LaFlamme au sommet de sa gloire, Power savait comment s'y prendre avec le capricieux dompteur; il tentera lui aussi de le faire changer d'idée. Mais encore une fois, la réponse serait «Non». Toutefois Power n'acceptera pas ce refus, et continuera d'essayer de convaincre Joe d'écouter les médecins.

Le malade finira par avouer qu'il préférait attendre le printemps avant de prendre une décision concernant sa jambe. Il comptait alors se rendre à une source miraculeuse à quelque deux cent quarante kilomètres au nord de Québec[24]; il faisait sans doute allusion à l'Ermitage Saint-Antoine[25] de Lac-Bouchette, à environ cent kilomètres à l'ouest de Chicoutimi-Saguenay. Le lieu de pèlerinage était reconnu depuis 1912 pour les propriétés curatives de sa source d'eau vive. Joe était persuadé que laver sa jambe dans cette eau miraculeuse la guérirait. Ayant entretenu des liens étroits avec Dame Nature toute sa vie, l'Homme aux Loups se tournait spontanément vers elle à ce moment difficile. Toutefois, il restait encore deux mois avant le début du printemps. Sa santé ne tiendrait peut-être pas le coup. Allait-il saboter sa propre existence?

Entretemps, les soins coûtaient de l'argent et Lillie commençait à manquer de fonds. Bien au fait des difficultés financières de LaFlamme, Bill Power et Dick White, qui s'était également impliqué dans les expositions sportives, allaient créer un fonds en fiducie pour aider Mme LaFlamme. Les donateurs pouvaient libeller les chèques à l'ordre du «Fonds Joe LaFlamme».

Power se montrait d'une bienveillance sans bornes : il visitait souvent Joe à l'hôpital et continuait de le supplier de consentir à la chirurgie. « Oui. » Finalement, Joe acceptait. Le lendemain matin, Bill et un chirurgien se sont rendus à la chambre du patient afin de le préparer à la chirurgie. « Non ! » Joe avait changé d'avis durant la nuit. Malgré l'aveuglement de Joe face à sa situation, son ami Bill ne l'abandonnera pas.

Chapitre 29

Un « dernier » tour en traîneau à chiens

Persévérant, Power continuait de supplier LaFlamme d'accepter de faire amputer sa jambe. Le mercredi 3 février, au grand soulagement de tous, Joe avait enfin donné son consentement. Avant que le patient ne change encore d'idée, on l'avait inscrit à l'horaire des chirurgies du lendemain[1]. Mais tout compte fait, aller contre son intuition ne lui aura pas été bénéfique. Cinq minutes après être sorti de la salle de réveil, il quittait cette belle planète en tenant la main de Bill Power[2]. Le vendredi 5 février 1965, on annonçait dans de nombreux journaux le décès de Joe LaFlamme.

Le service funèbre a eu lieu le mardi 9 février, à 11 h, en la chapelle William Wray de la rue University[3]. La dernière demeure de Joe est au cimetière Hawthorn-Dale, rue Sherbrooke, dans l'est de l'Île de Montréal. Sa tombe modeste n'a rien de remarquable, contrairement à sa vie fabuleuse avec les loups et les orignaux.

Dans les derniers moments de sa vie, suspendu entre la torpeur de l'anesthésie et des moments de lucidité, l'Homme aux Loups s'était peut-être remémoré l'événement qui allait demeurer la « sensation forte de sa vie[4] », l'un de ceux qui auront fait de lui une légende. Comme sa première visite à New York…

New York, le samedi 23 janvier 1926

La journée s'annonçait belle mais froide, avec des vents du nord-ouest[5]. Le thermomètre indiquait -12 °C, température idéale pour le *mushing*. L'Homme aux Loups et son équipe de loups et de chiens étaient arrivés à New York en gare Pennsylvania. De là, ils avaient pris un camion pour se rendre à la 210e rue, dans le quartier Queens. Il était 11 h[6]. Les premiers moments dans la métropole étaient quelque peu dépaysants, mais le dompteur et ses animaux savaient vite s'adapter à de nouvelles situations.

Après avoir déposé leur équipement dans un garage, Joe et son assistant Paul Giroux n'avaient pas perdu de temps à préparer l'attelage pour leur première expérience de *mushing* en plein cœur de New York. Les gens commenceraient bientôt à envahir Broadway dans l'espoir de voir la cavalcade du Nord. Joe et Paul avaient d'abord fait sortir les cinq loups et les huit chiens du camion, puis les avaient fait entrer dans le garage pour enchaîner chacun à son poteau respectif, Joe les caressant pour les rassurer. Ils étaient excités à la vue de la grande ville, avec toutes ces nouvelles odeurs et ces bruits inusités. Le garage retentissait d'aboiements et de grondements. Sans doute les bêtes ressentaient-elles aussi l'excitation de leur maître, qui s'affairait à mettre son parka vert garni de fourrure, sa ceinture fléchée, son casque de poil. Il mettrait ses grosses mitaines indiennes juste avant le départ. Une barbe noire et touffue, entretenue spécialement pour l'occasion, complétait le costume du *musher*.

Après avoir débarqué le traîneau du camion, les hommes avaient étendu par terre, devant le traîneau, la courroie centrale de l'attelage. Celui-ci était attaché à un poteau au moyen d'une ancre de sécurité. Après avoir ouvert la porte du garage, ils avaient entrepris d'atteler les bêtes. Joe avait commencé par Billy, le chien de tête. Puis, de façon méthodique, lui et Paul avaient mis tous les harnais, enfilant rapidement le collet de toile autour des têtes, prenant garde aux morsures et levant ensuite les pattes de droite pour les guider dans les boucles des harnais. Ils avaient répété la procédure avec les pattes de gauche. Ils avaient ensuite pu attacher les bandes de poitrine et lier la ligne de chaque animal à la courroie centrale.

Joe et Paul travaillaient vite et parlaient peu, car les vociférations des animaux impatients, faisant des mouvements brusques tous azimuts, auraient enterré leurs propos. Après avoir fini d'atteler les animaux de l'arrière, ils avaient démêlé patiemment les harnais, et le traîneau était prêt à partir.

À ce moment-là, Giroux s'était placé à l'avant afin de contrôler Billy jusqu'au départ, s'assurant que la courroie centrale demeure bien tendue. LaFlamme, quant à lui, était resté à l'arrière du traîneau. Les pieds sur les appuie-pieds, il avait vérifié instinctivement son tapis de frein, puis mis ses mitaines et ramassé son long fouet. Faisant signe à Paul, il avait ensuite relâché l'ancre de sécurité et fait claquer son fouet en criant « *Mush*, Billy ! ». L'attelage avait pris son élan. Les têtes baissaient et remontaient, les langues pendaient, les queues levées oscillaient et la neige volait partout, propulsée par cinquante-deux pattes.

À «*Djii!*», le chien de tête avait viré à droite sur Broadway. Comme la rue était légèrement couverte de neige, le traîneau glissait aisément. Sans doute excité, Joe était tout regard et tout ouïe : les édifices, les gens et la circulation ne pouvaient que l'impressionner. Heureusement pour le *musher*, les véhicules s'arrêtaient ou passaient loin de son attelage.

L'horaire de la journée comprenait une course de vingt-deux kilomètres sur Broadway, de la 210e rue au parc City Hall, ainsi qu'une visite au bureau du maire James J. Walker[7]. Dépendant de la circulation et de l'état des rues, la durée du trajet irait de quatre-vingt-dix minutes à deux heures. Pour le moment, tout allait bien. Chiens et loups tiraient fort et couraient vite, dépensant toute l'énergie refoulée durant le voyage en train et en camion. Ils avaient rapidement trouvé leur rythme. « Doucement ! » Billy savait qu'il s'approchait alors d'un carrefour. Puis un « Hé, Billy ! » suffisait pour que le chien de tête reprenne son rythme. Des milliers de spectateurs bordaient les rues, encourageant l'équipe[8]. Joe, ravi, agitait la main. C'était, pour le dompteur âgé de trente-six ans, un rêve devenu réalité.

À Times Square[9], la foule dense se pressait contre l'attelage et le ralentissait. Les bouchons de circulation s'étendaient sur plusieurs tronçons de rues. On avançait au ralenti, presque immobilisé. Conservant son sang-froid, LaFlamme essayait de contrôler ses chiens et ses loups, espérant qu'aucun ne morde un spectateur. Heureusement, les agents de la circulation maîtrisaient la situation. Rapidement, Joe avait ordonné à Billy: «*Animoosh, quitch!*». Les bêtes s'étaient remises à courir. Le reste de la randonnée s'était déroulé sans incident, et la foule continuait d'applaudir. Joe devait rayonner de fierté: il était le seul *musher* au monde à avoir conduit un attelage de loups sur ce grand boulevard[10]; l'Homme aux Loups faisait lui aussi du théâtre sur Broadway — à sa façon.

S'approchant de City Hall, Joe avait ralenti ses bêtes. Une fois dans le parc, il avait posé son pied sur le tapis de frein en criant «Holà!». L'attelage s'était arrêté. Il avait alors remis son fouet dans le traîneau. Fier de leur exploit, il avait ensuite caressé la tête de chacun de ses chiens et de ses loups. Quelle scène atypique de New York! C'était du Joe LaFlamme dans toute sa gloire...

Que son souvenir vive longtemps!

Chronologie

1889	9 mars : Télesphore Laflamme (Joe LaFlamme) naît à Saint-Télesphore, au Québec.
1893	18 août : Émilie Haigneré (Lillie LaFlamme) naît à Étaples-sur-Mer, dans le nord de la France.
1910-1914	Télesphore est conducteur de tramway pour la Montreal Street Railway (MSR) tout en suivant une formation pour devenir policier à la Ville de Montréal. Il continue de conduire des tramways jusqu'en 1914, même une fois officiellement admis dans les forces policières, le 29 juillet 1910.
1914	28 avril : Télesphore épouse Florence May West à l'église Saint-Aloysius, à Montréal.
1916	13 novembre : Télesphore démissionne des forces policières.
Vers 1917	Pour éviter la conscription, Télesphore devient «Joe» Laflamme, prenant le nom de son frère qui est fermier.
1919	Émilie immigre à Montréal, où elle rencontre Joe, qui devient son partenaire en union libre.
1920	Durant l'été, Joe et Lillie déménagent à Gogama, dans le Nord de l'Ontario. Joe travaille à la construction d'un moulin à scie et entreprend son commerce d'alcool de contrebande.

1923	Joe commence à trapper les loups et à les entraîner au harnais.
1924	9 février : Joe fait courir son premier attelage de neuf loups lors d'une compétition à Montréal. Il commence à écrire son nom de famille avec un *F* majuscule : LaFlamme.
1925	26 janvier-2 février : À titre d'invité du *Toronto Daily Star*, Joe présente son attelage de quatre loups et onze chiens. • Durant l'hiver, il participe à la production d'un film du gouvernement ontarien intitulé *Transport in the North*.
1926	23 janvier : Joe mène son attelage de cinq loups et huit chiens sur Broadway, à New York, début d'un engagement de deux semaines au Madison Square Garden. • 20-26 février : Joe fait courir son attelage de loups à Alasa Farms (Alton), puis à Rochester, dans l'État de New York.
1926-1930	Joe fait l'élevage du vison à Gogama. À l'hiver 1926, Pete, qui est « loup de tête » d'une meute de loups indisciplinés, se rebelle contre son maître en pleine forêt.
1929	26 avril : Morris LaFlamme naît à Gogama.
1931	En mars, Joe comparaît en cour pour la première fois et reçoit une amende de 100 $ pour possession d'alcool sans permis. Il est accusé du même délit en septembre.
1932	En septembre, Joe, prospecteur, fait la découverte d'un filon d'or important lors de la première ruée vers l'or dans la région de Gogama.
1936	En octobre, Joe reçoit une sentence de trois mois de prison à Sudbury pour avoir volé un bateau et de l'essence. Son frère Elzéar purge peut-être la peine à sa place.

1937	Joe est accusé de possession illégale d'alcool, mais la cause est rejetée, faute de preuves. Il vend son claim minier lucratif et, avec les fonds reçus, commande une douzaine de loups de la Compagnie de la Baie d'Hudson.
1938	À l'été, Joe commence à entraîner une meute composée entièrement de loups, en vue des expositions sportives américaines. • 6 août : Lillie enregistre trois claims miniers jalonnés lors de la deuxième ruée vers l'or de la région. • En octobre, Joe est accusé de fournir illégalement de la bière à un autochtone. • 14 octobre : Joe survit à un accident d'avion et est secouru deux jours plus tard.
1939	25 janvier : Joe et ses dix loups prennent l'avion pour Sudbury en tant que passagers payants. • 26-30 janvier : Il présente ses loups au public de Sudbury. • De février à avril, il participe aux expositions sportives de Boston, New York, Indianapolis, Détroit, Windsor et Hamilton. Durant l'été, il acquiert deux orignaux, qu'il commence aussitôt à dompter.
1940	Durant l'hiver, Joe entreprend avec ses orignaux et un chevreuil une tournée de trois mois dans les villes américaines de Boston, New York, Détroit et Buffalo.
1941	Au début de l'hiver, Joe présente ses loups à New York. Il souffre d'hypotension, un malaise qui deviendra chronique. En mai, il combat le feu de forêt monstre qui dévaste la région de Gogama.
1944	Joe gagne un match local de lutte contre le Timminois D. McLaren. Durant l'été, il participe

	à la production d'un documentaire des Warner Brothers intitulé *The Forest Commandos*.
1945	Durant l'hiver, Joe se rend à Toronto pour l'avant-première du documentaire.
	• Aux élections générales de l'Ontario en juin, il se présente comme député conservateur pour la circonscription de Sudbury.
1947	23-29 janvier : Joe visite Toronto avec trois orignaux et un chevreuil, et offre à l'actrice Bette Davis un porte-bébé indien.
	• Il part ensuite pour une tournée de trois mois aux États-Unis, en commençant par Boston.
	• 13 février : De Boston, il prend l'avion avec ses orignaux et son chevreuil à titre de passagers payants, en direction de l'aérodrome LaGuardia de New York. Après l'exposition, il se promène avec ses animaux dans les villes de Philadelphie, Buffalo, St. Louis, Chicago, Minneapolis, San Francisco et Portland, terminant le trajet à Ottawa.
	• 10-14 août : Joe est hospitalisé à Toronto à la suite de blessures reçues lors d'une lutte avec un de ses orignaux alors qu'il tentait de le mettre à bord du train à Gogama.
	• 17 août : Il gagne un concours qui invitait les gens à emmener un orignal vivant à la convention du Loyal Order of Moose, à Columbus, en Ohio.
	• À la fin de l'été, Joe présente son orignal à la CNE, à Toronto, où il fait la connaissance du jeune Charles Pachter.
	• 17 octobre : Il est accusé de possession illégale d'alcool et reçoit une peine de trois mois de prison à Sudbury. Afin d'éviter de purger sa peine, il déménage dans la région de Montréal.

1948	Joe entreprend, en février et mars, une autre tournée américaine, en commençant par New York, où il présente ses animaux : orignal, blaireau, loup et ours. Son orignal et son loup sont invités à la radio ABC.
	• Au début d'avril, il présente sa ménagerie à Montréal. Plus tard, il se rend à Détroit, Buffalo et Boston.
	• 3 août : Joe expédie au sud du pays de Galles neuf oursons, qu'il avait domptés dans son zoo d'animaux sauvages du parc Belmont, à Cartierville.
	• À la fin de l'été, il se rend aux expositions sportives de Trois-Rivières, Shawinigan Falls, Sherbrooke et Québec.
	• Quelque temps durant l'année, Lillie quitte Gogama pour Montréal.
1949	Durant l'hiver, Joe présente ses animaux (un orignal, un ours, un blaireau, un raton laveur, deux loutres et trois loups) à Montréal.
1950	Joe prend sa retraite des emplois de brigadier scolaire et de gardien de nuit aux quais du Vieux-Montréal. Il est propriétaire exploitant d'un zoo d'animaux sauvages sur le boulevard Décarie.
	• Durant l'été, il travaille dans un centre de villégiature à Jefferson, au New Hampshire. Il entretient aussi des sentiers forestiers pour le club Randolph Mountain.
1951	Il travaille un deuxième été au New Hampshire.
1952	Durant l'hiver, Joe présente son orignal et d'autres animaux en Caroline du Sud. Lorsque son orignal préféré meurt au printemps, il renonce complètement à la vie avec les animaux.

1958	Joe travaille en tant que gardien spécial au Barnes Investigation Bureau, à Montréal. En août, il se rend à Gogama à la suite du décès d'Elzéar.
1965	En janvier, Joe est admis à l'Hôpital général de Montréal, où il meurt le 5 février à la suite d'une amputation de la jambe. Il a soixante-quinze ans.
	...
1982	18 novembre : Lillie LaFlamme meurt à quatre-vingt-neuf ans à l'hôpital Queen Elizabeth, à Montréal.
1996	22 juillet : Morris LaFlamme meurt à soixante-sept ans à l'hôpital Général de Montréal.

Notes et références

Remerciements

1   Laflamme et LaFlamme : Dans ce nom de famille, la graphie avec un "F" majuscule n'existe que dans le cas de Joe, et il l'adopte seulement à compter de 1924.

Chapitre 1

1   Rutherfoord Goodwin, « Wolves Race Dogs At A. G. Strong Farm; First Time Timber Beasts Ever Harnessed », *Rochester Times-Union*, 20 février 1926, édition du samedi soir, p. 8.
2   Voir la carte au début de l'ouvrage (p. 4).
3   Alfred (Médé) Secord, résident de Gogama. Entrevue avec l'auteure le 28 mars 2011.
4   Alfred (Médé) Secord. Entrevue avec l'auteure le 2 mai 2009.
5   Ontario, ministère des Terres et Forêts, *A History of Gogama Forest District. N° 11*, Toronto, Queen's Printer, coll. « District History Series », 1964, 37 p. À moins d'indication contraire, les détails sur Gogama proviennent de cette publication.
6   Roland (Bidou) Secord, résident de Gogama. Entrevue avec l'auteure le 28 mars 2011.
7   *Ibid.*
8   Alfred (Médé) Secord. Entrevue avec l'auteure le 2 mai 2009.
9   Roland (Bidou) Secord. Entrevue avec l'auteure le 28 mars 2011.
10   Alfred (Médé) Secord. Entrevues avec l'auteure le 2 mai 2009 et le 28 mars 2011.

Chapitre 2

1. Lex Schrag, «Progress Rocks Northern Ontario Village», *Globe and Mail*, 3 décembre 1959, p. 25.
2. Alfred (Médé) Secord. Entrevue avec l'auteure le 2 mai 2009.
3. Comme on utilisait le système de mesures impériales à l'époque de Joe LaFlamme, les mesures tirées des sources originales sont donc impériales. Toutes les mesures ont été ici converties au système métrique.
4. D. H. Burton, *The Gogama Fire of 1941*, travail de recherche, Toronto, ministère ontarien des Terres et Forêts, service de la recherche, 1949, p. 1.
5. Leslie Avery, «Joe And Wolves Reach New York For Sport Show», *Oshkosh Northwestern*, 17 février 1939, p. 7. Curieusement, les membres de la famille Laflamme pensent que Joe avait les yeux brun-vert, selon une entrevue du 14 octobre 2008 avec Gisèle Laflamme Lanthier, Gilbert Lanthier, Roger Laflamme, Margaret Laflamme, Guy Laflamme, Diane Laflamme et Huguette (Laflamme) Levac.
6. Gisèle Laflamme Lanthier, petite-nièce de Joe LaFlamme. Entrevue avec l'auteure le 21 mai 2010.
7. «Joe Laflamme Out Again After Second Wolf Team», *Sudbury Star*, 30 mai 1938, p. 6.
8. Alfred (Médé) Secord. Entrevue avec l'auteure le 2 mai 2009.

Chapitre 3

1. Peter V. MacDonald, «Old Joseph Laflamme a Sudbury Lawyer's Dream», *Sudbury Star*, 19 mai 1990, p. 16. Dans l'article, MacDonald mentionne que Landreville et LaFlamme ont fait équipe pour la première fois en 1947 et que cette relation aurait duré dix ans. Cette date doit résulter d'une erreur typographique; 1937 semblerait une date plus plausible, car LaFlamme a quitté Gogama aux environs de 1947. De plus, à compter de 1947, les procès avaient lieu dans la nouvelle salle d'audience de Gogama. Avant cette date, on se servait souvent de l'église paroissiale, qui se transformait alors en salle communautaire. L'audience en question a eu lieu dans la salle communautaire en 1937.
2. Gisèle Laflamme Lanthier. Entrevue avec l'auteure le 14 octobre 2008.
3. Peter V. MacDonald, «Old Joseph Laflamme...», *Sudbury Star*, 19 mai 1990, p. 16. Tous les détails ainsi que les citations de l'audience proviennent de cet article. Les citations ont été traduites de l'anglais par l'auteure. (Toutes les traductions effectuées par l'auteure seront désormais identifiées par le sigle Tda.)
4. *Ibid.*
5. *Ibid.*
6. Presque partout dans le livre, le nom de famille de Joe a été épelé «LaFlamme» avec un *f* majuscule, sauf quand on le trouve dans les

citations et qu'on parle de lui en tant que jeune homme. En effet, durant sa jeunesse, Joe lui-même signait son nom avec un *f* minuscule, comme tous les autres membres de sa famille d'ailleurs. Cependant, le nom de « LaFlamme » a commencé à paraître dans les articles de journaux vers la mi-décennie de 1920. Après cette période, il signait toujours son nom avec les deux majuscules. Il a probablement adopté cette pratique à la suite de sa montée en popularité en tant que dompteur de loups.

7   Peter V. MacDonald, « Old Joseph Laflamme… », *Sudbury Star*, 19 mai 1990, p. 16. Traduction de l'auteur [Tda].
8   « Northern Racer Fined », *Toronto Daily Star*, 26 mars 1931, s.p.
9   Les renseignements concernant ce cas ont été cueillis des articles de journaux suivants : « Resort Keeper Sent to Jail : Three Months Term for Joe Laflamme, of Gogama », *Sudbury Star*, 19 septembre 1931, p. 1 ; « Judge Quashes L.C.A. Conviction on Wolf Tamer : Joe Laflamme Free; Evidence Conflicting », *Sudbury Star*, 19 décembre 1931, p. 1 ; « Liquor Term is Cancelled : Gogama Man Turns in Appeal Against Second Conviction », *Evening Telegram*, 19 décembre 1931, p. 2.
10 Il ne devait pas y avoir, à l'époque, de nom officiel en français pour ce ministère. Selon les sources anglaises, c'était à l'époque le *Department of Game and Fisheries*. L'auteur a donc traduit le nom du ministère en se basant sur la Loi ontarienne sur la chasse et la pêche.
11 Ontario, Ordre de l'Assemblée législative de l'Ontario, Conseil du Trésor, *Public Accounts 1931; Estimates, Supplementary Estimates 1932*, Toronto, Baptist Johnston, éd., 1932, p. J17.
12 L'information sur ce cas a été puisée dans deux articles du *Sudbury Star* : « Joe Laflamme Sent to Jail for 15 Days », 16 octobre 1936, p. 1 ; « Joe Laflamme's Sentence Boosted to Three Months », 23 octobre 1936, p. 1.
13 Les deux articles du *Sudbury Star* cités divergent quant au nombre de tonnelets volés. Celui du 16 octobre indiquait quatre tonnelets tandis que celui du 23 octobre rapportait six tonnelets.
14 Arthur L'Abbé, résident de Gogama depuis 1917, en fut le premier receveur des postes et marchand général ainsi que le propriétaire de la première salle de billard. Cette salle a aussi servi de première église catholique pendant plusieurs années.
15 Gisèle Laflamme Lanthier. Entrevue avec l'auteur le 14 octobre 2008.
16 Les dossiers correctionnels ne pouvant pas être consultés en vertu de la *Loi sur la protection des renseignements personnels*, nous n'avons aucune preuve de l'incarcération ni de Joe ni d'Elzéar.
17 Gisèle Laflamme Lanthier. Entrevue avec l'auteur le 14 octobre 2008.
18 Nous n'avons pas réussi à trouver le prénom de Mme Fortin.
19 « Jury Declares Mrs. Fortin Did Not Set Fire : Cross-Questioning of Joe Laflamme is Feature », *Sudbury Star*, 10 juin 1938, p. 5.
20 « Laflamme's Reply Was a Boomerang », *Sudbury Star*, 10 juin 1938, p. 5. Tda.

21	*Ibid.*	
22	*Ibid.*	
23	*Ibid.*	
24	*Ibid.*	
25	« Jury Declares Mrs. Fortin… », *Sudbury Star*, 10 juin 1938, p. 5.	
26	Rhéal Véronneau, résident de Gogama. Entrevue avec l'auteure le 27 juin 2008.	
27	« Bushman Who Wrestles Wolves To Whet Appetite In Toils At Gogama », *Standard-Freeholder*, 5 octobre 1938, s.p.	
28	À l'époque, les autochtones du Canada étaient connus sous le nom d'« Indiens ».	

Chapitre 4

1	Roger (Ti-Pit) Carrière, résident de Gogama. Entrevue avec l'auteure le 12 mai 2009.
2	Ernest (Dubby) Turcotte, résident de Gogama. Entrevue avec l'auteure le 2 mai 2009.
3	Gordon Miller, ancient résident de Gogama. Entrevue avec l'auteure le 5 août 2011.
4	Rhéal Véronneau. Entrevue avec l'auteure le 27 juin 2008.
5	Roger (Ti-Pit) Carrière. Entrevue avec l'auteure le 12 mai 2009.
6	« Outdoors with G. K. Jr. », *Emmetsburg (Iowa) Democrat*, 3 avril 1947, p. 2.
7	« Jury Declares Mrs. Fortin… », *Sudbury Star*, 10 juin 1938, p. 5.
8	Les termes « attelage », « équipe », « meute » seront utilisés tour à tour pour désigner un groupe de chiens, de loups ou des deux tirant un traîneau de *musher*.
9	Percy T. Cole, « "Wild Wolf Man of Gogama" Plans To Drive 10 Wolves Into New York and Boston », *Evening Telegram*, 22 septembre 1938, s.p.
10	Gerry Talbot, résident de Gogama. Entrevue avec l'auteure le 29 avril 2011.
11	Robert Laflamme, petit-neveu de Joe LaFlamme. Entrevue avec l'auteure le 19 octobre 2010.
12	Ernest (Dubby) Turcotte. Entrevue avec l'auteure le 2 mai 2009.
13	Gordon Miller. Entrevue avec l'auteure le 5 août 2011.
14	LaFlamme a probablement planifié la construction de sa cave pour cacher son alcool de contrebande car, à cette époque, la plupart des maisons n'avaient ni cave ni sous-sol.
15	Ernest (Dubby) Turcotte. Entrevue avec l'auteure le 2 mai 2009.
16	Gordon Miller. Entrevue avec l'auteure le 5 août 2011.
17	*Ibid.*
18	Alfred (Médé) Secord. Entrevue avec l'auteure le 2 mai 2009.
19	Tiré d'une lettre de Paul Michaud à Gerry Talbot datée du 26 juin 2004. Michaud avait entrepris, à titre personnel, une recherche préliminaire sur LaFlamme.

20 *Prohibition in Canada*, http://en.wikipedia.org/wiki, consulté le 28 février 2010.
21 *Prohibition in the United States*, http://en.wikipedia.org/wiki, consulté le 28 mars 2010.
22 *Vermont Prohibition on the Sale of Intoxicating Liquor Act (1916)*, http://www.ballotpedia.org/wiki/index.php/Vermont, consulté le 18 février 2011.
23 Gisèle Laflamme Lanthier. Entrevue avec l'auteure le 14 octobre 2008.

Chapitre 5

1 Lillie et Joe LaFlamme cohabitaient en union libre. Ils ne semblent pas avoir été officiellement mariés, ni au civil ni devant l'Église. Voir le chapitre 9 pour les origines de Lillie LaFlamme.
2 Maurice Desjardins, « Tous les sports : Avec Fernand dans la cage aux loups », *Photo-Journal*, 17 août 1950, p. 46.
3 « "Wolfman of Gogama" Will Always Be Remembered Now », *Sudbury Star*, 2 janvier 1968, p. 7.
4 *Historical Records: Census & Voter Lists — 1901 Census of Canada*, http://search.ancestrylibrary.com, consulté le 16 janvier 2010.
5 L'information concernant les enfants décédés en bas âge a été obtenue de l'Association des familles Laflamme inc., Chambly, Québec.
6 *Historical Records: Census & Voter Lists — 1901 Census of Canada*, http://search.ancestrylibrary.com, consulté le 16 janvier 2010.
7 Québec, Fabrique de la Paroisse de Saint-Télesphore, *Extrait du registre des baptêmes : Laflamme Joseph Télesphore*, daté le 4 avril 2005.
8 Gisèle Laflamme Lanthier. Entrevue avec l'auteure le 12 novembre 2008.
9 Guy Laflamme, petit-neveu de Joe LaFlamme. Entrevue avec l'auteure le 14 octobre 2008.
10 Gisèle Laflamme Lanthier. Entrevue avec l'auteure le 22 août 2010.
11 Courriel reçu le 27 avril 2011 de Julie Fontaine, Service de la gestion des documents, des archives et de l'accès à l'information, Ville de Montréal.
12 Il nous est impossible de confirmer ou d'infirmer ce fait puisqu'il n'est pas permis de consulter le dossier de Télesphore Laflamme. Son dossier d'employé, s'il existe encore, ne pourra être ouvert que cent ans après que LaFlamme aura quitté le Service de police de la Ville de Montréal, soit en 2016.
13 *Montreal Directory*, http://bibnum2.banq.qc.ca/bna/lovell, consulté le 15 octobre 2010.
14 Gisèle Laflamme Lanthier. Entrevue avec l'auteure le 1er mai 2009.
15 Selon un entretien téléphonique de l'auteure avec Jean-Marc de Nobile, responsable des communications au Musée de la police, Service de police de la Ville de Montréal, le 8 juillet 2010.
16 Izaak Hunter, « Rod and Gun », *Montreal Gazette*, 26 avril 1967, p. 24.

17 La rue Chaboillez, qui n'existe plus, était située à l'angle de la rue Notre-Dame, près de la rue McGill. Selon un courriel de Jean-Marc de Nobile à l'auteure daté du 1er mars 2011.
18 Izaak Hunter, « With Rod and Gun », *Montreal Gazette*, 29 janvier 1947, p. 17.
19 *Jack Renault*, http://www.harrygreb.com/jackrenault.htm, consulté le 20 février 2011.
20 « Gogama's "Paul Bunyan" Bringing Moose to City », *Globe and Mail*, 24 janvier 1947, p. 3.
21 Gerry Talbot, résident de Gogama. Entrevue avec l'auteure le 7 juin 2010.
22 Ontario, Sudbury (n° 53) Land Registry Office, pellicule # 53ER12, parcelle 7492, p. 458.
23 *Ibid.*, pellicule # 53ER16, parcelle 10024, p. 773.
24 *Ibid.*, pellicule # 53ER18, parcelle 11823, p. B.1.
25 Les renseignements sur cette maison sont tirés de photos et de cet article : Tom Dare, « "Stackie" Adds Thrills in Search for Santa », *Toledo News-Bee*, 22 octobre 1926, p. 1.
26 Rhéal et Marguerite Véronneau, résidents de Gogama. Entrevue avec l'auteure le 27 juin 2008.
27 Alfred (Médé) Secord. Entrevue avec l'auteure le 2 mai 2009.
28 Violette Charbonneau, ancienne résidente de Gogama. Entrevue avec l'auteure le 31 janvier 2010.

Chapitre 6

1 « "Wolfman of Gogama"… », *Sudbury Star*, 2 janvier 1968, p. 7.
2 *Ibid.*
3 « Takes Wolf He Caught to Zoo Under his Arm », *The Bee*, 7 juin 1923, p. 3.
4 *Ibid.*
5 Rhéal Véronneau. Entrevue avec l'auteure le 18 juillet 2002.
6 Rien n'indique que la Compagnie de la Baie d'Hudson vendait des loups. Par contre, on peut supposer qu'étant donné la facilité de Joe LaFlamme à établir des relations, il lui a été possible de convaincre le gérant du poste local, ou une autre personne à l'emploi de la Compagnie, à agir comme intermédiaire entre LaFlamme et le réseau de trappeurs canadiens.
7 « "Wolfman of Gogama"… », *Sudbury Star*, 2 janvier 1968, p. 7.
8 « Can't Wipe Out Wolves by Rifle, Says Trapper », *Toronto Daily Star*, 19 janvier 1925, p. 23.
9 *Ibid.* Tda.
10 « 100 Take Part in Bar River Wolf Hunt Today », *Sault Daily Star*, 9 décembre 1924, p. 1.
11 *Ibid.* Tda.
12 « Joe Laflamme Out… », *Sudbury Star*, 30 mai 1938, p. 6.

13 Laurie York Erskine (1950), *The Great Gray Wolf — Mighty Hunter of the Wilds*, Frontiers: A Magazine of Natural History, décembre 1950, http://stillwoods.blogspot.ca/2008/06/gray-wolf_18.html, consulté le 8 août 2013.
14 « Can't Wipe Out… », *Toronto Daily Star*, 19 janvier 1925, p. 23.
15 D'après une photo qui accompagnait l'article suivant : « Ontario Trapper Drives Team of Wolves », *Popular Science Monthly*, (Ontario, décembre 1924), http://books.google.ca/books?id=FSkDAAAAMBAJ&printsec=frontcover&source, consulté le 25 octobre 2009.
16 « Uses Wild Wolves For Hauling Sled », *Montreal Gazette*, 25 juin 1938, p. 13.
17 Geneviève Carbone, *Destination loups*, préf. de Françoise Cappelle, Paris, Éditions Solar, 2007, p. 38.
18 Maurice Desjardins, « Tous les sports… », *Photo-Journal*, 17 août 1950, p. 46.
19 Alfred (Médé) Secord. Entrevue avec l'auteure le 2 mai 2009.
20 « Joe Laflamme Out… », *Sudbury Star*, 30 mai 1938, p. 6.

Chapitre 7

1 « The Wolf That Doesn't Whistle », *Toronto Daily Telegraph*, 18 janvier 1951, p. 4.
2 « Wolf Tamer Stars as Court Witness », *Montreal Gazette*, 9 juin 1938, p. 31.
3 « Les chiens de Holt-Renfrew se classent bons premiers », *La Presse*, 11 février 1924, p. 17. Les détails des courses sont tirés de cet article.
4 Leslie Avery, « Joe And Wolves Reach New York For Sport Show », *Oshkosh Northwestern*, 17 février 1939, p. 7.
5 *Dickens in Montreal*, http://www.victorianweb.org./authors/dickens/montreal/montreal.html, consulté le 19 août 2010.
6 « Gogama, Ont. », *Le Droit*, 20 février 1924, p. 6.
7 Jean Côté, « L'homme aux loups a perdu son seul ami », *Nouveau Samedi*, 11 avril 1964, p. 5.

Chapitre 8

1 *Metropolis: Montreal at its peak*, http://en.wikipedia.org/wiki/History_of_cities_in_Canada, consulté le 17 août 2010.
2 *Toronto in the 1920s*, http://www.janetmcnaughton.ca/Toronto, consulté le 17 août 2010.
3 Les événements de la semaine à Toronto, en janvier 1925, ont été reconstitués ici à partir des articles de journaux suivants : « Wolf-husky Cavalcade in Town as *Star's* Guest », *Toronto Daily Star*, 26 janvier 1925, p. 1 ; « 12 Below To-night, Predicts Weatherman », *Toronto Daily Star*, 27 janvier 1925, p. 1 ; « Wolves Will Run on Danforth And Other Streets To-morrow », *Toronto Daily Star*, 27 janvier 1925, p. 1 ; « Joe LaFlamme, Isaac Lewis, the Indian, and "Tommy", a Wolf », *Toronto Daily Star*,

28 janvier 1925, p. 17 ; « Winter Sports Pow-Wow Near Grenadier Pond on Saturday Afternoon », *Toronto Daily Star*, 29 janvier 1925, p. 19 ; « Wolf Captured After Half Day of Roaming », *Toronto Daily Star*, 30 janvier 1925, p. 9 ; « The *Star's* Gogama Wolves and Dogs on City Streets and Grenadier Pond », *Toronto Daily Star*, 30 janvier 1925, p. 1, deuxième section ; « Spend Night at Grenadier's with Wolves near Bedside », *Toronto Daily Star*, 30 janvier 1925, p. 2 ; « And Now Mrs. Joe LaFlamme and "Sparky" », *Toronto Daily Star*, 31 janvier 1925, p. 1 ; « Eerily, High Park Hills Re-Echo Wolf Pack's Howls », *Toronto Daily Star*, 31 janvier 1925, p. 4 ; « Dog Team is Greeted by a Capacity Curb », *Toronto Daily Star*, 31 janvier 1925, p. 4 ; « Old and Young City Migrates High Parkwards », *Toronto Daily Star*, 31 janvier 1925, p. 17 ; « Joe Backs Wolves With $100 Offer », *Toronto Daily Star*, 31 janvier 1925, p. 17, deuxième section ; « Prefers Northern Life to Comforts of Paris », *Toronto Daily Star*, 31 janvier 1925, p.18 ; « 50,000 People Crowd Grenadier Pond and Hillsides at *The Star's* Winter Carnival », *Toronto Daily Star*, 2 février 1925, p. 1, deuxième section ; « *Star's* Wolves Captured in Long Trail Over Hills », *Toronto Daily Star*, 2 février 1925, p. 6 ; « Fun and Exercise in *The Star*'s "Wolf Hunt" at High Park », *Toronto Daily Star*, 2 février 1925, p. 24 ; « Crowds Saw Wolves Perform at High Park », *Toronto Daily Star*, 2 février 1925, p. 24 ; Tom Dare, « "Stackie" Adds… », *Toledo News-Bee*, 22 octobre 1926, p. 1 ; « Gogama's "Paul Bunyan"… », *Globe and Mail*, 24 janvier 1947, p. 3.

4   Les articles de journaux divergent quant au nom de famille de l'autochtone. Dans certains articles, on le nomme Isaac Lewis et dans d'autres, Isaac William.

5   Les articles de journaux divergent quant à Pete. Quelques-uns affirment qu'il s'agissait d'un chien, mais parmi les dix huskies, aucun ne s'appelait Pete alors qu'un des loups adultes portait ce nom.

6   « Joe LaFlamme, Isaac Lewis… », *Toronto Daily Star*, 28 janvier 1925, p. 17.

7   Marcelle Fressineau, *Le traîneau de la liberté : L'aventure extraordinaire d'une femme dans le Grand Nord*, Lausanne, Éditions Favre SA, 2004, p. 197.

8   « "Wolfman of Gogama"… », *Sudbury Star*, 2 janvier 1968, p. 7.

9   Howard Ferguson, http://en.wikipedia.org/wiki/George_Howard_Ferguson, consulté le 31 mai 2010.

10 La description du costume provient de plusieurs photographies de la collection du Musée Héritage de Gogama.

11 *Manteau en véritable couverture à points HBC*, http://www2.hbc.com/hbcheritagef/products, consulté le 23 août 2011.

12 « Thousands See Wolves Run On City Streets », *Sudbury Star*, 27 janvier 1939, p. 6.

13 Percy T. Cole, « "Wild Wolf Man of Gogama"… », *Evening Telegram*, 22 septembre 1938, s.p.

14 « Joe LaFlamme, Isaac Lewis… », *Toronto Daily Star*, 28 janvier 1925, p. 17. Tda.

15 « Spend Night at... », *Toronto Daily Star*, 30 janvier 1925, p. 2. Tda.
16 Après avoir passé quelques nuits à un hôpital vétérinaire, l'équipe et l'attelage allaient s'installer à Grenadier Pond pour le reste de la semaine.
17 « Spend Night at... », *Toronto Daily Star*, 30 janvier 1925, p. 2. Tda.
18 *Ibid.*
19 « *The Star*'s Gogama... », *Toronto Daily Star*, 30 janvier 1925, p. 1, deuxième section. Tda.
20 « Toronto Agitated as Wolf in Musher Team Makes Getaway », *Morning Leader*, 30 janvier 1925, p. 1.
21 Tom Dare, « "Stackie" Adds... », *Toledo News-Bee*, 22 octobre 1926, p. 1. Tda.
22 « Eerily, High Park... », *Toronto Daily Star*, 31 janvier 1925, p. 4. Tda.
23 *Ibid.*
24 Dans l'article du 30 janvier, « Spend Night at Grenadier's with Wolves near Bedside », on mentionne Steffannsons, un chien héroïque ayant appartenu à Joe. Si l'on compte Billy, il y aurait eu en tout douze chiens dans la meute. Doit-on supposer que LaFlamme ait apporté Steffannsons à Toronto pour le vendre ?
25 « Joe Backs... », *Toronto Daily Star*, 31 janvier 1925, p. 17, deuxième section.
26 « 50,000 People... », *Toronto Daily Star*, 2 février 1925, p. 1, deuxième section.
27 *Ibid.* D'après les photos qui accompagnent l'article.
28 « Crowds Saw Wolves... », *Toronto Daily Star*, 2 février 1925, p. 24.
29 *Ibid.* Tda.
30 *Ibid.*
31 « *Star*'s Wolves... », *Toronto Daily Star*, 2 février 1925, p. 6.
32 « Old and Young City... », *Toronto Daily Star*, 31 janvier 1925, p. 7, deuxième section. Tda.

Chapitre 9

1 « Toronto Gets Real "Mush" Thrill », *Border Cities Star*, 26 janvier 1925, p. 2.
2 « Lord and Lady Byng See Joe LaFlamme and Wolves », *Toronto Daily Star*, 18 juin 1925, p. 7.
3 « Prefers Northern Life... », *Toronto Daily Star*, 31 janvier 1925, p.18.
4 Archives départementales du Pas-de-Calais, France, « Étaples — État civil : tables décennales », 1893-1902, 3 E 6141.
5 Les informations sur l'arbre généalogique d'Émilie proviennent des Archives départementales du Pas-de-Calais, en France, par le biais d'un courriel reçu de Frédérique Desmet le 10 juillet 2010. Nous avons noté des divergences quant à l'épellation du nom de famille d'Émilie : les tables décennales 3 E 614 indiquent « Hagnéré » tandis que dans les archives, il est épelé « Haigneré ». Au Canada, elle est identifiée sous le nom de « Hagnere » sur sa fiche d'inscription au Hawthorn Dale Cemetery, à Montréal.
6 « Prefers Northern Life... », *Toronto Daily Star*, 31 janvier 1925, p.18.

7 « Finds Wolves Are Like Women "Can Never Really Tame Them" », *Toronto Daily Star*, 20 mars 1945, p. 2. Cette mesure semble un peu courte. On raconte généralement qu'Émilie mesurait un peu moins de 1,5 mètre.
8 Huguette (Laflamme) Levac, petite-nièce de Joe LaFlamme. Entrevue avec l'auteure le 14 octobre 2008.
9 Gisèle Laflamme Lanthier. Entrevue avec l'auteure le 14 octobre 2008.
10 « Prefers Northern Life... », *Toronto Daily Star*, 31 janvier 1925, p. 18. Tda.
11 *Ibid.*
12 *Ibid.*
13 *Ibid.*
14 *Ibid.*
15 L'équivalence métrique est dix-huit kilos.
16 « Prefers Northern Life... », *Toronto Daily Star*, 31 janvier 1925, p. 18. Tda.
17 *Ibid.*
18 *Quebec Vital and Church Records (Drouin Collection), 1621-1967. Historical Records: Birth, Marriage & Death*, http://search.ancestrylibrary.com, consulté le 16 janvier 2010.
19 Institut généalogique Drouin, *Répertoire des mariages des Canadiens-Français, 1760-1935 : Ordre masculin*, Ottawa, 1990, vol. 49 : Veillette-Zyne, page « West-William ».
20 *Florida Passenger Lists,1898-1951*, http://search.ancestrylibrary.com, consulté le 26 février 2011. L'âge des mariés sur la liste de passagers ne concorde pas avec ceux de Joe et Florence. Les documents manuscrits n'étaient pas parfaitement lisibles. Le Québecois Joseph T. Laflamme était inscrit comme ayant trente et un ans, au lieu des vingt-six qu'il avait en 1915, et sa femme Florence, également québécoise, était inscrite comme ayant vingt-cinq ans au lieu de vingt-deux.
21 *Quebec Vital and Church Records (Drouin Collection), 1621-1967. Historical Records: Birth, Marriage & Death*, http://search.ancestrylibrary.com, consulté le 26 janvier 2010. Comme le certificat de baptême était rédigé à la main, l'auteure a éprouvé de la difficulté à déchiffrer le nom de la mère de l'enfant. Aucun document qui aurait permis de vérifier son nom n'a été trouvé.
22 *Historical Records: Census & Voter Lists — 1901 Census of Canada*, http://search.ancestrylibrary.com, consulté le 16 janvier 2010.
23 *Quebec Vital and Church Records (Drouin Collection), 1621-1967. Historical Records: Birth, Marriage & Death*, http://search.ancestrylibrary.com, consulté le 26 janvier 2010.
24 *Canadian Passenger Lists,1865-1935*, http://search.ancestryinstitution.com, consulté le 19 octobre 2010. La documentation se trouve sous le nom d'« Emilie *Haynes* », même si l'inscription manuscrite dans la liste des passagers se lit « Émilie Haignere ».
25 *Going to America: Travel Routes of Zeeland Emigrants*, http://www.swierenga.com/RSC_pap.html, consulté le 29 novembre 2010.

26 *Canadian Passenger Lists, 1865-1935*, http://search.ancestryinstitution. com, consulté le 19 octobre 2010. La documentation se trouve sous le nom d'« Emilie Haynes ». Ce montant était de peu de valeur, étant donné la faiblesse du franc après guerre.
27 *Saint John, New Brunswick: Maritime activities*, http://en.wikipedia.org/wiki/Saint_John,_New_Brunswick, consulté le 29 novembre 2010.
28 *Canadian Passenger Lists, 1865-1935*, http://search.ancestryinstitution. com, consulté le 19 octobre 2010. La documentation se trouve sous le nom d'« Emilie Haynes ».
29 *Canadian Citizenship by Acquisition/Naturalization*, http://www.theshipslist.com/Forms/CanCitAq_Natz.htm, consulté le 23 novembre 2010. Aucun document n'a été trouvé quant à la naturalisation d'Émilie. Elle a probablement acquis *de facto* la citoyenneté canadienne après le 1er janvier 1947, étant alors sujet britannique de par sa cohabitation avec Joe LaFlamme.
30 « Prefers Northern Life… », *Toronto Daily Star*, 31 janvier 1925, p. 18.
31 Ontario, Chambre de commerce de Gogama, « "Joe LaFlamme": Wolfman/Mooseman », *Crossing the High Portage: A Guide to the Gogama Area*, Sudbury, Journal Printing, env. 2000, p. 20.
32 Eunice Belisle, fille de feus Dave et Simone Ranger, anciens résidents de Gogama. Entrevue téléphonique le 3 septembre 2010.
33 L'assiette et la spatule à gâteau appartiennent aujourd'hui à Eunice Belisle.
34 « Prefers Northern Life… », *Toronto Daily Star*, 31 janvier 1925, p. 18.

Chapitre 10

1 James P. Dawson, « Mushes 700 Miles With Dogs To See Hockey Here Tonight », *New York Times*, 23 janvier 1926, p. S11. (Traduction : « Il fait sept cents milles en traîneau à chiens pour assister à la joute de hockey de ce soir. »)
2 Ce nom est aussi le titre d'un film de Paramount Pictures, produit en 1986, avec Paul Hogan dans le rôle de Crocodile Dundee.
3 « Joe Laflamme Out… », *Sudbury Star*, 30 mai 1938, p. 6.
4 Tiré de deux articles : James P. Dawson, « Mushes 700 Miles With Dogs To See Hockey Here Tonight », *New York Times*, 23 janvier 1926, p. S11 ; Harry Cross, « New York Six Ties With Boston Again », *New York Times*, 24 janvier 1926, p. 1.
5 Harry Cross, « New York Six… », *New York Times*, 24 janvier 1926, p. 1. Tda.
6 « Wolf Team to Be Shown on Golf Course », *Democrat and Chronicle*, 21 février 1926, p. 25.
7 Gisèle Laflamme Lanthier. Entrevue avec l'auteure le 21 mai 2010.
8 « Timber Wolves To Visit City », *Sudbury Star*, 23 janvier 1939, p. 1.
9 *1920's Government and Politics/Rural and Urban Conflict: Congressional Reappointment*, http://www.enotes.com/1920-government-politics-american-decades/rural-urban-conflict, consulté le 17 août 2010.

10 Leslie Avery, « Joe And Wolves... », *Oshkosh Northwestern*, 17 février 1939, p. 7.
11 *Tex Rickard*, http://en.wikipedia.org/wiki/Tex_Rickard, consulté le 5 janvier 2011.
12 « 2,000 at Winter Fete », *New York Times*, 8 février 1926, p. 16. L'auteure n'a trouvé aucun autre article sur ce voyage en traîneau.
13 « Dangerous Dogs », *New York Evening Graphic*, 12 février 1926, s.p. L'auteure n'a pu déterminer qui était cette femme. Il est probable qu'elle ait eu un lien avec l'exposition canine du Westminster Kennel Club vu que, selon la légende accompagnant la photo, on mentionne que les « chiens dangereux » de LaFlamme seront en montre à cette exposition.
14 « Canadian Trapper Prefers Wolves to Dogs », *Evening Independent*, 15 mars 1939, p. 10.

Chapitre 11

1 Griff Mangan, petit-fils d'Alvah Griffin Strong. Entrevue avec l'auteure le 19 juin 2008.
2 Les événements qui ont eu lieu du 18 au 29 février 1926 ont été reconstitutés à partir de photos données par Alasa Farms/Famille Strong, et à partir des articles suivants : « Team of Timber Wolves to Be Shown at Strong Country Home », *Democrat and Chronicle*, 19 février 1926, p. 19 ; Rutherfoord Goodwin, « Wolves Race Dogs At A. G. Strong Farm; First Time Timber Beasts Ever Harnessed », *Rochester Times-Union*, édition du samedi soir, 20 février 1926, p. 8 ; « Sodus Residents Get Thrill From Timber Wolves », *Sodus Record*, 26 février 1926, p. 1 ; « Timber Wolves and Huskies Give Exhibition », *Democrat and Chronicle*, 21 février 1926, p. 25 ; « Wolf Team to Be Shown on Golf Course », *Democrat and Chronicle*, 21 février 1926, p. 25 ; « Wolf and Dog Teams to Race Here Tomorrow and Thursday », *Democrat and Chronicle*, 23 février 1926, p. 17 ; « Seen and Heard », *Democrat and Chronicle*, 24 février 1926, p. 27 ; « Thousands See Wolf Team Dash Through Streets », *Democrat and Chronicle*, 25 février 1926, p. 17 et 24 ; « Thousands See Wolf Team In Races at Oak Hill And On Trip Through Streets », *Rochester Herald*, 25 février 1926, p. 7 ; « Timber Wolves To "Mush" To-Day », *Democrat and Chronicle*, 26 février 1926, p. 17.
3 *Alasa Farms*, http://en.wikipedia.org/wiki/Alasa_Farms, consulté le 9 août 2013.
4 Six cents kilomètres.
5 Rutherfoord Goodwin, « Wolves Race Dogs... », *Rochester Times-Union*, édition du samedi soir, 20 février 1926, p. 8. Tda.
6 Selon l'article de journal, le nombre varie de deux cents à quatre cents personnes.

7   L'information provient des deux sources suivantes : Griff Mangan. Entrevue avec l'auteure le 19 juin 2008 ; et *Henry A. Strong*, http://en.wikipedia.org/wiki/Henry_A._Strong, consulté le 14 janvier 2011.
8   « Seen and... », *Democrat and Chronicle*, 24 février 1926, p. 27. Tda.
9   Rutherfoord Goodwin, « Wolves Race Dogs... », *Rochester Times-Union*, édition du samedi soir, 20 février 1926, p. 8. Tda.
10 « Outdoors... », *Emmetsburg (Iowa) Democrat*, 3 avril 1947, p. 2.
11 Ontario Motion Picture Bureau, *Transport in the North*, 1925, ISN # 185638, 14 min. en deux parties, muet, n. et b., film 28 mm, DVD [2010]. L'information sur le transport des blessés provient de la première partie du film.
12 « Outdoors... », *Emmetsburg (Iowa) Democrat*, 3 avril 1947, p. 2.
13 Ontario Motion Picture Bureau, *Transport in the North*. Les détails des promenades en toboggan sont tirés de la deuxième partie du film.
14 « Can't Wipe Out... », *Toronto Daily Star*, 19 janvier 1925, p. 23.
15 Leslie Avery, « Joe And Wolves... », *Oshkosh Northwestern*, 17 février 1939, p. 7. Tda.
16 Ontario Motion Picture Bureau, *Transport in the North*... La description des soins donnés au loup a été reconstituée à partir de la première partie du film. On ignore cependant pour quelle maladie le loup a été soigné ici.
17 *Model T Facts*, http://media.ford.com, consulté le 12 janvier 2011.
18 Griff Mangan. Entrevue avec l'auteure le 19 juin 2008.
19 *Ibid.*

Chapitre 12

1   Les événements de la visite de Joe LaFlamme à Rochester en février 1926 ont été reconstitués à partir des articles de journaux suivants : « Wolf Team to Be Shown on Golf Course », *Democrat and Chronicle*, 21 février 1926, p. 25 ; « Wolf and Dog Teams to Race Here Tomorrow and Thursday », *Democrat and Chronicle*, 23 février 1926, p. 17 ; « Thousands See Wolf Team Dash Through Streets », *Democrat and Chronicle*, 25 février 1926, p. 17 et 24 ; « Thousands See Wolf Team In Races at Oak Hill And On Trip Through Streets », *Rochester Herald*, 25 février 1926, p. 7 ; « Timber Wolves To "Mush" To-Day », *Democrat and Chronicle*, 26 février 1926, p. 17.
2   « Wolf Team to Be... », *Democrat and Chronicle*, 21 février 1926, p. 25. Tda.

Chapitre 13

1   E. Rendle Bowness, *History of the Early Mink People in Canada*, [Canada], Canada Mink Breeders Association, 1980, p. 57.
2   « "Wolfman of Gogama"... », *Sudbury Star*, 2 janvier 1968, p. 7.
3   Robert G. Hodgson, *Let's Go Fur Farming*, Toronto, Fur Trade Journal of Canada, 1953, 171 pages.

4   E. Rendle Bowness, *op. cit.*, p. 57. Tda.
5   Robert G. Hodgson, *op. cit.*, p. 158-160.
6   *Ibid.* Tda.
7   Robert G. Hodgson, *op. cit.*, p. 157-158. Tda.
8   Gisèle Laflamme Lanthier. Entrevue avec l'auteure le 14 octobre 2008.
9   *Ibid.*
10 *Ibid.*
11 Rhéal et Marguerite Véronneau. Entrevue avec l'auteure le 27 juin 2008.
12 Gisèle Laflamme Lanthier. Entrevue avec l'auteure le 14 octobre 2008.
13 Ernest (Dubby) Turcotte. Entrevue avec l'auteure le 2 mai 2009.
14 Alfred (Médé) Secord. Entrevue avec l'auteure le 10 novembre 2009.
15 Cécile Turcotte, résidente de Gogama. Entrevue avec l'auteure le 2 mai 2009.
16 Rhéal Véronneau. Entrevue avec l'auteure le 27 juin 2008.
17 Ernest (Dubby) Turcotte. Entrevue avec l'auteure le 2 mai 2009.
18 Gisèle Laflamme Lanthier. Entrevue avec l'auteure le 21 mai 2010.
19 Cécile Turcotte. Entrevue avec l'auteure le 2 mai 2009.
20 *How much did a basic loaf of bread cost in 1940, 1943, and 1967?*, http://answers.yahoo.com/question, consulté le 20 janvier 2011.
21 Deepak Chopra, Debbie Ford et Marianne Williamson, *The Shadow Effect. Illuminating the Hidden Power of Your True Self*, New York, Harper Collins Publishers, 2010, p. 112. Tda.
22 Marguerite Véronneau. Entrevue avec l'auteure le 27 juin 2008.
23 Robert Laflamme. Entrevue avec l'auteure le 19 octobre 2010.
24 « Joe Laflamme Dies in Sudbury », *Sudbury Star*, 7 août 1958, p. 1.
25 « Obituaries: Mooseman », *Sudbury Star*, 7 août 1958, p. 3.
26 « Joe Laflamme Dies… », *Sudbury Star*, 7 août 1958, p. 1.
27 « Been Reported Dead Twice Before But Joe Laflamme in Best of Health », *Sudbury Star*, 8 août 1958, p. 1. Tda.
28 Roland (Bidou) Secord. Entrevue avec l'auteure le 28 mars 2011.
29 « Prefers Northern Life… », *Toronto Daily Star*, 31 janvier 1925, p.18.
30 Simone Talbot, résidente de Gogama. Entrevue avec l'auteure le 15 novembre 2008.
31 « Finds Wolves Are Like… », *Toronto Daily Star*, 20 mars 1945, p. 2. Tda.
32 Alfred (Médé) Secord. Entrevue avec l'auteure le 10 novembre 2008.
33 Roland (Bidou) Secord. Entrevue avec l'auteure le 28 mars 2011.
34 Gordon Miller. Entrevue avec l'auteure le 5 août 2011.
35 Raoul et Reina Véronneau, résidents de Gogama. Entrevue avec l'auteure le 15 novembre 2008.
36 Simone Talbot. Entrevue avec l'auteure le 15 novembre 2008.
37 « The End of an Era », *Gogama Community News*, novembre 1996, p. 1.

Chapitre 14

1. Tiré d'une lettre datée du 3 mars 1947, signée par Joe et Morris LaFlamme et adressée à Jim M. Taylor, forestier régional au ministère ontarien des Terres et Forêts à Gogama.
2. « Gogama's "Paul Bunyan"... », *Globe and Mail*, 24 janvier 1947, p. 3.
3. « Outdoors... », *Emmetsburg (Iowa) Democrat*, 3 avril 1947, p. 2.
4. « Wolf Team Driver Joe LaFlamme, Here », *Toronto Daily Star*, 5 décembre 1930, p. 10.
5. « Outdoors... », *Emmetsburg (Iowa) Democrat*, 3 avril 1947, p. 2.
6. « Lumberman Honored », *Toronto Daily Star*, 8 février 1930, p. 34.
7. Ontario Motion Picture Bureau, *Transport in the North...* Ces renseignements proviennent de la première partie du film.
8. « Joe Laflamme Out... », *Sudbury Star*, 30 mai 1938, p. 6.
9. Tom Dare, « "Stackie" Adds... », *Toledo News-Bee*, 22 octobre 1926, p. 1.
10. Archives de la Compagnie de la Baie d'Hudson, référence B.415/a/1-2 : Post journals, microfilm 1MA27, « Gogama Post 1932-1933, Journal of Events », décembre 1932, feuille n° 30.
11. Ontario, Chambre des métiers de Gogama [Gogama Board of Trade], procès-verbaux de 1929 à 1946.
12. Nicole Kivi, Nickel Belt Community Office/Bureau de comté Nickel Belt. Courriel à l'auteure daté du 7 juin 2013.
13. Dieter K. Buse et Graeme S. Mount, *Come On Over! Northeastern Ontario A to Z*, Sudbury, Scrivener Press, 2011, p. 159.
14. « Moose, Badger, Wolves, Elk and Bears "Friends" of the Mooseman of Gogama », *Sudbury Star*, 8 février 1965, p. 3.
15. Gisèle Laflamme Lanthier. Entrevue avec l'auteure le 14 octobre 2008.
16. « Gogama's "Paul Bunyan"... », *Globe and Mail*, 24 janvier 1947, p. 3. Tda.
17. Ernest (Dubby) Turcotte. Entrevue avec l'auteure le 2 mai 2009.
18. « Outdoors... », *Emmetsburg (Iowa) Democrat*, 3 avril 1947, p. 2.
19. Ce ministère, qui n'existe plus aujourd'hui, est l'ancêtre du ministère ontarien des Richesses naturelles.
20. Ontario, Ordre de l'Assemblée législative de l'Ontario, Conseil du Trésor, *Public Accounts 1947; Estimates 1948*, Toronto, Baptist Johnston, éd., 1947, p. I15.
21. IMDb Pro : *The Forest Commandos Business*, http://www.imdb.com/title, consulté le 26 juillet 2006. A aussi été consulté le 14 février 2011 : *The Forest Commandos (1946)* — IMDb, http://www.imdb.com/title. Ce dernier site mentionne 1946 comme année de la sortie du film, tandis que les journaux ainsi que d'autres sites indiquent 1945.
22. Boxoffice, 26 avril 1947, p. 114, *Joe Laflamme featured*, http://image.issuu.com/081114214025-81cda1fb936f4b03b2adba1144e78954/jpg/page, consulté le 27 janvier 2010.
23. *The Legend of Joe Laflamme — Mooseman/Wolfman of Gogama, Ontario*, http://www.gogama.ca/joelaflamme_2.html, consulté le 11 septembre 2007.

24 Jack Karr, « Movie-Go-Round », *Toronto Daily Star*, 21 mars 1945, p. 11.
25 *Ibid.*
26 *Ibid.* Tda.
27 « Finds Wolves Are Like… », *Toronto Daily Star*, 20 mars 1945, p. 2. Tda.
28 *Ibid.*
29 *Ibid.*
30 Gabriel Ireton. Courriel à Gerry Talbot daté du 13 décembre 2007.
31 Gabriel Ireton. Courriel à Gerry Talbot daté du 20 décembre 2007.
32 « Finds Wolves Are Like… », *Toronto Daily Star*, 20 mars 1945, p. 2.
33 « Pretty Girls, bear cubs — Joe Laflamme », *Toronto Daily Star*, 27 avril 1945, p. 2. On peut voir sur la photo une jeune femme blottie contre la poitrine de Joe.
34 Marguerite Véronneau. Entrevue avec l'auteur le 27 juin 2008.
35 Ontario Motion Picture Bureau, *Transport in the North*, 1925, ISN # 185638, 14 min. en deux parties, muet, n. et b., film 28 mm, DVD [2010].
36 Gordon Miller. Entrevue avec l'auteur le 5 août 2011.
37 Jack Karr, « Movie-Go-Round », *Toronto Daily Star*, 21 mars 1945, p. 11. Tda.
38 « Gogama Tragedy », *Sudbury Star*, 2 avril 1932, p. 11.
39 « They Prefer Arrows to Bullets », *Globe and Mail*, 2 novembre 1938, p. 3. Aussi dans « And They Pulled Many a Stout Bow », *Sudbury Star*, 2 novembre 1938, p. 6.

Chapitre 15

1 *Detroit Border Crossings and Passenger and Crew Lists, 1905-1957*, http://search.ancestrylibrary.com, consulté le 16 février 2011.
2 Cécile Turcotte. Entrevue avec l'auteur le 2 mai 2009.
3 Rhéal Véronneau. Entrevue avec l'auteur le 27 juin 2008.
4 Marguerite Véronneau. Entrevue avec l'auteur le 27 juin 2008.
5 « Howling Lupi Disturb Gogama People's Sleep: But There's Little Danger; They Are Tied Up », *Toronto Daily Star*, 26 octobre 1938, p. 24.
6 *Ibid.*
7 Wivine Bruneau, résidente de Gogama. Entrevue avec l'auteur le 15 novembre 2008.
8 « Gogama Anglicans Elect 1935 Officers », *Sudbury Star*, 17 février 1935, p. 8, deuxième section.
9 Ontario, P.S.S. #1 Noble/Gogama Public School, « Events and Changes to the School », documents de 1939, s.p.
10 Edelta Turgeon, ancienne résidente de Gogama. Entrevue avec l'auteur le 12 novembre 2008.
11 Rhéal Véronneau. Entrevue avec l'auteur le 27 juin 2008.
12 Rhéo Beauchamp, résident de Gogama. Entrevue avec l'auteur le 27 juin 2008.

13 Alfred (Médé) Secord. Entrevue avec l'auteure le 2 mai 2009.
14 Gisèle Laflamme Lanthier. Entrevue avec l'auteure le 19 octobre 2010.
15 « Gogama's "Paul Bunyan"... », *Globe and Mail*, 24 janvier 1947, p. 3.

Chapitre 16

1 « Moose, Badger,... », *Sudbury Star*, 8 février 1965, p. 3.
2 « Prefers Northern Life... », *Toronto Daily Star*, 31 janvier 1925, p. 18.
3 Leslie Avery, « Joe And Wolves... », *Oshkosh Northwestern*, 17 février 1939, p. 7.
4 William Kinmond, « Joe Has Wife And Wolves And Says They Are Alike », *Toronto Daily Star*, 26 octobre 1938, p. 1, deuxième section.
5 Simone Talbot. Entrevue avec l'auteure le 15 novembre 2008.
6 « Wolf Team Driver... », *Toronto Daily Star*, 5 décembre 1930, p. 10.
7 Leslie Avery, « Joe And Wolves... », *Oshkosh Northwestern*, 17 février 1939, p. 7.
8 Roger (Ti-Pit) Carrière. Entrevue avec l'auteure le 12 mai 2010.
9 Laurent Charbonneau, résident de Gogama. Entrevues avec Gerry Talbot les 15 février et 2 novembre 2011.
10 Edelta Turgeon. Entrevue avec l'auteure le 12 novembre 2008.
11 « Can't Wipe Out... », *Toronto Daily Star*, 19 janvier 1925, p. 23.
12 Trente-deux kilos.
13 « Can't Wipe Out... », *Toronto Daily Star*, 19 janvier 1925, p. 23. Tda.
14 *Ibid.*
15 *Ibid.*
16 *Ibid.*
17 *Ibid.*
18 « You Can Never Tell What Wives or Wolves Will Do, Says Joe », *Toronto Daily Star*, 26 octobre 1938, p. 24.
19 Gisèle Laflamme Lanthier. Entrevue avec l'auteure le 21 mai 2010.
20 « "Wolfman of Gogama"... », *Sudbury Star*, 2 janvier 1968, p. 7.
21 « Moose, Badger,... », *Sudbury Star*, 8 février 1965, p. 3. L'auteure n'a pas pu trouver le prénom de cet homme.
22 Gérald Payette, résident de Gogama. Entrevue avec Gerry Talbot le 23 juin 2011.
23 « Bushman Who Wrestles... », *Standard-Freeholder*, 5 octobre 1938, s.p.
24 Maurice Desjardins, « Tous les sports... », *Photo-Journal*, 17 août 1950, p. 46.
25 Leslie Avery, « Joe And Wolves... », *Oshkosh Northwestern*, 17 février 1939, p. 7.
26 Ontario Motion Picture Bureau, *Transport in the North...* L'information est tirée de la deuxième partie du film.
27 Rhéal Véronneau. Entrevue avec l'auteure le 27 juin 2008.
28 *Hinterland Who's Who — Moose*, http://www.hww.ca/hww2, consulté le 21 mars 2011.
29 Roger (Ti-Pit) Carrière. Entrevue avec l'auteure le 12 mai 2010.
30 Ernest (Dubby) Turcotte. Entrevue avec l'auteure le 2 mai 2009.
31 Rhéo Beauchamp. Entrevue avec l'auteure le 27 juin 2008.

32   Alfred (Médé) Secord. Entrevue avec l'auteure le 2 mai 2009.
33   Alfred (Médé) Secord. Entrevue avec l'auteure le 10 novembre 2008.
34   « Gogama's "Paul Bunyan"… », *Globe and Mail*, 24 janvier 1947, p. 3. Tda.
35   Rhéo Beauchamp. Entrevue avec l'auteure le 27 juin 2008.
36   Roger (Ti-Pit) Carrière. Entrevue avec l'auteure le 12 mai 2010.
37   Ernest (Dubby) Turcotte. Entrevue avec l'auteure le 2 mai 2009.
38   Alfred (Médé) Secord. Entrevues avec l'auteure les 10 novembre 2008 et 2 mai 2009.
39   Les détails de cet incident ont été trouvés dans les articles suivants : « Claims Wolf Pack Will Attack Man », *Sudbury Star*, 27 janvier 1939, p. 1 ; Maurice Desjardins, « Tous les sports : Avec Fernand dans la cage aux loups », *Photo-Journal*, 17 août 1950, p. 46.
40   « Claims Wolf Pack… », *Sudbury Star*, 27 janvier 1939, p. 1. Tda.
41   *Ibid.*
42   *Ibid.*
43   « Joe Laflamme Out… », *Sudbury Star*, 30 mai 1938, p. 6. Tda.
44   « Claims Wolf Pack… », *Sudbury Star*, 27 janvier 1939, p. 1.

Chapitre 17

1   Les renseignements sur la ruée vers l'or de 1932 ont été extraits des articles suivants : Bert Stoll, « Gold Fever Is High In North Ontario », *New York Times*, 30 octobre 1932, p. E6 ; Bert Stoll, « Rushing On Wings To Seek Hidden Gold », *New York Times*, 12 mars 1933, p. SM7 ; « Prospectors Head North To New Ontario Gold Rush », *Winnipeg Free Press*, 12 août 1933, p. 1.
2   Archives de la Bibliothèque géoscientifique John B. Gammon, Sudbury, Joseph Laflamme : permis de prospecteur n° C-12635 (1929) et n° C-17655 (1938).
3   Bert Stoll, « Gold Fever Is High… », *New York Times*, 30 octobre 1932, p. E6.
4   Neuf cent sept kilos.
5   Leslie Avery, « Joe And Wolves… », *Oshkosh Northwestern*, 17 février 1939, p. 7.
6   Selon les pièces suivantes : carte mortuaire de Marie Théoret, Montréal, L. Roy Photo, décembre 1932 ; « Feu Mme O. Laflamme », *La Presse*, 4 février 1933, p. 43.
7   Les renseignements sur la ruée vers l'or de 1938 sont tirés des articles suivants : « New Gold Rush Is Under Way Near Gogama », *Sudbury Star*, 27 juillet 1938, p. 1 ; « Gogama Woman First of Sex To New Field », *Sudbury Star*, 8 août 1938, p. 8 ; « "Beeg Joe" In News Again », *Lethbridge Herald*, 20 septembre 1938, dernière page ; Percy T. Cole, « Latest Ontario Gold Find Better Than Yellowknife Old Prospector Contends », *Evening Telegram*, 21 septembre 1938, s.p.
8   « Gogama Woman… », *Sudbury Star*, 8 août 1938, p. 8. Tda.

9   Archives de la Bibliothèque géoscientifique John B. Gammon, Sudbury, Lillie Laflamme : permis de prospecteur n° C-17631 (1938).
10   « Gogama Woman… », *Sudbury Star*, 8 août 1938, p. 8. Tda.
11   Percy T. Cole, « Latest Ontario Gold… », *Evening Telegram*, 21 septembre 1938, s.p. Tda.
12   Voir la description de l'avion au premier paragraphe du prochain chapitre.
13   Bert Stoll, « Gold Fever… », *New York Times*, 30 octobre 1932, p. E6.

Chapitre 18

1   Les événements dans ce chapitre ont été reconstitués à partir de l'ouvrage ci-mentionné et des articles à la une des journaux suivants : Larry Milberry, *Austin Airways: Canada's Oldest Airline*, Toronto, Canav Books, 1985, p. 27-29 ; « Pilot's Skill Saves Self And Three », *Evening Telegram*, 17 octobre 1938 ; « Canadian Pilot With Propeller Off, Wing Shattered, Saved Plane », *Dunkirk (N. Y.) Evening Observer*, 17 octobre 1938 ; « Planes Rescue Four Men Lost in Woods of Northern Ontario », *Albuquerque Journal*, 17 octobre 1938 ; « Four Cheat Death By Pilot's Daring », *Globe and Mail*, 17 octobre 1938 ; Gregory Clark, « Diving Toward Death At 80 Miles An Hour Only Thought Repairs », *Toronto Daily Star*, 17 octobre 1938.
2   La conversation qui suit est tirée des deux sources suivantes et traduite de l'anglais par l'auteure : Larry Milberry, *op. cit.*, p. 28 ; Gregory Clark, « Diving Toward… », *Toronto Daily Star*, 17 octobre 1938, p. 1.
3   Le terme approprié est *haubans*.
4   Trois cent cinq mètres.
5   Larry Milberry, *op. cit.*, p. 28. Tda.
6   Gregory Clark, « Diving Toward… », *Toronto Daily Star*, 17 octobre 1938, p. 1. Tda.
7   Certains articles mentionnent que le pilote avait posé l'avion sur le lac Fralek, qui est un des grands lacs de la région.
8   « Pilot's Skill… », *Evening Telegram*, 17 octobre 1938, p. 1.
9   Gregory Clark, « Diving Toward… », *Toronto Daily Star*, 17 octobre 1938, p. 1. Tda.
10   « Four Cheat… », *Globe and Mail*, 17 octobre 1938, p. 7. 5000 pieds, soit 1500 mètres. Tda.
11   *Ibid.*
12   Larry Milberry, *op. cit.*, p. 28. Tda.

Chapitre 19

1   « Uses Wild Wolves… », *Montreal Gazette*, 25 juin 1938, p. 13.
2   Leslie Avery, « Joe And Wolves… », *Oshkosh Northwestern*, 17 février 1939, p. 7.
3   *Ibid.*

4   « Le loup comme bête de trait », *La Presse*, 27 juin 1938, p. 15.
5   « Timber Wolves To… », *Sudbury Star*, 23 janvier 1939, p. 1.
6   « Joe LaFlamme To Drive Wolves On Sudbury Streets Tomorrow », *Sudbury Star*, 25 janvier 1939, p. 1.
7   « Long Legs Aid In Capture Of Dashing Wolf », *Sudbury Star*, 27 janvier 1939, p. 3. Tous les renseignements dans ce paragraphe proviennent de cet article à l'exception du nom de Muckoos, qui a été extrait de l'article suivant : « Finds Trouble in Plane Load of Wild Wolves », *Dunkirk (N.Y.) Evening Observer*, 26 janvier 1939, p. 13. Tda.
8   Leslie Avery, « Joe And Wolves… », *Oshkosh Northwestern*, 17 février 1939, p. 7.
9   « Thousands See Wolves… », *Sudbury Star*, 27 janvier 1939, p. 6.
10 « Joe LaFlamme To Drive… », *Sudbury Star*, 25 janvier 1939, p. 1.
11 « Joe LaFlamme, The Wolfman Of The North, May Pay Toronto A Flying Visit With His 11 Wolves », *Toronto Daily Star*, 21 janvier 1939, p. 1, deuxième section.
12 « Thousands See Wolves… », *Sudbury Star*, 27 janvier 1939, p. 6. Tda.
13 « Joe LaFlamme To Drive… », *Sudbury Star*, 25 janvier 1939, p. 8.
14 Ce nom apparaît sur une plaque ornant le dernier traîneau à chiens de Joe. Quoiqu'il ait besoin de réparations, le traîneau est toujours en exposition au Musée Héritage de Gogama. En quittant le village, Joe y avait abandonné son traîneau. En 1967, Fred (White Pine) Thomson l'a acheté pour 50 $ et l'a fait livrer à Capréol. Le traîneau est ensuite disparu pendant plusieurs années. Le Musée Héritage de Gogama l'a retrouvé à Parry Sound en 2002.
15 Louise McDonald, « Antlers with a story », *Sudbury Star*, 6 septembre 1990, p. B5.
16 « Joe LaFlamme To Drive… », *Sudbury Star*, 25 janvier 1939, p. 8.
17 William Kinmond, « Joe Has Wife… », *Toronto Daily Star*, 26 octobre 1938, p. 1, deuxième section. Tda.
18 *Ibid.*
19 Les détails de ce voyage en avion sont tirés des articles suivants : William Kinmond, « Joe Fights Ten Wolves Trying to Escape Plane », *Toronto Daily Star*, 26 janvier 1939, p. 10 ; « Long Legs Aid In Capture Of Dashing Wolf », *Sudbury Star*, 27 janvier 1939, p. 3 ; « Joe LaFlamme To Drive Wolves On Sudbury Streets Tomorrow », *Sudbury Star*, 25 janvier 1939, p. 1 et 8 ; Leslie Avery, « Joe And Wolves Reach New York For Sport Show », *Oshkosh Northwestern*, 17 février 1939, p. 7.
20 Trois kilomètres.
21 William Kinmond, « Joe Fights Ten… », *Toronto Daily Star*, 26 janvier 1939, p. 10. LaFlamme se référait à Muckoos comme si l'animal était un mâle, alors qu'en réalité, c'était une femelle, comme nous le verrons plus loin. Tda.
22 *Ibid.*
23 *Ibid.*
24 *Ibid.*

25   *Ibid.*

Chapitre 20

1   La visite à Sudbury a été reconstruite à partir des articles suivants : « Joe LaFlamme To Drive Wolves On Sudbury Streets Tomorrow », *Sudbury Star*, 25 janvier 1939, p. 1 et 8 ; « Crowds Throng Streets to Watch Laflamme's Wolves Run », *Sudbury Star*, 27 janvier 1939, p. 6 ; « Street Traffic Startles Trained Timber Wolves », *Lethbridge Herald*, 27 janvier 1939, p. 2 ; « Son Thrills at Father's Feat », *Sudbury Star*, 27 janvier 1939, p. 1 ; « All Famous in the North! » [annonce publicitaire des breuvages Silver Foam par la Sudbury Brewing and Malting Co. Ltd.], *Sudbury Star*, 30 janvier 1939, p. 9 ; « Thousands See Wolves Run On City Streets », *Sudbury Star*, 27 janvier 1939, p. 6 ; William Kinmond, « Lashes Whip At Spectators As Crowd Stampede Wolves », *Toronto Daily Star*, 26 janvier 1939, p. 1 et 25, deuxième section ; « Claims Wolf Pack Will Attack Man », *Sudbury Star*, 27 janvier 1939, p. 1 ; Nettie Madger, « Wolf as Pet Seemed Fine Idea But "What to Do" is Worry Now », *Toronto Daily Star*, January 28, 1939, p. 1, deuxième section ; Nettie Madger, « Muckoos Is Nice Wolf But Law Is After Our Nettie », *Toronto Daily Star*, 31 janvier 1939, p. 17 ; Leslie Avery, « Joe And Wolves Reach New York For Sport Show », *Oshkosh Northwestern*, 17 février 1939, p. 7 ; « Le loup déteste la muselière ! », *La Presse*, 2 février 1939, p. 11.
2   « Thousands See Wolves… », *Sudbury Star*, 27 janvier 1939, p. 6. Tda.
3   *Ibid.*
4   « Claims Wolf Pack… », *Sudbury Star*, 27 janvier 1939, p. 1. Tda.
5   « Thousands See Wolves… », *Sudbury Star*, 27 janvier 1939, p. 6. Tda.
6   William Kinmond, « Lashes Whip… », *Toronto Daily Star*, 26 janvier 1939, p. 1 et 25, deuxième section. Tda.
7   « Son Thrills… », *Sudbury Star*, 27 janvier 1939, p. 1. Tda.
8   Cécile Turcotte. Entrevue avec l'auteure le 2 mai 2009.
9   Roland (Bidou) Secord. Entrevue avec l'auteure le 28 mars 2011.
10   « Thousands See Wolves… », *Sudbury Star*, 27 janvier 1939, p. 6. Tda.
11   Nettie Madger, « Wolf as Pet… », *Toronto Daily Star*, 28 janvier 1939, p. 1, deuxième section. Tda.
12   *Ibid.*
13   L'auteur de cet article parlait ici de Shownia, une des louves de LaFlamme.
14   Nettie Madger, « Wolf as Pet… », *Toronto Daily Star*, 28 janvier 1939, p. 1, deuxième section. Tda.
15   *Ibid.*
16   *Ibid.*
17   Nettie Madger, « Muckoos Is Nice… », *Toronto Daily Star*, 31 janvier 1939, p. 17. Tda.

Chapitre 21

1   L'événement qui suit a été reconstruit à partir des articles suivants : « Laflamme Battles Wolf in Studio », *Sudbury Star*, 30 janvier 1939, p. 1 et 8 ; Nettie Madger, « Muckoos Is Nice Wolf But Law Is After Our Nettie », *Toronto Daily Star*, 31 janvier 1939, p. 17.
2   Toutes les citations contenues dans ce chapitre sont tirées de l'article suivant et traduites de l'anglais par l'auteure : « Laflamme Battles Wolf in Studio », *Sudbury Star*, 30 janvier 1939, p. 1 et 8.
3   *[Met Performance] Louise {24} Matinee Broadcast ed. Metropolitan Opera House: 01/28/1939, Broadcast*, http://archives.metoperafamily.org/archives/scripts/cgiip.exe/WService=BibSpeed/fullcit, consulté le 20 mai 2012.
4   Nettie Madger, « Muckoos Is Nice.... », *Toronto Daily Star*, 31 janvier 1939, p. 17.

Chapitre 22

1   « Laflamme and Wolves Bound For Boston in Small Truck », *North Bay Nugget*, 1er février 1939, p. 14.
2   Nettie Madger, « Muckoos Is Nice... », *Toronto Daily Star*, 31 janvier 1939, p. 17. Tda.
3   « Laflamme and Wolves... », *North Bay Nugget*, 1er février 1939, p. 14.
4   « Wolves Mushing New York Streets », *Lethbridge Herald*, 2 février 1939, p. 5.
5   « Laflamme and Wolves... », *North Bay Nugget*, 1er février 1939, p. 14.
6   John F. Kenney, « The Lookout », *Lowell Sun*, 7 février 1939, p. 11.
7   *Ibid.* Tda.
8   *Ibid.*
9   *Ibid.*
10   Les détails de cette exposition sont tirés des articles suivants : Raymond R. Camp, « Wood, Field and Stream », *New York Times*, 25 janvier 1939, p. 29, section des sports ; « Angling Events on Show Card », *New York Times*, 12 février 1939, p. 92, section des sports ; Lincoln A. Werden, « Thousands at Opening Session of National Sportsmen's Show », *New York Times*, 19 février 1939, p. 75, section des sports ; « Canadian Trapper Prefers Wolves To Dogs », *Evening Independent*, 15 mars 1939, p. 10.
11   Raymond R. Camp, « Wood... », *New York Times*, 25 janvier 1939, p. 29, section des sports.
12   Leslie Avery, « Joe And Wolves... », *Oshkosh Northwestern*, 17 février 1939, p. 7. Les températures mentionnées ici sont soit en Fahrenheit ou en Celsius : leurs valeurs sont semblables sous zéro. Tda.
13   « 2nd Annual Michigan Sportmen's Show », annonce publicitaire, *Detroit News*, 3 avril 1939, p. 22.
14   « Long Legs... », *Sudbury Star*, 27 janvier 1939, p. 3.
15   Grey Owl était un écrivain et un défenseur de l'environnement ; Jack Miner était aussi défenseur de l'environnement ; et Ernest T. Seton, écrivain et

artiste de la faune, était un père fondateur de l'organisme *Boy Scouts of America*. Les trois hommes étaient canadiens, d'origine ou naturalisés. Sources : *Grey Owl*, http://en.wikipedia.org.wiki/Grey Owl, consulté le 22 novembre 2011 ; *Jack Miner*, http://en.wikipedia.org.wiki/Jack_Miner, consulté le 21 mars 2011 ; *Ernest Thompson Seton*, http://en.wikipedia.org.wiki/Ernest_Thompson_Seton, consulté le 21 mars 2011.

16   Fan-Fare, « Film Possibilities of Little Guilds Lauded Drama Festival Has Great Talent Array », *Windsor Daily Star*, 13 avril 1939, p. 2. Tda.
17   « Joe Laflamme Going Home », *Montreal Gazette*, 14 avril 1939, p. 22.
18   « Do Wolves Attack Men ? Editor, Tamer Disagree », *Globe and Mail*, 28 janvier 1939, p. 15, deuxième section.
19   *Ibid.* Joe voulait sûrement parler de 16 ans d'expérience avec les loups, puisqu'on était en 1939 et qu'il avait commencé à les dompter en 1923. Tda.
20   « Wolves Will Attack Humans, Joe Insists », *Toronto Daily Star*, 28 janvier 1939, p. 1, deuxième section. Tda.
21   « Woman Mayor For A Day To Greet King At Gogama », *Toronto Daily Star*, 1er juin 1939, p. 1.
22   « Great Lives Lived In Greater Sudbury », *South Side Story*, janvier 2005, p. 27.
23   « Royal Brevities », *Lethbridge Herald*, 6 juin 1939, dernière page.
24   « "Wolfman of Gogama"… », *Sudbury Star*, 2 janvier 1968, p. 7.

Chapitre 23

1   Les informations concernant les orignaux proviennent des articles suivants : « Wolf Man's Latest Pets Are Right At Home In Family Circle », *Toronto Daily Star*, 11 octobre 1939, p. 1, deuxième section ; Raymond R. Camp, « News of Wood, Field and Stream », *New York Times*, 28 novembre 1939, p. 33, section des sports ; « "Wolfman of Gogama" Will Always Be Remembered Now », *Sudbury Star*, 2 janvier 1968, p. 7 ; « Moose Train for Show : Joe Laflamme Taking Pets to Boston Sportsmen Display », *Montreal Gazette*, 27 janvier 1940, p. 14 ; « Personnage pittoresque attendu à Montréal », *La Presse*, 24 janvier 1947, p. 3.
2   « Moosenose » est une traduction libre de l'anglais pour « museau d'orignal ».
3   Mike Bolton, « Moose Gets The Hot Seat », *Toronto Daily Star*, 22 novembre 1958, p. 54. Tda.
4   *Ibid.*
5   « Outdoors… », *Emmetsburg (Iowa) Democrat*, 3 avril 1947, p. 2.
6   « Moose Train… », *Montreal Gazette*, 27 janvier 1940, p. 14. Tda.
7   John Kieran, « Sports of the *Times* », *New York Times*, 20 février 1940, p. 25, section des sports.
8   « North Steals Spotlight At Gotham Show », *Sudbury Star*, 20 février 1940, p. 8.
9   « Will Bear Attack Moose ? Maybe. Anyhow, Joe's Is Safe In Gotham », *Toronto Daily Star*, 15 février 1940, p. 5.

10 *Ibid.*
11 Tiré d'une lettre datée du 31 décembre 1946, signée par le forestier régional Jim M. Taylor et adressée à la direction de la gestion et du personnel du ministère ontarien des Terres et Forêts à Toronto.
12 « North Steals… », *Sudbury Star*, 20 février 1940, p. 8.
13 John Kieran, « Sports of… », *New York Times*, 20 février 1940, p. 25, section des sports.
14 Raymond R. Camp, « Wood, Field and Stream », *New York Times*, 16 février 1940, p. 28, section des sports. Aussi dans : « North Steals… », *Sudbury Star*, 20 février 1940, p. 8.
15 L'auteure a tenté de trouver des statistiques concernant le tourisme dans le nord ontarien à l'époque où Joe LaFlamme y vivait, mais elles n'étaient pas disponibles pour cette période.
16 « Joe LaFlamme and Tame Moose Draw Crowds in Detroit », *Windsor Daily Star*, 4 mars 1940, p. 5.
17 « Zoo Parade: Rare Tamed Moose », *Windsor Daily Star*, 4 janvier 1958, p. 36.
18 « Moose, Badger… », *Sudbury Star*, 8 février 1965, p. 3.
19 *Ibid.*
20 Tiré d'une lettre datée du 28 novembre 1946, signée par le forestier régional Jim M. Taylor et adressée à la Direction de la pêche et de la faune du ministère ontarien des Terres et Forêts à Toronto. Tda.
21 « Gogama's "Paul Bunyan"… », *Globe and Mail*, 24 janvier 1947, p. 3.
22 « Gogama Joe Gives Away Moose. Now He'll Train Some Wolves », *Toronto Daily Star*, 12 avril 1940, p. 10. Tda.
23 « Finds Wolves are Like… », *Toronto Daily Star*, 20 mars 1945, p. 2. Tda.
24 Tiré d'une lettre datée du 31 décembre 1946, signée par le forestier régional Jim M. Taylor et adressée à la Direction de la gestion et du personnel du ministère ontarien des Terres et Forêts à Toronto.
25 « There'll Be Indians If They Can Find Any », *Toronto Daily Star*, 22 janvier 1946, p. 3.
26 T.A.K., « From Jingle Bells to Truck Rumble », *Montreal Gazette*, 10 novembre 1941, p. 8. Tda.
27 *Lost Battalion Survivors*, http://www.longwood.k12.ny.us/history/upton/lbn1.htm, consulté le 17 mars 2011.
28 « The Left Hand Corner », *Lethbridge Herald*, 29 mai 1957, p. 1.
29 « Tall Tales from the North », *Toronto Star Weekly*, 24 février 1962, p. 18-20.
30 « Moose, Badger… », *Sudbury Star*, 8 février 1965, p. 3. On peut supposer que ça se passait à Toronto, car c'était à l'époque la station de CBC la plus proche de Gogama. Malheureusement, les enregistrements de ces émissions n'existent plus.
31 « Girls, He Tames Wolves », annonce dans le *Winnipeg Free Press*, 26 avril 1945, p. 17, section des loisirs.
32 « Prefers Northern Life… », *Toronto Daily Star*, 31 janvier 1925, p. 18. Tda.

Chapitre 24

1. Nous ne savons pas où LaFlamme prenait ses chevreuils, car à l'époque, il n'y en avait pas dans la région de Gogama.
2. Tiré d'une lettre datée du 5 novembre 1946, signée par Joe T. LaFlamme et adressée au forestier régional Jim M. Taylor.
3. Tiré d'une lettre datée du 28 novembre 1946, signée par le forestier régional Jim M. Taylor et adressée à la Direction de la pêche et de la faune du ministère ontarien des Terres et Forêts à Toronto. Tda.
4. « "Mooseman" Joe Laflamme Dies at 61 », *Sudbury Star*, 7 août 1958, p. 3.
5. « "P'tit Mousse", l'orignal bien-aimé », *La Presse*, 31 janvier 1947, p. 29.
6. « Gogama's "Paul Bunyan"... », *Globe and Mail*, 24 janvier 1947, p. 3.
7. *Ibid.*
8. Maurice Desjardins, « Tous les sports... », *Photo-Journal*, 17 août 1950, p. 46.
9. « Gogama's "Paul Bunyan"... », *Globe and Mail*, 24 janvier 1947, p. 3. Aussi dans « Moose Are Like Women », *Lethbridge Herald*, 25 janvier 1947, p. 14.
10. *Ibid.*
11. Robert Moon, « Neglected Monarch. We Mourn the Moose », *Leader Post*, 27 janvier 1948, p. 5.
12. *Royal York Hotel, Toronto — Building info*, http://www.aviewoncities.com/buildingd/toronto/royalyorkhotel.htm, consulté le 26 janvier 2011.
13. « Gogama's "Paul Bunyan"... », *Globe and Mail*, 24 janvier 1947, p. 3. Tda.
14. D'après une photographie de la collection du Musée Héritage de Gogama.
15. Boxoffice, 22 février 1947, p. 99, *"Moose Man" Sends a Papoose Board to Assist Bette Davis In Films*, http://image.issuu.com/081114213023-617f6 11e95494bb2a21bleed5905d9ab/jpeg/page, consulté le 28 janvier 2010. Tda. La version originale de la lettre, en anglais, va comme suit : « *Dear Bette Davis: I did just see now your pretty picture outside Canadian liberty magasine. Yesterday or so hear you gone to have little papoose. Good. This also very good winter north Canada plenty moose, coon, beaver. Hear you never seen these things in Hollywood. Maybe good idea. About papoose I send soon you papoose carrier chief squaw wear on back as carry 23 papoose. Squaw 75 summers no more use papoose carrier, so send you Bette Davis. Think this is good idea. Also good idea use papoose carrier so lose no time and hurry back Hollywood and make more Warner picture. Maybe papoose on back all time. I like you Bette Davis also Indians too. (Signed) Joe LaFlamme, Honor White Chief "Miganinvinna" Ojibway Indians* »
16. L'article de la note précédente (*"Moose Man" Sends a Papoose Board to Assist Bette Davis In Films*) mentionne que Joe était le seul homme blanc à avoir été élu chef honoraire par les Ojibwés de l'Ontario. Aucune documentation n'a été trouvée à cet égard. Toutefois, Alan Corbiere, directeur du centre culturel ojibwé de l'île Manitoulin, expliquait dans un courriel à l'auteure daté du 2 février 2011 : « La pratique était assez courante mais, dans la plupart des cas, c'était l'équivalent de ce que l'on voit aujourd'hui quand

	un maire donne à un individu "les clés de la ville".» (Tda.) Corbiere ajoutait que le titre était honorifique.
17	Boxoffice, 22 février 1947, p. 99, *"Moose Man" Sends a Papoose Board to Assist Bette Davis In Films*, http://image.issuu.com/081114213023-617f611e 95494bb2a21bleed5905d9ab/jpeg/page, consulté le 28 janvier 2010.
18	D'après une photo du *New York Times* intitulée «The "King of the Northern Woods" Gets Balky», 14 février 1947, p. S26. La photo est aussi parue dans le *Sandusky Register-Star-News* le 20 février 1947, p. 1.
19	«Bull(headed) Moose Makes Air Debut», *Sandusky Register-Star-News*, 20 février 1947, p. 1.
20	*Hinterland Who's Who — Moose*, http://www.hww.ca/hww2, consulté le 21 mars 2011.
21	«Gotham Finds Joe LaFlamme Country Slicker In Hick City», *Sudbury Star*, 20 février 1947, p. 6.
22	Raymond R. Camp, «Wood, Field and Stream», *New York Times*, 15 février 1947, p. 12, section des sports.
23	Oscar Farley, «Today's Sport Parade», *Olean Times Herald*, 17 février 1947, p. 8.
24	*Ibid.*
25	«Gotham Finds Joe...», *Sudbury Star*, 20 février 1947, p. 6.
26	Izaak Hunter, «Rod and Gun», *Montreal Gazette*, 9 février 1965, p. 29.
27	«Gotham Finds Joe...», *Sudbury Star*, 20 février 1947, p. 6. Tda.
28	*Ibid.* Tda.
29	Tiré d'une lettre datée du 3 mars 1947, signée par Joe et Morris LaFlamme et adressée au forestier régional Jim M. Taylor. Un mandat postal de 10 $ pour payer le permis de 1947 aux gestionnaires d'hébergement touristique accompagnait la lettre.
30	V. A. Bower, «6,500 Attend Opening Performances of Sportsmen's Show», *Ottawa Citizen*, 22 avril 1947, p. 12.
31	«Moose, Badger...», *Sudbury Star*, 8 février 1965, p. 3.

Chapitre 25

1	«Moose Seek Real Thing: Old Joe Laflamme To Transport Animals», *Windsor Daily Star*, 31 juillet 1947, p. 8. Tda. Voici la version originale du message : «*I hear on radio that somebody in Columbus, Ohio, wants moose to go to meetings. I, Joe LaFlamme, have only moose in whole North country that will go to meetings. You tell these people in Columbus, Ohio, that Joe LaFlamme and moose leaving right away. Where is Columbus, Ohio, anyhow? Signed, Joe LaFlamme.*»
2	James (Jim) Stonerock, ancien directeur du Moosesonian — Moose Lodge Museum, Gahanna (Ohio). Entretien téléphonique le 19 juillet 2010.
3	«Joe LaFlamme Has Columbus-Bound Moose in Toronto», *Sandusky Register-Star-News*, 13 août 1947, p. 1. Tda.

4   Les détails de cet incident sont tirés des deux articles suivants : « Letter from former Gogama resident ». La lettre, signée par Terry Brady, ancien résident de Gogama, a paru dans un journal ontarien dans les quelques jours ou semaines suivant une réunion d'anciens élèves de l'école publique de Gogama, qui a eu lieu le 19 mai 1986 ; « Joe LaFlamme Has Columbus-Bound Moose in Toronto », *Sandusky Register-Star-News*, 13 août 1947, p. 1.
5   « Joe LaFlamme At Moose Convention With A Real One », *Grape Belt*, 19 août 1947, p. 9.
6   « Joe LaFlamme Has… », *Sandusky Register-Star-News*, 13 août 1947, p. 1. Tda.
7   « Heat Wave Hits East After Leaving Trail Across Midwest Belt », *Ruston Daily Leader*, 14 août 1947, p. 1.
8   L'information au sujet du camion de déménagement est tirée d'une photo des Archives de la Ville de Toronto, Fonds 1257, f1257_s1057_it3322. Quant aux bois de Muskeg (qui était également dans la photo), ils semblent avoir été coupés, probablement lors de son séjour au zoo.
9   V. A. Bower, « Rod and Gun », *Ottawa Citizen*, 27 août 1947, p. 17.
10 Les détails de l'événement qui suit sont tirés des articles suivants : « Joe LaFlamme Brings Big Pet to Convention », *Long Beach Press-Telegram*, 17 août 1947, p. 1 ; « Joe LaFlamme At Moose Convention With A Real One », *Grape Belt*, 19 août 1947, p. 9.
11 « Joe LaFlamme Brings… », *Long Beach Press-Telegram*, 17 août 1947, p. 1. Tda.
12 *Ibid.*

Chapitre 26

1   *Canada: Ontario: The Ex*, http://www.time.com/time/magazine/article, consulté le 5 juillet 2010.
2   « Joe And His Moose At The Ex », *Sudbury Star*, 2 septembre 1947, p. 1.
3   Salutin, Rick, *Forward on Life's Tightrope*, http://www.rabble.ca/print/columnists/forward-lifes-tightrope, consulté le 29 mars 2009.
4   Charles Pachter. Entrevue avec l'auteure le 6 mai 2012. Tda.
5   Charles Pachter. Courriel à Gerry Talbot daté du 21 mars 2010. Tda.
6   « Miss Byline, Black Bear Cub, To Fly To Sydney, Australia », *Lethbridge Herald*, 5 septembre 1947, p. 2.
7   L'histoire de Louise a été reconstruite à partir des articles de journaux suivants : « Miss Byline, Black Bear Cub, To Fly To Sydney, Australia », *Lethbridge Herald*, 5 septembre 1947, p. 2 ; « "That a Tree?" Louise Downs It, Urn Too, Then Dives Under Bed », *Toronto Daily Star*, 5 septembre 1947, p. 20 ; « "Animal Greeting" Brings Difficulty: Australia Protests Canadian Newsmen's Plan to Air-Ship Bear Cub », *Montreal Gazette*, 22 septembre 1947, p. 9.
8   « Miss Byline… », *Lethbridge Herald*, 5 septembre 1947, p. 2. Aussi dans « Around the World: Animals », *Winnipeg Free Press*, 5 septembre 1947, p. 2.

9	« Case Held Over Till Show Ends », *Ottawa Citizen*, 17 octobre 1947, p. 10.
10	Roger Laflamme, petit-neveu de Joe LaFlamme. Entrevue avec l'auteure le 14 octobre 2008.
11	Suzanne Laflamme, petite-nièce de Joe LaFlamme. Entrevue avec l'auteure le 21 octobre 2011.
12	Guy Laflamme. Entrevue avec l'auteure le 14 octobre 2008.
13	Rhéal Véronneau. Entrevue avec l'auteure le 27 juin 2008.
14	« Joe LaFlamme Makes Brief Stop; Walks Moose to See Veterinary », *Montreal Gazette*, 30 janvier 1948, p. 3.
15	« "Mooseman of Gogama" Joe LaFlamme Passes », *North Bay Nugget*, 8 février 1965, p. 6. Traduction de l'auteur.
16	Gabriel Ireton. Courriel à Gerry Talbot daté du 13 décembre 2007.
17	« Mumbling Moose », *LIFE*, 15 mars 1948, p. 61.
18	D. A. L. MacDonald, « Sports on Parade », *Manitoba Ensign*, 9 décembre 1950, p.10. L'entretien au micro a été traduit de l'anglais par l'auteure.
19	Il existe plusieurs variantes de l'orthographe du nom de cet orignal ; « Muskeg » semble être la graphie la plus utilisée. En plus du nom « Mushkeg » mentionné ci-haut, on voit dans les différents articles les noms « Mushkig », « Muskeag » et « Mushki ». Hormis les citations, l'auteure utilise invariablement « Muskeg ».
20	Cette parole de Nancy Craig est tirée de l'article « Mumbling Moose », *LIFE*, 15 mars 1948, p. 61. Tda.
21	*Ibid.*, p. 62.
22	Tom Dare, « "Stackie" Adds… », *Toledo News-Bee*, 22 octobre 1926, p. 1.
23	Raymond R. Camp, « Wood, Field and Stream », *New York Times*, 22 février 1948, p. 3, section des sports. Tda.
24	« À l'arrivée de Jos. LaFlamme à la gare centrale », *La Presse*, 29 mars 1948, p. 7.
25	Izaak Hunter, « With Rod and Gun », *Montreal Gazette*, 28 février 1948, p. 15.
26	*Detroit Border Crossings and Passenger and Crew Lists, 1905-1957*, http://search.ancestrylibrary.com, consulté le 3 novembre 2010 (Joe) et le 16 février 2011 (Morris).
27	Tiré d'une lettre datée du 15 avril 1948, signée par le forestier régional de Gogama, J. M. Taylor, et adressée à Joe T. LaFlamme, Buffalo, New York, É.-U. Tda.

Chapitre 27

1	« Been Reported Dead… », *Sudbury Star*, 8 août 1958, p. 1.
2	« Bears Readied for Trip », *Montreal Gazette*, 4 août 1948, p. 3. La photo montre LaFlamme en chemise blanche. Cet article est probablement l'un des premiers qui traitent de Joe en tant que citoyen de Montréal, après son départ de Gogama.

3   « Gogama Mooseman Dies In Montreal At 75 », *Northern Daily News*, 8 février 1965, p. 1.
4   *Belmont Park, Montreal*, http://en.wikipedia.org/wiki/Belmont_Park,_Montreal, consulté le 20 février 2011.
5   *Montreal Directory*, http://bibnum2.banq.qc.ca/bna/lovell, consulté le 15 octobre 2010.
6   Ontario, Sudbury (n° 53) Land Registry Office, pellicule # 53ER12, parcelle 7492, p. 458 ; pellicule # 53ER16, parcelle 10024, p. 773 et pellicule # 53ER18, parcelle 11823, p. B.1.
7   Les renseignements concernant cette tournée sont tirés des articles suivants : « Three Rivers Exhibition Gets Under Way Saturday », *St. Maurice Valley Chronicle*, 19 août 1948, p. 1 ; « Game Association Backs Sportsman's Show. Public Invited to Visit Wild Game Exhibits At Exhibition », *St. Maurice Valley Chronicle*, 19 août 1948, p. 3, où se trouve également de la publicité annonçant les performances des animaux de LaFlamme ; C. Leney, « Heigh Ho, Come to the Fair », *Sherbrooke Telegram*, 2 septembre 1948, p. 5 ; « Joe Laflamme Explains the Aims of Convention », *Sherbrooke Telegram*, 28 octobre 1948, p. 4.
8   Maurice Desjardins, « Tous les sports… », *Photo-Journal*, 17 août 1950, p. 46.
9   La ville a été renommée Shawinigan en 1958.
10 « Joe Laflamme Explains… », *Sherbrooke Telegram*, 28 octobre 1948, p. 4. Tda.
11 *Ibid.*
12 L. David Mech et Luigi Boitani, éd., *Wolves: Behavior, Ecology, and Conservation*, avant-propos de George Rabb, Chicago et Londres, University of Chicago Press, 2006, p. 321.
13 *Ibid.*, p. 298.
14 *Ibid.*, p. 297.
15 *Ibid.*, p. 341.
16 *Ibid.*, p. 294.
17 Tiré d'une lettre datée du 31 décembre 1946, signée par le forestier régional Jim M. Taylor et adressée à la Division de la gestion et du personnel du ministère ontarien des Terres et Forêts à Toronto. Tda.
18 Gilles Vernier, petit-neveu de Joe LaFlamme. Entrevue avec l'auteure le 20 octobre 2010.
19 Jerry Williams, « A Man And His Moose ; I Met Joe LaFlamme In 1949 And Was Asked To Keep Watch Over His Menagerie », *Montreal Gazette*, 6 juin 1993, p. C2.
20 *Ibid.* Tda.
21 *Ibid.* Tda.
22 *Ibid.* Tda.
23 *Ibid.* Tda.
24 *Ibid.* Tda.

Chapitre 28

1. Mechel Hershcovich. Tiré d'un courriel adressé à Sarah Hartt-Snowbell, qui l'a fait parvenir à Gerry Talbot le 12 juin 2011.
2. Maurice Desjardins, « Tous les sports… », *Photo-Journal*, 17 août 1950, p. 46.
3. « To Give Wildlife Lectures », *Montreal Gazette*, 4 octobre 1950, p. 3.
4. Sarah Hartt-Snowbell. Courriel à Gerry Talbot daté du 11 juin 2011. Tda.
5. Chronique questions et réponses (sans titre, avec une photo de LaFlamme), *Today Magazine* (encart dans le *Toronto Star*), 7 février 1981, s.p.
6. « North's Mooseman Legend in Canada », *Timmins Daily Press*, 8 février 1965, p. 5.
7. Judy Hudson (2003), *Randolph Mountain Club — Newsletters — Summer 2003 — A Brief History of Trails*,://www.randolphmountainclub.org/newsletters/summer2003/article9.html, consulté le 11 janvier 2010.
8. Maurice Desjardins, « Tous les sports… », *Photo-Journal*, 17 août 1950, p. 46.
9. « Five Bullets From A City Policeman's Revolver », *Calgary Herald*, 9 août 1950, p. 3.
10. Judy Hudson (2003), *Randolph Mountain Club — Newsletters — Summer 2003 — A Brief History of Trails*, http://www.randolphmountainclub.org/newsletters/summer2003/article9.html, consulté le 11 janvier 2010.
11. Gilles Vernier. Entrevue avec l'auteure le 20 octobre 2010.
12. Marek Krasuski, « Moose Man: Hero or Heretic? », *Challenge: A Journal of Male Perspective*, Sudbury, Mountaintop Press, 2004, vol. 1, p. 37-38.
13. Edelta Turgeon. Entrevue avec l'auteure le 22 novembre 2008.
14. *Montreal Directory*, http://bibnum2.banq.qc.ca/bna/lovell, consulté le 15 octobre 2010.
15. « New York Gets Coyote Problem », *Post-Register*, 19 août 1953, p. 16. Tda.
16. « Been Reported Dead… », *Sudbury Star*, 8 août 1958, p. 1.
17. Jean Côté, « L'homme aux loups… », *Nouveau Samedi*, 11 avril 1964, p. 5.
18. Gisèle Laflamme Lanthier. Entrevue avec l'auteure le 14 octobre 2008.
19. Diane Laflamme, petite-nièce de Joe LaFlamme. Entrevue avec l'auteure le 14 octobre 2008.
20. *Ibid.*
21. Simone Talbot. Entrevue avec l'auteure le 15 novembre 2008.
22. *Montreal Directory*, http://bibnum2.banq.qc.ca/bna/lovell, consulté le 15 octobre 2010.
23. Les détails des derniers jours de Joe LaFlamme sont tirés de la chronique d'Izaak Hunter intitulée « Rod and Gun », parue en 1965 dans le *Montreal Gazette* des 23 janvier (p. 44), 30 janvier (p. 40) et 9 février (p. 29).
24. Izaak Hunter, « Rod… », *Montreal Gazette*, 23 janvier 1965, p. 44.
25. *Ermitage Saint-Antoine*, http://www.st-antoine.org/Accueil/Historique, consulté le 17 juin 2011. L'auteure a obtenu le nom du lieu de pèlerinage de l'abbé Maurice Labbé lors d'un entretien téléphonique le même jour.

Chapitre 29

1. « Joe Laflamme, un sportif original, meurt à soixante-quinze ans », *La Presse*, 8 février 1965, p. 37.
2. Izaak Hunter, « Rod… », *Montreal Gazette*, 9 février 1965, p. 29.
3. « Avis de décès », *La Presse*, 8 février 1965, p. 37.
4. « Uses Wild Wolves… », *Montreal Gazette*, 25 juin 1938, p. 13.
5. « Temperature Drops to 17 Here, Cold to Stay ; Up-State Suffers ; Earthquake at Cambridge », *New York Times*, 23 janvier 1926, p. 1.
6. James P. Dawson, « Mushes 700 Miles With Dogs To See Hockey Here Tonight », *New York Times*, 23 janvier 1926, p. S11. À partir de ce moment dans la narration, l'auteure a tenté de reconstituer les événements en s'inspirant des habitudes de LaFlamme en tournée, et de l'expérience limitée qu'elle-même a du *mushing*.
7. Aucune preuve d'une rencontre avec le maire n'a été trouvée, pas même à l'hôtel de ville.
8. « Uses Wild Wolves… », *Montreal Gazette*, 25 juin 1938, p. 13.
9. « Canadian Trapper… », *Evening Independent*, 15 mars 1939, p. 10.
10. « Wolf Tamer Stars… », *Montreal Gazette*, 9 juin 1938, p. 31.

Bibliographie

Archives

Archives de la Bibliothèque géoscientifique John B. Gammon, Sudbury : Joseph LaFlamme : permis de prospecteur n° C-12635 (1929) et n° C-17655 (1938) ; Lillie LaFlamme : permis de prospecteur n° C -17631 (1938).

Archives de la Compagnie de la Baie d'Hudson, référence B.415/a/1-2 : Post journals, microfilm 1MA27, *Gogama Post 1932-1933, Journal of Events*, décembre 1932, feuille n° 30.

Archives départementales du Pas-de-Calais, France, « Étaples — État civil : tables décennales », 1893-1902, 3 E 6141.

Association des familles Laflamme inc.

Ontario, Sudbury (n° 53) Land Registry Office, pellicule # 53ER12, parcelle 7492, p. 458 ; pellicule # 53ER16, parcelle 10024, p. 773 ; et pellicule # 53ER18, parcelle 11823, p. B.1.

Films

Ontario Motion Picture Bureau, *Transport in the North*, enregistrement vidéo, vers 2010 [1925, ISN # 185638], 14 min., deux parties, muet, n. et b., DVD.

Warner Brothers, en collaboration avec la Province de l'Ontario, *The Forest Commandos*, enregistrement vidéo, vers 1995 [1946], 19 min., son, couleur, VHS.

Journaux
- *Albuquerque Journal* (Albuquerque, Nouveau-Mexique)
  « Planes Rescue Four Men Lost in Woods of Northern Ontario »,
  17 octobre 1938, p. 1.
- *Border Cities Star* (Windsor, Ontario)
  « Toronto Gets Real "Mush" Thrill », 26 janvier 1925, p. 2.
- *Calgary Herald* (Calgary, Alberta)
  « Five Bullets From A City Policeman's Revolver », 9 août 1950, p. 3.
- *Democrat and Chronicle* (Rochester, New York)
  « Seen and Heard », 24 février 1926, p. 27.
  « Team of Timber Wolves to Be Shown at Strong Country Home »,
  19 février 1926, p. 19.
  « Thousands See Wolf Team Dash through Streets », 25 février 1926,
  p. 17 et 24.
  « Timber Wolves and Huskies Give Exhibition », 21 février 1926, p. 25.
  « Timber Wolves To "Mush" To-Day », 26 février 1926, p. 17.
  « Wolf and Dog Teams to Race Here Tomorrow and Thursday »,
  23 février 1926, p. 17.
  « Wolf Team to Be Shown on Golf Course », 21 février 1926, p. 25.
- *Detroit News* (Détroit, Michigan)
  « 2nd Annual Michigan Sportmen's Show », annonce publicitaire,
  3 avril 1939, p. 22.
- *Dunkirk (N.Y.) Evening Observer* (Dunkirk, New York)
  « Canadian Pilot With Propeller Off, Wing Shattered, Saved Plane »,
  17 octobre 1938, p. 1.
  « Finds Trouble in Plane Load of Wild Wolves », 26 janvier 1939, p. 13.
- *Emmetsburg (Iowa) Democrat* (Emmetsburg, Iowa)
  « Outdoors with G. K. Jr. », 3 avril 1947, p. 2.
- *Evening Independent* (Massillon, Ohio)
  « Canadian Trapper Prefers Wolves to Dogs », 15 mars 1939, p. 10.
- *Evening Telegram* (Saint-Jean, Terre-Neuve)
  Cole, Percy T., « Latest Ontario Gold Find Better Than Yellowknife
  Old Prospector Contends », 21 septembre 1938, s.p.
  Cole, Percy T., « "Wild Wolf Man of Gogama" Plans To Drive
  10 Wolves Into New York and Boston », 22 septembre 1938, s.p.
  « Liquor Term is Cancelled: Gogama Man Turns in Appeal Against
  Second Conviction », 19 décembre 1931, p. 2.
  « Pilot's Skill Saves Self And Three », 17 octobre 1938, p. 1.

- *Globe and Mail* (Toronto, Ontario)
    « Do Wolves Attack Men? Editor, Tamer Disagree », 28 janvier 1939, p. 15, deuxième section.
    « Four Cheat Death By Pilot's Daring », 17 octobre 1938, p. 1.
    « Gogama's "Paul Bunyan" Bringing Moose to City », 24 janvier 1947, p. 3.
    Schrag, Lex, « Progress Rocks Northern Ontario Village », 3 décembre 1959, p. 25.
    « They Prefer Arrows to Bullets », 2 novembre 1938, p. 3.
- *Gogama Community News* (Gogama, Ontario)
    « The End of an Era », novembre 1996, p. 1.
- *Grape Belt* (Dunkirk, New York)
    « Joe LaFlamme At Moose Convention With A Real One », 19 août 1947, p. 9.
- *La Presse* (Montréal, Québec)
    « À l'arrivée de Jos. LaFlamme à la gare centrale », 29 mars 1948, p. 7.
    « Avis de décès », 8 février 1965, p. 37.
    « Les chiens de Holt-Renfrew se classent bons premiers », 11 février 1924, p. 17.
    « Feu Mme O. Laflamme », 4 février 1933, p. 43.
    « Joe Laflamme, un sportif original, meurt à 75 ans », 8 février 1965, p. 37.
    « Le loup comme bête de trait », 27 juin 1938, p. 15.
    « Le loup déteste la muselière ! », 2 février 1939, p. 11.
    « Personnage pittoresque attendu à Montréal », 24 janvier 1947, p. 3.
    « "P'tit Mousse", l'orignal bien-aimé », 31 janvier 1947, p. 29.
- *Leader Post* (Regina, Saskatchewan)
    Moon, Robert, « Neglected Monarch. We Mourn the Moose », 27 janvier 1948, p. 5.
- *Le Droit* (Ottawa, Ontario)
    « Gogama, Ont. », 20 février 1924, p. 6.
- *Lethbridge Herald* (Lethbridge, Alberta)
    « "Beeg Joe" In News Again », 20 septembre 1938, dernière page.
    « Miss Byline, Black Bear Cub, To Fly To Sydney, Australia », 5 septembre 1947, p. 2.
    « Moose Are Like Women », 25 janvier 1947, p. 14.
    « Royal Brevities », 6 juin 1939, dernière page.
    « Street Traffic Startles Trained Timber Wolves », 27 janvier 1939, p. 2.

« The Left Hand Corner », 29 mai 1957, p. 1.
  « Wolves Mushing New York Streets », 2 février 1939, p. 5.
- *Long Beach Press-Telegram* (Long Beach, Californie)
  « Joe LaFlamme Brings Big Pet to Convention », 17 août 1947, p. 1.
- *Lowell Sun* (Lowell, Massachusetts)
  Kenney, John F., « The Lookout », 7 février 1939, p. 11.
- *Manitoba Ensign* (Winnipeg, Manitoba)
  MacDonald, D. A. L., « Sports on Parade », 9 décembre 1950, p. 10.
- *Montreal Gazette* (aussi connue comme *The Gazette*) (Montréal, Québec)
  « "Animal Greeting" Brings Difficulty: Australia Protests Canadian Newsmen's Plan to Air-Ship Bear Cub », 22 septembre 1947, p. 9.
  « Bears Readied for Trip », 4 août 1948, p. 3.
  Hunter, Izaak, « With Rod and Gun », 29 janvier 1947, p. 17.
  Hunter, Izaak, « With Rod and Gun », 28 février 1948, p. 15.
  Hunter, Izaak, « Rod and Gun », 23 janvier 1965, p. 44.
  Hunter, Izaak, « Rod and Gun », 30 janvier 1965, p. 40.
  Hunter, Izaak, « Rod and Gun », 9 février 1965, p. 29.
  Hunter, Izaak, « Rod and Gun », 26 avril 1967, p. 24.
  « Joe Laflamme Going Home », 14 avril 1939, p. 22.
  « Joe LaFlamme Makes Brief Stop; Walks Moose to See Veterinary », 30 janvier 1948, p. 3.
  « Moose Train for Show: Joe Laflamme Taking Pets to Boston Sportsmen Display », 27 janvier 1940, p. 14.
  T.A.K., « From Jingle Bells to Truck Rumble », 10 novembre 1941, p. 8.
  « To Give Wildlife Lectures », 4 octobre 1950, p. 3.
  « Uses Wild Wolves For Hauling Sled », 25 juin 1938, p. 13.
  Williams, Jerry, « A Man And His Moose; I Met Joe LaFlamme In 1949 And Was Asked To Keep Watch Over His Menagerie », 6 juin 1993, p. C2.
  « Wolf Tamer Stars as Court Witness », 9 juin 1938, p. 31.
- *Morning Leader* (Regina, Saskatchewan)
  « Toronto Agitated as Wolf in Musher Team Makes Getaway », 30 janvier 1925, p. 1.
- *New York Evening Graphic* (New York, New York)
  « Dangerous Dogs », 12 février 1926, s.p.
- *New York Times* (New York, New York)
  « 2,000 at Winter Fete », 8 février 1926, p. 16.
  « Angling Events on Show Card », 12 février 1939, p. 92, section des sports.

Camp, Raymond R., « Wood, Field and Stream », 25 janvier 1939, p. 29, section des sports.
Camp, Raymond R., « News of Wood, Field and Stream », 28 novembre 1939, p. 33, section des sports.
Camp, Raymond R., « Wood, Field and Stream », 16 février 1940, p. 28, section des sports.
Camp, Raymond R., « Wood, Field and Stream », 15 février 1947, p. 12, section des sports.
Camp, Raymond R., « Wood, Field and Stream », 22 février 1948, p. 3, section des sports.
Cross, Harry, « New York Six Ties With Boston Again », 24 janvier 1926, p. 1.
Dawson, James P., « Mushes 700 Miles With Dogs To See Hockey Here Tonight », 23 janvier 1926, p. S11.
Kieran, John, « Sports of the *Times* », 20 février 1940, p. 25, section des sports.
Stoll, Bert, « Gold Fever Is High In North Ontario », 30 octobre 1932, p. E6.
Stoll, Bert, « Rushing On Wings To Seek Hidden Gold », 12 mars 1933, p. SM7.
« Temperature Drops to 17 Here, Cold to Stay; Up-State Suffers; Earthquake at Cambridge », 23 janvier 1926, p. 1.
« The "King of the Northern Woods" Gets Balky », 14 février 1947, p. S26.
Werden, Lincoln A., « Thousands at Opening Session of National Sportsmen's Show », 19 février 1939, p. 75, section des sports.

- *North Bay Nugget* (North Bay, Ontario)
  « Laflamme and Wolves Bound For Boston in Small Truck », 1er février 1939, p. 14.
  « "Mooseman of Gogama" Joe LaFlamme Passes », 8 février 1965, p. 6.
- *Northern Daily News* (Kirkland Lake, Ontario)
  « Gogama Mooseman Dies In Montreal At 75 », 8 février 1965, p. 1.
- *Nouveau Samedi* (Montréal, Québec)
  Côté, Jean, « L'homme aux loups a perdu son seul ami », 11 avril 1964, p. 5.
- *Olean Times Herald* (Olean, New York)
  Farley, Oscar, « Today's Sport Parade », 17 février 1947, p. 8.

- *Oshkosh Northwestern* (Oshkosh, Wisconsin)
  Avery, Leslie, « Joe And Wolves Reach New York For Sport Show »,
  17 février 1939, p. 7.
- *Ottawa Citizen* (Ottawa, Ontario)
  Bower, V. A., « 6,500 Attend Opening Performances of Sportsmen's
  Show », 22 avril 1947, p. 12.
  Bower, V. A., « Rod and Gun », 27 août 1947, p. 17.
  « Case Held Over Till Show Ends », 17 octobre 1947, p. 10.
- *Photo-Journal* (Montréal, Québec)
  Desjardins, Maurice, « Tous les sports : Avec Fernand dans la cage
  aux loups », 17 août 1950, p. 46.
- *Post-Register* (Idaho Falls, Idaho)
  « New York Gets Coyote Problem », 19 août 1953, p. 16.
- *Rochester Herald* (Rochester, New York)
  « Thousands See Wolf Team In Races at Oak Hill And On Trip
  Through Streets », 25 février 1926, p. 7.
- *Rochester Times-Union* (Rochester, New York)
  Goodwin, Rutherfoord, « Wolves Race Dogs At A. G. Strong Farm;
  First Time Timber Beasts Ever Harnessed », 20 février 1926, édition
  du samedi soir, p. 8.
- *Ruston Daily Leader* (Ruston, Louisiane)
  « Heat Wave Hits East After Leaving Trail Across Midwest Belt »,
  14 août 1947, p. 1.
- *Sandusky Register-Star-News* (Sandusky, Ohio)
  « Bull(headed) Moose Makes Air Debut », 20 février 1947, p. 1.
  « Joe LaFlamme Has Columbus-Bound Moose in Toronto », 13 août
  1947, p. 1.
- *Sault Daily Star* (Sault-Sainte-Marie, Ontario)
  « 100 Take Part in Bar River Wolf Hunt Today », 9 décembre 1924, p. 1.
- *Sherbrooke Telegram* (Sherbrooke, Québec)
  « Joe LaFlamme Explains the Aims of Convention », 28 octobre 1948,
  p. 4.
  Leney, C., « Heigh Ho, Come to the Fair », 2 septembre 1948, p. 5.
- *Sodus Record* (Sodus, New York)
  « Sodus Residents Get Thrill From Timber Wolves », 26 février 1926,
  p. 1.
- *South Side Story* (Sudbury, Ontario)
  « Great Lives Lived In Greater Sudbury », janvier 2005, p. 27.

- *St. Maurice Valley Chronicle* (Trois-Rivières, Québec)
  « Game Association Backs Sportsman's Show. Public Invited to Visit Wild Game Exhibits At Exhibition », 19 août 1948, p. 3.
  « Three Rivers Exhibition Gets Under Way Saturday », 19 août 1948, p. 1.
- *Standard-Freeholder* (Cornwall, Ontario)
  « Bushman Who Wrestles Wolves To Whet Appetite In Toils At Gogama », 5 octobre 1938, s.p.
- *Sudbury Star* (Sudbury, Ontario)
  « All Famous in the North! », annonce publicitaire pour les breuvages Silver Foam de la Sudbury Brewing and Malting Co. Ltd., 30 janvier 1939, p. 9.
  « And They Pulled Many a Stout Bow », 2 novembre 1938, p. 6.
  « Been Reported Dead Twice Before But Joe Laflamme in Best of Health », 8 août 1958, p. 1.
  Brady, Terry, « Letter from former Gogama resident ». La lettre aurait paru dans un journal ontarien (lequel?), dans les semaines suivant une réunion d'anciens élèves de l'école publique de Gogama, tenue le 19 mai 1986.
  « Claims Wolf Pack Will Attack Man », 27 janvier 1939, p. 1.
  « Crowds Throng Streets to Watch LaFlamme's Wolves Run », 27 janvier 1939, p. 6.
  « Gogama Anglicans Elect 1935 Officers », 17 février 1935, p. 8, deuxième section.
  « Gogama Tragedy », 2 avril 1932, p. 11.
  « Gogama Woman First of Sex To New Field », 8 août 1938, p. 8.
  « Gotham Finds Joe LaFlamme Country Slicker In Hick City », 20 février 1947, p. 6.
  « Joe And His Moose At The Ex », 2 septembre 1947, p. 1.
  « Joe Laflamme Dies in Sudbury », 7 août 1958, p. 1.
  « Joe Laflamme Out Again After Second Wolf Team », 30 mai 1938, p. 6.
  « Joe Laflamme Sent to Jail for 15 Days », 16 octobre 1936, p. 1.
  « Joe LaFlamme To Drive Wolves On Sudbury Streets Tomorrow », 25 janvier 1939, p. 1 et 8.
  « Joe Laflamme's Sentence Boosted to Three Months », 23 octobre 1936, p. 1.
  « Judge Quashes L.C.A. Conviction on Wolf Tamer: Joe Laflamme Free; Evidence Conflicting », 19 décembre 1931, p. 1.

«Jury Declares Mrs. Fortin Did Not Set Fire: Cross-Questioning of Joe Laflamme is Feature», 10 juin 1938, p. 5.
«Laflamme Battles Wolf in Studio», 30 janvier 1939, p. 1 et 8.
«Laflamme's Reply Was a Boomerang», 10 juin 1938, p. 5.
«Long Legs Aid In Capture Of Dashing Wolf», 27 janvier 1939, p. 3.
MacDonald, Peter V., «Old Joseph Laflamme a Sudbury Lawyer's Dream», 19 mai 1990, p. 16.
McDonald, Louise, «Antlers with a story», 6 septembre 1990, p. B5.
«Moose, Badger, Wolves, Elk and Bears "Friends" of the Mooseman of Gogama», 8 février 1965, p. 3.
«"Mooseman" Joe Laflamme Dies at 61», 7 août 1958, p. 3.
«New Gold Rush Is Under Way Near Gogama», 27 juillet 1938, p. 1.
«North Steals Spotlight At Gotham Show», 20 février 1940, p. 8.
«Obituaries: Mooseman», 7 août 1958, p. 3.
«Resort Keeper Sent to Jail: Three Months Term for Joe Laflamme, of Gogama», 19 septembre 1931, p. 1.
«Son Thrills at Father's Feat», 27 janvier 1939, p. 1.
«Thousands See Wolves Run On City Streets», 27 janvier 1939, p. 6.
«Timber Wolves To Visit City», 23 janvier 1939, p. 1.
«"Wolfman of Gogama" Will Always Be Remembered Now», 2 janvier 1968, p. 7.

- *The Bee* (Danville, Virginie)
    «Takes Wolf He Caught to Zoo Under his Arm», 7 juin 1923, p. 3.
- *Timmins Daily Press* (Timmins, Ontario)
    «North's Mooseman Legend in Canada», 8 février 1965, p. 5.
- *Toledo News-Bee* (Toledo, Ohio)
    Dare, Tom, «"Stackie" Adds Thrills in Search for Santa», 22 octobre 1926, p. 1.
- *Toronto Daily Star* (Toronto, Ontario)
    «12 Below To-night, Predicts Weatherman», 27 janvier 1925, p. 1.
    «50,000 People Crowd Grenadier Pond and Hillsides at *The Star*'s Winter Carnival», 2 février 1925, p. 1, deuxième section.
    «And Now Mrs. Joe LaFlamme and "Sparky"», 31 janvier 1925, p. 1.
    Bolton, Mike, «Moose Gets The Hot Seat», 22 novembre 1958, p. 54.
    «Can't Wipe Out Wolves by Rifle, Says Trapper», 19 janvier 1925, p. 23.
    Clark, Gregory, «Diving Toward Death At 80 Miles An Hour Only Thought Repairs», 17 octobre 1938, p. 1.
    «Crowds Saw Wolves Perform at High Park», 2 février 1925, p. 24.

« Dog Team is Greeted by a Capacity Curb », 31 janvier 1925, p. 4.

« Eerily, High Park Hills Re-echo Wolf Pack's Howls », 31 janvier 1925, p. 4.

« Finds Wolves Are Like Women "Can Never Really Tame Them" », 20 mars 1945, p. 2.

« Fun and Exercise in *The Star*'s "Wolf Hunt" at High Park », 2 février 1925, p. 24.

« Gogama Joe Gives Away Moose. Now He'll Train Some Wolves », 12 avril 1940, p. 10.

« Howling Lupi Disturb Gogama People's Sleep: But There's Little Danger; They Are Tied Up », 26 octobre 1938, p. 24.

« Joe Backs Wolves With $100 Offer », 31 janvier 1925, p. 17, deuxième section.

« Joe LaFlamme, Isaac Lewis, the Indian, and "Tommy", a Wolf », 28 janvier 1925, p. 17.

« Joe LaFlamme, The Wolfman Of The North, May Pay Toronto A Flying Visit With His 11 Wolves », 21 janvier 1939, p. 1, deuxième section.

Karr, Jack, « Movie-Go-Round », 21 mars 1945, p. 11.

Kinmond, William, « Joe Fights Ten Wolves Trying to Escape Plane », 26 janvier 1939, p. 10.

Kinmond, William, « Joe Has Wife And Wolves And Says They Are Alike », 26 octobre 1938, p. 1, deuxième section.

Kinmond, William, « Lashes Whip At Spectators As Crowd Stampede Wolves », 26 janvier 1939, p. 1 et 25, deuxième section.

« Lord and Lady Byng See Joe LaFlamme and Wolves », 18 juin 1925, p. 7.

« Lumberman Honored », 8 février 1930, p. 34.

Madger, Nettie, « Muckoos Is Nice Wolf But Law Is After Our Nettie », 31 janvier 1939, p. 17.

Madger, Nettie, « Wolf as Pet Seemed Fine Idea But "What to Do" is Worry Now », 28 janvier 1939, p. 1, deuxième section.

« Northern Racer Fined », 26 mars 1931, s.p.

« Old and Young City Migrates High Parkwards », 31 janvier 1925, p. 17.

« Prefers Northern Life to Comforts of Paris », 31 janvier 1925, p. 18.

« Pretty Girls, Bear Cubs — Joe Laflamme », 27 avril 1945, p. 2.

« Spend Night at Grenadier's with Wolves Near Bedside », 30 janvier 1925, p. 2.

« *Star's* Wolves Captured in Long Trail Over Hills », 2 février 1925, p. 6.
« "That a Tree?" Louise Downs It, Urn Too, Then Dives Under Bed »,
5 septembre 1947, p. 20.
« *The Star's* Gogama Wolves and Dogs on City Streets and Grenadier Pond », 30 janvier 1925, p. 1, deuxième section.
« There'll Be Indians If They Can Find Any », 22 janvier 1946, p. 3.
« Will Bear Attack Moose? Maybe. Anyhow, Joe's Is Safe In Gotham », 15 février 1940, p. 5.
« Winter Sports Pow-Wow Near Grenadier Pond on Saturday Afternoon », 29 janvier 1925, p. 19.
« Wolf Captured After Half Day of Roaming », 30 janvier 1925, p. 9.
« Wolf-Husky Cavalcade in Town as *Star's* Guest », 26 janvier 1925, p. 1.
« Wolf Man's Latest Pets Are Right At Home In Family Circle »,
11 octobre 1939, p. 1, deuxième section.
« Wolf Team Driver Joe LaFlamme, Here », 5 décembre 1930, p. 10.
« Wolves Will Attack Humans, Joe Insists », 28 janvier 1939, p. 1, deuxième section.
« Wolves Will Run on Danforth And Other Streets To-morrow »,
27 janvier 1925, p. 1.
« Woman Mayor For A Day To Greet King At Gogama », 1er juin 1939, p. 1.
« You Can Never Tell What Wives or Wolves Will Do, Says Joe », 26 octobre 1938, p. 24.
- *Toronto Daily Telegraph* (Toronto, Ontario)
  « The Wolf That Doesn't Whistle », 18 janvier 1951, p. 4.
- *Toronto Star Weekly* (Toronto, Ontario)
  « Tall Tales from the North », 24 février 1962, p. 18-20.
- *Windsor Daily Star* (Windsor, Ontario)
  Fan-Fare, « Film Possibilities of Little Guilds Lauded: Drama Festival Has Great Talent Array », 13 avril 1939, p. 2.
  « Joe LaFlamme and Tame Moose Draw Crowds in Detroit », 4 mars 1940, p. 5.
  « Moose Seek Real Thing: Old Joe Laflamme To Transport Animals »,
  31 juillet 1947, p. 8.
  « Zoo Parade: Rare Tamed Moose », 4 janvier 1958, p. 36.
- *Winnipeg Free Press* (Winnipeg, Manitoba)
  « Around the World: Animals », *Winnipeg Free Press*, 5 septembre 1947, p. 2.

« Girls, He Tames Wolves », annonce publicitaire, 26 avril 1945, p. 17, section des loisirs.

« Prospectors Head North To New Ontario Gold Rush », 12 août 1933, p. 1.

Lettres, courriels et entretiens téléphoniques

5 novembre 1946 : lettre de Joe T. LaFlamme à Jim M. Taylor

28 novembre 1946 : lettre de Jim M. Taylor à la direction de la pêche et de la faune, ministère ontarien des Terres et Forêts

31 décembre 1946 : lettre de Jim M. Taylor à la direction de la gestion et du personnel, ministère ontarien des Terres et Forêts

3 mars 1947 : lettre de Joe et Morris LaFlamme à Jim M. Taylor

15 avril 1948 : lettre de Jim M. Taylor à Joe T. LaFlamme

26 juin 2004 : lettre de Paul Michaud à Gerry Talbot

13 et 20 décembre 2007 : courriels de Gabriel Ireton à Gerry Talbot

21 mars 2010 : courriel de Charles Pachter à Gerry Talbot

8 juillet 2010 : entretien téléphonique de l'auteure avec Jean-Marc de Nobile

19 juillet 2010 : entretien téléphonique de l'auteure avec James (Jim) Stonerock

2 février 2011 : courriel d'Alan Corbiere à l'auteure

1er mars 2011 : courriel de Jean-Marc de Nobile à l'auteure

11 juin 2011 : courriel de Sarah Hartt-Snowbell à Gerry Talbot

12 juin 2011 : courriel de Mechel Hershcovich à Sarah Hartt-Snowbell, qui l'a fait parvenir à Gerry Talbot

17 juin 2011 : entretien téléphonique de l'auteure avec l'abbé Maurice Labbé

7 juin 2013 : courriel de Nicole Kivi à l'auteure

Magazines

Chronique questions et réponses (sans titre, avec une photo de LaFlamme), *Today Magazine* (encart dans le *Toronto Star*), 7 février 1981, s.p.

« Mumbling Moose », *LIFE*, 15 mars 1948, p. 61-62.

Musée

Musée Héritage de Gogama : collection de photos et traîneau de Joe LaFlamme.

Documents et textes en ligne

1920's Government and Politics/Rural and Urban Confllict: Congressional Reappointment, http://www.enotes.com/1920-government-politics-american-decades/rural-urban-conflict, consulté le 17 août 2010.

Alasa Farms, http://en.wikipedia.org/wiki/Alasa_Farms, consulté le 9 août 2013.

Belmont Park, Montreal, http://en.wikipedia.org/wiki/Belmont_Park,_Montreal, consulté le 20 février 2011.

Biplane, http://en.wikipedia.org/wiki/Biplane, consulté le 17 mai 2013.

Boxoffice, 26 avril 1947, p. 114, Joe Laflamme featured, http://image.issuu.com/081114214025-81cda1fb936f4b03b2adba1144e78954/jpg/page, consulté le 27 janvier 2010.

Boxoffice, 22 février 1947, p. 99, "Moose Man" Sends a Papoose Board to Assist Bette Davis In Films, http://image.issuu.com/081114213023-617f611e95494bb2a21bleed5905d9ab/jpeg/page, consulté le 28 janvier 2010.

Canada: Ontario: The Ex, http://www.time.com/time/magazine/article, consulté le 5 juillet 2010.

Canadian Citizenship by Acquisition/Naturalization, http://www.theshipslist.com/Forms/CanCitAq_Natz.htm, consulté le 23 novembre 2010.

Canadian Passenger Lists,1865-1935, http://search.ancestryinstitution.com, consulté le 19 octobre 2010.

Detroit Border Crossings and Passenger and Crew Lists, 1905-1957, http://search.ancestrylibrary.com, consulté les 3 novembre 2010 (Joe) et le 16 février 2011 (Morris).

Dickens in Montreal, http://www.victorianweb.org./authors/dickens/montreal/montreal.html, consulté le 19 août 2010.

Ermitage Saint-Antoine, http://www.st-antoine.org/Accueil/Historique, consulté le 17 juin 2011.

Ernest Thompson Seton; http://en.wikipedia.org.wiki/Ernest_Thompson_Seton, consulté le 21 mars 2011.

Erskine, Laurie York (1950), *The Great Gray Wolf — Mighty Hunter of the Wilds*, Frontiers: A Magazine of Natural History, décembre 1950, http://stillwoods.blogspot.ca/2008/06/gray-wolf_18.html, consulté le 8 août 2013.

Florida Passenger Lists, 1898-1951, http://search.ancestrylibrary.com, consulté le 26 février 2011.

Going to America: Travel Routes of Zeeland Emigrants, http://www.swierenga.com/RSC_pap.html, consulté le 29 novembre 2010.

Grey Owl, http://en.wikipedia.org/wiki/Grey_Owl, consulté le 22 novembre 2011.

Henry A. Strong; [en ligne] http://en.wikipedia.org/wiki/Henry_A._Strong, consulté le 14 janvier 2011.

Historical Records: Census & Voter Lists — 1901 Census of Canada, http://search.ancestrylibrary.com, consulté le 16 janvier 2010.

Hinterland Who's Who — Moose, http://www.hww.ca/hww2, consulté le 21 mars 2011.

How Much Did a Basic Loaf of Bread Cost in 1940, 1943, and 1967?, http://answers.yahoo.com/question, consulté le 20 janvier 2011.

Howard Ferguson, http://en.wikipedia.org/wiki/George_Howard_Ferguson, consulté le 31 mai 2010.

Hudson, Judy (2003), *Randolph Mountain Club — Newsletter — Summer 2003 — A Brief History of Trails*, http://www.randolphmountainclub.org/newsletters/summer2003/article9.html, consulté le 11 janvier 2010.

IMDb Pro:The Forest Commandos Business; http://www.imdb.com/title, consulté le 26 juillet 2006.

Jack Miner, http://en.wikipedia.org/wiki/Jack_Miner, consulté le 21 mars 2011.

Jack Renault, http://www.harrygreb.com/jackrenault.htm, consulté le 20 février 2011.

Lost Battalion Survivors; http://www.longwood.k12.ny.us/history/upton/lbn1.htm, consulté le 17 mars 2011.

Manteau en véritable couverture à points HBC, http://www2.hbc.com/hbcheritagef/products, consulté le 23 août 2011.

[Met Performance] *Louise* {24} Matinee Broadcast ed. Metropolitan Opera House:01/28/1939, Broadcast, http://archives.metoperafamily.org/archives/scripts/cgiip.exe/WService=BibSpeed/fullcit, consulté le 20 mai 2012.

Metropolis: Montreal at its peak, http://en.wikipedia.org/wiki/History_of_cities_in_Canada, consulté le 17 août 2010.

Model T Facts, http://media.ford.com, consulté le 12 janvier 2011.

Montreal Directory, http://bibnum2.banq.qc.ca/bna/lovell, consulté le 15 octobre 2010.

« Ontario Trapper Drives Team of Wolves », *Popular Science Monthly*, Ontario,(décembre 1924), http://books.google.ca/books?id=FSkDAAAAMBAJ &printsec=frontcover&source, consulté le 25 octobre 2009.

Prohibition in Canada, http://en.wikipedia.org/wiki, consulté le 28 février 2010.

Prohibition in the United States, http://en.wikipedia.org/wiki, consulté le 28 mars 2010.

Quebec Vital and Church Records (Drouin Collection), 1621-1967. Historical Records: Birth, Marriage & Death, http://search.ancestrylibrary.com, consulté les 16 et 26 janvier 2010.

Royal York Hotel, Toronto — Building info, http://www.aviewoncities.com/buildingd/toronto/royalyorkhotel.htm, consulté le 26 janvier 2011.

Saint John, New Brunswick: Maritime Activities, http://en.wikipedia.org/wiki/Saint_John,_New_Brunswick, consulté le 29 novembre 2010.

Salutin, Rick, *Forward on life's tightrope*, http://www.rabble.ca/print/columnists/forward-lifes-tightrope, consulté le 29 mars 2009.

Tex Rickard, http://en.wikipedia.org/wiki/Tex_Rickard, consulté le 5 janvier 2011.

The Forest Commandos (1946) — IMDb, http://www.imdb.com/title, consulté le 14 février 2011.

The Legend of Joe Laflamme — Mooseman/Wolfman of Gogama, Ontario, //www.gogama.ca/joelaflamme_2.html, consulté le 11 septembre 2007.

Toronto in the 1920s, http://www.janetmcnaughton.ca/Toronto, consulté le 17 août 2010.

Vermont Prohibition on the Sale of Intoxicating Liquor Act (1916), http://www.ballotpedia.org/wiki/index.php/Vermont, consulté le 18 février 2011.

Waco Standard Cabin Series, http://en.wikipedia.org/wiki/Waco_Standard_Cabin_Series, consulté le 17 mai 2013.

Entrevues

Beauchamp, Rhéo (†) : entrevue avec l'auteure à Gogama, le 27 juin 2008.

Belisle, Eunice : entrevue téléphonique avec l'auteure, le 3 septembre 2010.

Bouchard, Clermont : entrevue avec l'auteure à Saint-Polycarpe, le 21 octobre 2011.

Bruneau, Wivine : entrevue avec l'auteure à Gogama, le 15 novembre 2008.

Carrière, Annette (†) : entrevue avec l'auteure à Gogama, le 12 mai 2010.

Carrière, Roger (Ti-Pit) : entrevue avec l'auteure à Gogama, le 12 mai 2010.

Charbonneau, Laurent : entrevues avec Gerry Talbot à Gogama, les 15 février et 2 novembre 2011.
Charbonneau, Violette : entrevue téléphonique avec l'auteure, le 31 janvier 2010.
Laflamme, Diane : entrevue avec l'auteure à Saint-Polycarpe, les 14 octobre 2008 et 21 octobre 2011.
Laflamme, Guy : entrevue avec l'auteure à Saint-Polycarpe, les 14 octobre 2008 et 21 octobre 2011.
Laflamme, Margaret : entrevue avec l'auteure à Saint-Polycarpe, les 14 octobre 2008 et 21 octobre 2011.
Laflamme, Robert : entrevue avec l'auteure à Saint-Polycarpe, les 19 octobre 2010 et 21 octobre 2011.
Laflamme, Roger : entrevue avec l'auteure à Saint-Polycarpe, les 14 octobre 2008 et 21 octobre 2011.
Laflamme, Suzanne : entrevue avec l'auteure à Saint-Polycarpe, les 20 octobre 2010 et 21 octobre 2011.
Laflamme Lanthier, Gisèle : entrevue avec l'auteure à Saint-Polycarpe, les 14 octobre 2008, 19 octobre 2010 et 21 octobre 2011 ; et entrevues téléphoniques avec l'auteure les 12 novembre 2008, 1er mai 2009, et 21 mai et 22 août 2010.
Lanthier, Gilbert : entrevue avec l'auteure à Saint-Polycarpe, le 14 octobre 2008.
Levac, Huguette (Laflamme) : entrevue avec l'auteure à Saint-Polycarpe, les 14 octobre 2008 et 21 octobre 2011.
Mangan, Griff : entrevue téléphonique avec l'auteure, le 19 juin 2008.
Miller, Gordon : entrevue téléphonique avec l'auteure, le 5 août 2011.
Pachter, Charles : entrevue avec l'auteure à Toronto, le 6 mai 2012.
Payette, Gérald : entrevue avec Gerry Talbot à Gogama, le 23 juin 2011.
Secord, Alfred (Médé) (†) : entrevue avec l'auteure à Gogama, le 2 mai 2009 ; et entrevues téléphoniques avec l'auteure les 10 novembre 2009 et 28 mars 2011.
Secord, Roland (Bidou) : entrevue téléphonique avec l'auteure le 28 mars 2011.
Talbot, Gerry : entrevue téléphonique avec l'auteure, le 7 juin 2010, et entrevue avec l'auteure à Gogama, le 29 avril 2011.
Talbot, Simone (†) : entrevue avec l'auteure à Gogama, le 15 novembre 2008.
Turcotte, Cécile : entrevue avec l'auteure à Gogama, le 2 mai 2009.

Turcotte, Ernest (Dubby) : entrevue avec l'auteure à Gogama, le 2 mai 2009.
Turgeon, Edelta (†) : entrevue avec l'auteure à Sudbury, le 12 novembre 2008.
Vernier, Gilles : entrevue téléphonique avec l'auteure, le 20 octobre 2010.
Véronneau, Marguerite : entrevue avec l'auteure à Gogama, le 27 juin 2008.
Véronneau, Raoul (†) : entrevue avec l'auteure à Gogama, le 15 novembre 2008.
Véronneau, Reina (†) : entrevue avec l'auteure à Gogama, le 15 novembre 2008.
Véronneau, Rhéal (†) : entrevues avec l'auteure à Gogama, les 18 juillet 2002 et 27 juin 2008.

Photographies

Alasa Farms/Famille Strong
Archives de *La Presse*
Archives de la Ville de Toronto
Associated Press, New York
Belisle, Eunice
Chambre de commerce de Gogama
CPImages.ca
Famille Charles Laflamme
Fonds *Montreal Herald*, Archives de la *Montreal Gazette*
LIFE (15 mars 1948)
Musée des sciences et de la technologie du Canada
Pachter, Charles
Savard, Denise
Talbot, Gerry
Toronto Star/GetStock.com
Turcotte, Judy
Véronneau, Doris

Monographies

Bowness, E. Rendle, *History of the Early Mink in Canada*, [Canada], Canada Mink Breeders Association, 1980, 252 p.
Burton, D. H., *The Gogama Fire of 1941*, travail de recherche, Toronto, ministère ontarien des Terres et Forêts, division de la recherche, 1949, 10 p.
Carbone, Geneviève, *Destination loups*, préf. de Françoise Cappelle, Paris, Éditions Solar, 2007, 167 p.

Carte mortuaire de Marie Théoret, Montréal, L. Roy Photo, décembre 1932.
Chiasson, Herménégilde, *Climats*, Moncton, Éditions d'Acadie, 1996, 125 p.
Chopra, Deepak, Debbie Ford et Marianne Williamson, *The Shadow Effect. Illuminating the Hidden Power of Your True Self*, introduction de Debbie Ford, New York, Harper Collins Publishers, 2010, 193 p.
Dieter K. Buse et Graeme S. Mount, *Come On Over! Northeastern Ontario A to Z*, Sudbury, Scrivener Press, 2011, 200 p.
Fressineau, Marcelle, *Le traîneau de la liberté: L'aventure extraordinaire d'une femme dans le Grand Nord*, Lausanne, Éditions Favre SA, 2004, 256 p.
Hodgson, Robert G., *Let's Go Fur Farming*, Toronto, Fur Trade Journal of Canada, 1953, 171 p.
Institut généalogique Drouin, *Répertoire des mariages des Canadiens-Français, 1760-1935: Ordre masculin*, Ottawa, 1990, vol. 49: Veillette-Zyne, page «West-William».
Krasuski, Marek, «Moose Man: Hero or Heretic», *Challenge: A Journal of Male Perspectives*, Sudbury, Mountaintop Press, vol. 1, 2004, 143 p.
Mech, L. David et Luigi Boitani, éd., *Wolves: Behavior, Ecology, and Conservation*, avant-propos de George Rabb, Chicago et Londres, University of Chicago Press, 2006, xvii-448 p.
Milberry, Larry, *Austin Airways: Canada's Oldest Airline*, Toronto, Canav Books, 1985, 160 p.
Ontario, Chambre des métiers de Gogama (Gogama Board of Trade), procès-verbaux de 1929 à 1946.
Ontario, Chambre de commerce de Gogama, «"Joe LaFlamme": Wolfman/Mooseman», *Crossing the High Portage: A Guide to the Gogama Area*, Sudbury, Journal Printing, env. 2000, 62 p.
Ontario, ministère des Terres et Forêts, *A History of Gogama Forest District. N° 11*, Toronto, Queen's Printer, coll. «District History Series», 1964, 37 p.
Ontario, Ordre de l'Assemblée législative de l'Ontario, Conseil du Trésor, *Public Accounts 1931; Estimates, Supplementary Estimates 1932*, Toronto, Baptist Johnston, éd., 1932, p. J17.
Ontario, Ordre de l'Assemblée législative de l'Ontario, Conseil du Trésor, *Public Accounts 1947; Estimates 1948*, Toronto, Baptist Johnston, éd., 1947, p. I15.
Ontario, P.S.S. #1 Noble/Gogama Public School, *Events and Changes to the School*, documents de 1939, s.p.
Québec, Fabrique de la Paroisse de Saint-Télesphore, *Extrait du registre des baptêmes: Laflamme Joseph Télesphore*, daté le 4 avril 2005.

Note de l'auteure

Je ne prétends pas avoir tout trouvé sur Joe LaFlamme, l'Homme aux Loups. Il y a sûrement d'autres documents, articles de journaux ou de magazines, ou encore des photos de Joe, enfouis dans des boîtes quelque part dans un sous-sol ou un grenier. Si vous avez soit des documents ou des anecdotes, ou encore si vous savez où en trouver, n'hésitez pas à communiquer avec l'auteure par courriel à sfcharron@gmail.com et à lui faire parvenir une copie numérique du matériel (au format jpg), clairement identifié (nom, sources, dates et pages, s'il y a lieu). Ces renseignements pourront être utilisés lors d'une édition ultérieure du livre ou envoyés, sous toutes réserves et avec votre permission, au Musée Héritage de Gogama.

Index des noms propres

A *Christmas Carol*, 83
A History of the Early Mink People in Canada (voir Bowness, E. Rendle)
Aird, Andrew, 34
Alasa Farms, 9, 96, 97, 98, 99, 101, 105, 106, 107, 110, 252, 268, 300, 304
Alasa Farms/Famille Strong, 9, 98, 99, 101, 105, 106, 110, 304
Alaska, 97, 102, 231
Albuquerque Journal, 275, 290
Algonquin, parc, 54, 130
Altazin, Ernest, 85
Alton, 96, 99, 106, 252
Angleterre
 Liverpool, 90
 Londres, 228, 285, 305
Animaux (excluant chiens et loups)
 Bluey, 219
 Forest Commando, 124
 Géraldine, 132, 211
 Louis, 229, 230, 236
 Louise, 218, 220
 Miss Byline, 220
 Moosenose, 198, 191, 193, 194, 279
 Moosie, 217, 218
 Mushkeg, 224, 225, 284
 Muskeg, 208, 209, 213, 214, 215, 216, 221, 222, 223, 224, 225, 226, 229, 230, 233, 237, 238, 239, 283, 284
 Ontie, 193, 194

Quebec, 188, 191, 192, 193
 P'tit Mousse, 281, 291
 Shorthorn, vache laitière, 97
 Ti-Mousse, 211
Arizona, 39, 40
Ashcroft, Leslie L. W., 149, 153, 155
Assemblée législative de l'Ontario, 66, 259, 271, 305
Associated Press/New York, 207, 304
Association des familles Laflamme inc., 261
Association touristique du nord de l'Ontario, 192, 193
Austin, Charles (Chuck), 148, 152, 153
Austin Airways: Canada's Oldest Airline (voir Millberry, Larry)
Australie
 By-Line Ball, 219
 Sydney Journalists' Club, 219
Avery, Leslie, 6, 258, 263, 267, 269, 273, 274, 275, 276, 277, 278, 294

Babe Ruth, 208
Bagsverd, lac, 144
Baker, Curtis W., 107
Batcher, Charlotte, 125
Beattie, Arthur, 192
Beauchamp, Rhéo, 8, 272, 273, 302
Beaver, lac (voir Mesomikenda, lac)
Belisle, Eunice, 8, 143, 267, 302, 304

Bell, Floyd, 181
Bell, Jimmy, 153, 162, 164
Bible, 218
Biscotasing
 Direction ontarienne de la forêt, 152
Bissonnette, Fabien, 23
Boitani, Luigi (voir Mech, L. David), 232, 285, 305
Bolton, Mike, 279, 296
Bonin, Marcel, 225, 226
Border Cities Star, 265, 290
Boston
 Boston Sportsman's and Boat Show, 181
 Campbell-Fairbanks (expositions), 182, 200, 226
 Mechanics Hall (édifice), 181
 New England Sportsmen's and Boat Show, 207
 WBZ radio, 197
Bouchard, Clermont, 302
Bower, V. A., 282, 283, 294
Bowness, E. Rendle
 A History of the Early Mink People in Canada, 269, 270, 304
Boxoffice, 20, 271, 281, 282, 300
Brady, Terry, 282, 295
Brennan, Howard J., 144
Brett, lac, 142
Brillon, Délima, 45
Browning, Foster, 181, 182
Bruneau, Wivine, 8, 272, 302

307

Bruning (compagnie aérienne), 207, 208
Buffalo
 Pont international, 214
Bunyan, Paul, 262, 264, 270, 271, 272, 273, 280, 281, 291
Bureau fédéral de la statistique, 111
Burton, Archie, 147
Burton, D. H., 258, 304
Buse, Dieter K. et Graeme S. Mount *Come On Over! Northeastern Ontario A to Z*, 271, 304
Byng, Marie Evelyn, 84
Byng, Sir Julian, 84

Calgary Herald, 286, 290
Californie, 143, 197, 200, 292
Camp, Raymond R., 278, 279, 280, 282, 284, 283
Camp LaFlamme, 79, 82, 182
Campbell, Dr J. A., 195, 203
Canadian Liberty (magazine), 204, 281
Canadian General Electric Co., 149
Canadien National (voir Compagnie des chemins de fer nationaux du Canada)
Canadien Pacifique (voir Chemin de fer Canadien Pacifique)
Capone, Al, 27
Capréol, 26, 27, 38, 276
Captain Morgan, rhum, 41
Carbone, Geneviève *Destination loups*, 263, 304

Caroline du Sud, 238, 255
Carlu, Émilie, 85
Carrière, Annette, 8, 17, 302
Carrière, Roger (Ti-Pit), 8, 17, 133, 137, 260, 273, 302
Cartwright, Ben (voir Greene, Lorne)
Cassidy, Leo, 230
Cayen, Diane, 16
Cayen, Jean-Marie, 9, 16
CBC (radio), 197, 198, 280
Chamberlin, E., 47
Chambly, 261
Chapleau, 142, 143, 154
Charbonneau, Laurent, 8, 273, 302
Charbonneau, Violette, 9, 262, 302
Charpentier, Gustave *Louise*, 178
Chemin de fer Canadien Pacifique (CPR), 90, 180
Chenier, Armidas, 137
Chevrette, Hector, 59
Chiasson, Herménégilde, 5, 304
Chicago, 200, 204, 285, 305
Chicoutimi-Saguenay, 244
Chiens
 Berger belge, 62
 Billy (Bilee), 62, 66, 70, 71, 74, 75, 76, 77, 81, 87, 88, 180, 187, 248, 249, 250, 265
 Dick, 77
 Huskie, 77
 Husky, 102
 Fidel, 77, 98, 102, 109, 110
 Flossic, 77
 Gogama, 98

Huskies d'Alaska, 97
Jumbo, 102
La Petite, 77
Maheggan, 77
Mokooman, 77
Nugget, 102
Paddy, 77
Sawn, 77
Steffannsons, 265
Waugouch, 77
Yak, 102
Chilcott, Cliff, 82
Chopra, Deepak, 270, 304
Clark, Gregory, 275, 296
Cliff, Sam, 82
CNR (voir Compagnie des chemins de fer nationaux du Canada)
Cochrane-Dunlop Hardware Limited, 149
Cole, Percy T., 274, 290
Colombie-Britannique, 53, 182
Columbus
 High (rue), 216
 Loyal Order of Moose, 213, 254
 State Capitol, 216
 Statehouse, 213
Come On Over! Northeastern Ontario A to Z (voir Buse, Dieter K.)
Compagnie de la Baie d'Hudson
 Archives de la Compagnie de la Baie d'Hudson, 271, 289
Compagnie des chemins de fer nationaux du Canada (CNR) 26, 41, 72, 157, 186, 187, 202
Comtois, Marie Anne, 89
Conseil du Trésor (Ontario), 259, 271, 305

Cooke, Muriel, 239
Copper Cliff
   Pianosi, 118
Corbiere, Alan, 281, 299
Côté, Jean, 263, 286, 293
Cournoyer, monseigneur
   Achille (ou père
   Achille), 87, 129
CPImages.ca, 183
CPR (voir Chemin de fer
   Canadien Pacifique)
Craig, Nancy, 224, 284
Crocodile Dundee, 93,
   267
Crombie, Janet, 95
Cross, Harry, 94, 267,
   293
Curran, Jim, 185
Cuba
   La Havane, 89

Dare, Tom, 262, 264,
   265, 271, 283, 296
Davis, Bette, 124, 204,
   206, 254
Dawson, James P., 267,
   287, 293
de Nobile, Jean-Marc,
   261, 299
Desjardins, Maurice,
   261, 263, 273, 274,
   281, 285, 286, 294
Desmet, Frédérique, 265
Destination loups (voir
   Carbone, Geneviève)
Détroit
   Belle Isle (zoo), 173
   Coliseum, 184
   Convention Hall, 194,
   226
   State Fair (terrain),
   184
Detroit News, 278, 290
Deuxième Guerre
   mondiale, 193, 220
Dickens, Catherine, 59
Dickens, Charles, 59, 83,
   263, 300

Dionne, quintuplées, 12,
   192
Dodge (camionnette),
   237
Duguay, Bertha, 117
Dumoulin, Léonard, 47
Duncan, Alex, 82
*Dunkirk (N. Y.) Evening
   Observer*, 275, 290,
   291
Dupuis, Elzire
   (Charbonneau,
   Mme Wilfrid), 133, 134
Dupuis, Hermas, 133,
   134
Dupuis, Joanne, 9

Eastman Kodak, 99
Elie, Romeo, 181
Elizabeth, reine, 186
*Emmetsburg (Iowa)
   Democrat*, 260, 268,
   269, 270, 271, 279,
   290
Ermitage Saint-Antoine,
   244, 287, 300
Erskine, Laurie York, 58,
   262, 300
Étaples-sur-Mer (voir
   France)
États-Unis, 20, 42, 47, 95,
   111, 117, 191, 197,
   200, 201, 206, 222,
   225, 226, 254
Étienne, George, 222,
   223
Evening Independent,
   268, 278, 287, 290
Evening Telegram, 259,
   260, 264, 274, 275,
   290

Fan-Fare, 279
Farley, Oscar, 282, 293
Fee, Dick, 80
Fernand, 261, 274, 294
Ferguson,
   George Howard

(premier ministre de
   l'Ontario), 66, 67,
   264, 301
Fitzgerald, Gerald, 233
Floride, 89
Flynn, Raymond, 197
Foleyet, 27, 37, 152
Fontaine, Julie, 261
Ford (automobile), 104
Ford, Debbie, 115, 270,
   304
Fortin, Bill, 61, 62, 63,
   67, 69, 72, 82
Fortin, Mme Laurent, 35,
   36, 259, 260, 295
Fralek, canton de, 153,
   154, 155, 162
Fralek, lac, 275
France
   Étaples-sur-Mer
      Saint-Michel (église),
      85
   Paris
      Seine (rivière), 85
   Pas-de-Calais,
      département de
      Archives
      départementales du
      Pas-de-Calais, 265,
      289
Fressineau, Marcelle,
   264, 304
*Frontiers: A Magazine of
   Natural History*, 262,
   300

G. K. Jr., 260, 290
Gagnon, Omer, 145, 146
Galles, pays de, 228, 255
Gaspésie, 89
Gendarmerie royale du
   Canada, 76
George VI, roi, 186
Gerndt, Marilyn, 95
Gervais, Gaétan, 9
Giroux, Albert, 239
Giroux, Paul, 95, 96, 98,
   101, 105, 107, 108,

109, 247, 248
Globe and Mail, 127, 202, 258, 262, 264, 270, 271, 272, 273, 275, 279, 280, 281, 291
Gloster, Barney, 175
Gogama
  L'Ange-Gardien (église catholique), 30, 87
  Arthur (rue), 48
  Compagnie de la Baie d'Hudson, 26, 53, 66, 87, 121, 138, 156, 253, 262, 271, 289
  Banque d'Hochelaga/ Banque canadienne nationale, 26
  C. D. Payette et fils, 118
  Chambre de commerce de Gogama, 160, 267, 304, 305
  Chambre des métiers de Gogama (Gogama Board of Trade), 122, 271, 187, 305
  Cochrane Lumber Co. (moulin à scie), 121
  Harris (rue), 16, 48, 50
  L'Express de Gogama, 81
  Moose Lodge, 33, 120, 282
  Musée Héritage de Gogama, 9, 47, 67, 127, 264, 276, 281, 299
  Notre-Dame-du-Rosaire (école catholique), 14, 130
  Notre-Dame-du-Rosaire (église catholique), 87
  Poisson sauteur, 26
  Poupore (moulin à scie), 27
  Poupore (rue), 23, 116
  P.S.S. #1 Noble/ Gogama Public School, 272, 305
  St. Mary (église anglicane), 130
  Zoo de Gogama, 131, 132, 139
Gogama Community News, 270, 291
Godfrey, R. S., 82
Goodwin, Rutherfoord, 257, 268, 294
Gosselin, Augustine Dalila, 85
Gouverneur général du Canada, 84
Grand Sudbury (voir Sudbury)
Grape Belt, 283, 291
Gray, Willard A., 110
Greene, Al, 95
Greene, Lorne, 199
Grey Owl, 12, 184, 278, 300
Groom, Donald T., 149, 151

Haigneré, Émilie (voir LaFlamme, Lillie)
Haigneré, Auguste, 85, 241
Haigneré, Auguste Pierre Josse, 85
Haigneré, Augustine, 85
Haigneré, Élisa, 85
Haigneré, Georgette, 85
Hall, Tom, 144
Hamilton, 184, 214, 253
Hartt-Snowbell, Sarah, 9, 235, 286, 299
Haynes, Emilie (voir LaFlamme, Lillie)
Heilner, Van Campen, 123
Herbert (marque), 113
Hershcovich, Mechel, 9, 286, 299
Hodgson, Robert G. (Bob)
  Let's Go Fur Farming, 112, 269, 305
Hollingshead, Gordon, 123
Hollinshead & Kirkham Tunstall, 91
Hollywood, 124, 156, 205, 206, 281
Hornepayne, 27
Howard, C. K., 157
Howard, Teddy, 82
Hudson, Judy, 286, 301
Hugues, Len, 192
Hunter, Izaak, 46, 261, 282, 284, 286, 287, 292

Île d'Orléans, 35
Île de Montréal, 246
Indiens, 37, 198, 206, 209, 260
Indiens ojibwés de l'Ontario, 206, 281
Indiana, 184
Indianapolis
  Hoosier State-Wide Sportsmen's Show, 184
  Manufacturers (édifice), 184
  State Fair (terrain), 194
Institut généalogique Drouin, 266, 305
Ireton, Gabriel, 124, 271, 284, 299
Ireton, Glenn, 123, 204, 205, 224

Jackson, Harvey, 82
James, baie, 120, 121
James Strachan Limitée, 59

Jean, Gérard (Ti-Jean L'Acadie), 113
Jefferson Waumbek (hôtel), 237
Jerome, Bert, 145
Jessup, Roy, 121
Jiggs and Maggie (voir McManus, George)
Joe and Bateese, 197
Johnny at the Fair (voir Office national du Film du Canada)
Johnston, Frank, 112
Joliette
 ALP Paquin & Fils, 159

Karr, Jack, 126, 271, 272, 297
Kenney, John F., 181, 278, 292
Kenty, Jack, 142
Kenty, Jay, 142
Key West, 89
Kieran, John, 279, 280, 293
Kinmond, William, 273, 276, 277, 297
Kivi, Nicole, 271, 299
Klondike, 143
Klondyke [*sic*], 144
Krasuski, Marek, 286, 305

L'Abbé, Arthur, 34, 87, 259
Labbé, abbé Maurice, 287, 299
La Presse, 225, 226, 263, 274, 275, 277, 279, 281, 284, 287, 291, 304
Labine, Louis, 30, 31
Lac-Bouchette, 244
Lacolle, poste de, 226
Ladansky, Tony, 241
Laflamme, Albertine, 44
Laflamme, Albina, 45

Laflamme, Aldéa, 44
Laflamme, Adélard, 89
Laflamme, Charles, 8, 47, 198, 236, 238, 241, 242, 240, 304
Laflamme, Diane, 8, 258, 286, 302
Laflamme, Elzéar (1er), 44
Laflamme, Elzéar (2e), 35, 42, 44, 115, 116, 252, 255, 259
LaFlamme, Émilie (voir LaFlamme, Lillie)
Laflamme, George, 44, 89
Laflamme, Guy, 8, 258, 261, 284, 303
Laflamme, Jean Télesphore Adrien, 89
LaFlamme, Joe
 Big Joe, 208, 216
 Homme aux Animaux, 218
 Homme aux Loups, 13, 14, 16, 17, 20, 24, 102, 106, 109, 111, 114, 117, 118, 121, 129, 135, 136, 141, 147, 155, 161, 162, 167, 173, 180, 182, 187, 204, 231, 241, 244, 247, 250, 263, 286, 293
 Homme aux Orignaux, 17, 187, 188, 192, 194, 195, 196, 198, 200, 201, 211, 217, 222, 225, 228
 Homme aux Ours, 218
 Homme fort du Nord, 136, 137, 147, 198, 214
 Homme merveilleux du Canada, 181

Méchant Homme aux Loups du Nord, 184
«Miganinvinna», Chef blanc honoraire des Indiens ojibwés, 206, 281
Monsieur le maire Joseph T. Laflamme, 122
Laflamme, Joseph (1er), 44
Laflamme, Joseph (2e), 44, 89, 114, 221, 238, 258, 259, 274, 289, 296
Laflamme, Joseph Télesphore Maurice, 89
LaFlamme, Lillie, 43, 49, 56, 59, 60, 74, 82, 85, 86, 87, 88, 90, 91, 92, 112, 113, 115, 116, 117, 124, 128, 129, 130, 131, 132, 133, 134, 145, 146, 251, 158, 199, 221, 226, 227, 228, 237, 239, 241, 242, 243, 244, 251, 253, 256, 261, 265, 266, 267, 274
Laflamme, Louise, 44
Laflamme, Margaret, 8, 258, 303
Laflamme, Marie-Louise, 44
LaFlamme, Morris, 118, 127, 128, 130, 131, 144, 145, 158, 162, 170, 171, 201, 203, 207, 211, 222, 226, 227, 237, 241, 243, 252, 256, 270, 282, 284, 299, 300
Laflamme, Onésime, 44
Laflamme, Robert, 8, 260, 270, 303
Laflamme, Roger, 8, 258, 284, 303

Laflamme, Rose-Anna, 45
Laflamme, Suzanne, 8, 284, 303
Laflamme, Télesphore (voir LaFlamme, Joe)
Laflamme Lanthier, Gisèle, 258, 259, 261, 266, 267, 269, 270, 271, 272, 273, 286, 303
LaGuardia, Fiorello, 192
Lake Placid, 84
Lalonde, Nicole, 9
Lalonde, Roger, 9
Landreville, Léo A., 31, 32, 33, 158, 189, 190
Lanthier, Gilbert, 258, 303
Larivière, Léo, 4
Laurentides, 197
Lausanne, 264, 304
Le Droit, 60, 263
Le Nouveau Samedi, 241
Leader Post, 281, 291
Leaneater, A., 82
Leney, C., 285, 294
Leopold, Aldo, 232
Let's Go Fur Farming (voir Hodgson, Robert G.)
Lethbridge Herald, 197, 220, 268, 269, 274, 277, 278, 279, 280, 281, 283, 291
Létourneau, C.-E., 59
Levac, Huguette (Laflamme), 8, 258, 265, 303
Lewis, Isaac (voir William, Isaac)
LIFE, 20, 224, 284, 299, 304
Lois
  Loi ontarienne sur la chasse et la pêche, 173, 259
  Loi sur la protection des renseignements personnels, 259
  Loi sur la réglementation des alcools, 33, 34
  Loi sur les Indiens, 37
  Vermont Prohibition on the Sale of Intoxicating Liquor Act, 261, 302
Long Beach Press-Telegram, 283, 292
Long Island
  Jackson Heights, 95
Lost Battalion Survivors, 197, 280, 301
Louis, Joe, 218
Loups
  Calgary, 157, 158, 159, 160, 163, 166, 168, 169, 170, 171
  Knabey, 68, 69, 71, 72, 73, 77
  Maheegan, 102, 158, 229, 230, 237
  Mok-uman, 158, 163
  Muckoos, 158, 162, 172, 173, 174, 276, 277, 278, 297
  Nigig, 158
  Ojeek, 158
  Pete, 64, 77, 78, 112, 134, 135, 139, 140, 252, 263
  Shownia (Sonja), 158, 170, 173, 277
  Sparky, 74, 77, 79, 86, 264, 296
  Stackie, 262, 264, 265, 271, 284, 296
  Tommy, 64, 263, 297
  Wabsehech, 158
  Wagoosh, 158
  Weeweep(e), 77, 158
  Wolf, 12, 158, 163, 168, 169, 170, 171, 172, 175, 176, 177, 178, 179, 181
Lowell Sun, 278, 292

MacDonald, D.A.L., 284, 292
MacDonald, Peter V., 30, 33, 258, 296
Mack, Cy, 199
MacKenzie, Jim, 144
Mackenzie King, William Lyon, 218
Madden et Fils, 59
Madger, Nettie, 172, 173, 177, 178, 297
Maine, 90
Mangan, Griff, 9, 268, 269, 303
Manitoba, 158, 292, 298
Manitoba Ensign, 284, 292
Manning, Knox, 128
Mattagami, lac, 121
Mattagami, réserve indienne, 206
Mattagami, rivière, 121
McCormick, Bill, 123
McCrea, Charles, 66
McCrea, Red, 153
McDonald, Louise, 276, 296
McLaren, D., 136, 253
McManus, George
  Jiggs and Maggie, 83
McNaughton, Janet, 263, 302
Mech, L. David et Luigi Boitani
  Wolves: Behavior, Ecology, and Conservation, 231, 285, 305
Mesomikenda, lac (aussi Beaver, lac) 52, 144, 281
Meyer, Wilfried, 9
Michaud, Paul, 260, 299
Michigan
  Michigan Sportsmen's Show, 278, 290

Mickelborough, Lorne, 82, 206
Milberry, Larry
  Austin Airways: Canada's Oldest Airline, 276
Miller, G. M., 33
Miller, Gordon, 9, 126, 206, 270, 272, 303
Milne, Gilbert A., 64, 65
Milne Studios, 65
Miner, Jack, 184, 278, 301
Mines, ministre des, 66
Mining Corporation of Canada, 145
Minisinakwa, lac
  Cochons (île aux), 118
  Couleuvres (île aux) (aussi Snake Island), 40
  Leroux (île à), 40
Ministère ontarien de la chasse et de la pêche, 34, 123, 184
Ministère ontarien des terres et forêts
  Direction de la gestion et du personnel, 279, 280
  Direction de la pêche et de la faune, 280, 281, 299
Minneapolis General Shows, 200
Miss Canada, 79
Montmagny, 59
Montréal
  Anglers Association of Montreal, 228
  Anjou, 243
  Archives de la ville de Montréal, 45
  Baillargé (rue), 243
  Barnes Investigation Bureau, 239, 255
  Belmont (parc), 228, 255, 285, 300
  Blue Bonnets (piste), 235
  Carré Dominion, 60
  Cartierville, 228, 255
  Caserne des 17ᵉ Hussards, 225
  Chaboillez (rue), 46, 261
  Côte-des-Neiges (chemin de la), 225
  Côte-Saint-Antoine (chemin de la), 59
  Décarie (boulevard), 59, 235, 255
  Dorval (aéroport), 228
  Durocher (rue), 59
  Drummond (rue), 222
  Forum de Montréal, 239
  Gare centrale, 222, 225, 226, 284, 291
  Hawthorn-Dale (cimetière), 246, 265
  Hippodrome de Montréal (voir Blue Bonnets)
  Holt-Renfrew, 59, 263, 291
  Hôpital général de Montréal, 243, 256
  McGill (rue), 261
  Mont-Royal, 59, 256
  Montreal Street Railway (MSR), 45, 251
  Musée de la police, 46, 261
  Namur (station de métro), 235
  Notre-Dame (rue), 261
  Pins (avenue des), 59
  Port de Montréal, 237
  Poste de police n° 6, 46
  Queen Mary (chemin), 59
  Rivière-des-Prairies, 228
  Sherbrooke (rue), 59, 246
  Saint-Aloysius (église), 88, 251
  Saint-Antoine (rue), 46, 233
  Sainte-Catherine (rue), 59, 222
  Sainte-Élizabeth-du-Portugal (église), 145
  Sainte-Élizabeth (église), 89
  Saint-James (rue), 45
  Service de police de la Ville de Montréal, 237, 261
  Souvenir (rue du), 239, 240
  Sportsmen (exposition des), 225
  Université McGill, 59
  University (rue), 63, 75, 246
  Veteran Taxi, 241
  Vieux-Port, 237
  Ville de Montréal:
    Division de la gestion des documents, des archives et de l'accès à information, 261
  Westmount, 239
  William Wray (chapelle), 246
  Zoo Joe LaFlamme, 237
Montreal Directory (Annuaires Lovell), 45, 228, 239, 243, 261, 285, 286, 301
Montreal Gazette (The Gazette), 184, 197, 223, 228, 233, 261, 262, 263, 275, 279, 280, 282, 283, 284,

285, 286, 287, 292
Moon, Robert, 281, 291
Moose Factory, 121
Moose, rivière, 121
Morning Leader, 265, 292
Mount, Graeme S. (voir Buse, Dieter K.)

Nadeau, Yvonne, 115
New Hampshire, 237, 255
New York (état de), 84, 96, 239, 252, 290, 291, 292, 293, 294
New York, ville de
ABC (radio), 224, 255
Broadway (rue), 93, 247, 249, 250, 252
City Hall, 192
City Hall (parc), 250
Fifth (avenue), 209
French (hôpital), 208
Grand Central Palace, 182, 192, 209
LaGuardia aérodrome, 208, 254
Madison Square Garden, 94, 95, 252
Manhattan, 93
Metropolitan Opera (Met), 178, 278, 301
National Sportsmen's Show, 182, 184, 191, 194, 253, 278, 293
New York Rangers, 95
New York Sportmen's Association, 192
Park (avenue), 183
Pennsylvania (gare), 192, 247
Radio City (édifice), 224
Times Square, 249
Wall Street, 69
Westminster Kennel Club, 95, 268
210ᵉ rue, 247, 249
New York Evening Graphic, 95, 268, 292
New York Times, 93, 94, 225, 267, 274, 278, 279, 280, 282, 284, 287, 292
Niagara Falls, 226
Noble, canton de, 48
North Bay, 181, 192, 196, 293
North Bay Nugget, 196, 278, 284, 293
Northern Daily News, 285, 293
Nouveau-Brunswick, 90, 182
Nouvelle-Écosse, 182

O'Connor, J.J., 35, 36
O'Neil, Angie, 9
Office national du film du Canada (ONF)
Johnny at the Fair, 218
Ohio, 212, 213, 214, 216, 254, 282, 290, 294, 296
Ojibwé (peuple autochtone)
ojibwé, langue, 26, 139, 159, 206, 216, 224
Ojibwé, centre culturel, 281
Olean Times Herald, 282, 293
Olivette, 89
ONF (voir Office national du film du Canada)
Ontario, 8, 12, 14, 15, 16, 17, 19, 22, 25, 27, 34, 46, 47, 51, 54, 64, 66, 67, 111, 120, 221, 122, 123, 127, 130, 142, 147, 153, 173, 175, 182, 184, 186, 192, 193, 194, 197, 200, 201, 226, 231, 251, 254, 257, 258, 259, 262, 267, 268, 269, 271, 272, 273, 274, 275, 281, 283, 285, 289, 290, 291, 293, 294, 295, 296, 298, 300, 301, 302, 304, 305
Ontario, lac, 64
Ontario Motion Picture Bureau (voir Trenton)
Opeepeesway, lac, 146, 147, 148
Orégon, 200
Oshkosh Northwestern, 258, 263, 267, 269, 273, 274, 275, 276, 277, 278, 294
Osway, canton de, 145, 146
Ottawa
Colisée, 211
Ottawa Fish and Game Association, 211
Salon national des Sportsmen au Canada, 211
Ottawa Citizen, 282, 283, 294

Pachter, Charles, 9, 218, 219, 254, 283, 299, 303, 304
Parry Sound, 276
Parti libéral, 122
Parti progressiste-conservateur de l'Ontario, 66, 122
Pas-de-Calais, département de (voir France)
Payette, Gérald, 9, 273, 303
Pennsylvanie, 213
Pépin, père J., 44
Père Noël, 70, 202
Perkins, Marlin, 194
Perreault, Raymond, 40

Philadelphie
  Hôtel de ville, 211
  Exposition sportive de Philadelphie, 211
Phillips, George, 123
Photo-Journal, 261, 263, 273, 274, 281, 285, 286, 294
Popular Science Monthly, 261, 301
Police provinciale de l'Ontario (PPO), 25
Portland, 200, 204
Post-Register, 286, 294
Poudrette, Marie-Louise, 44
Poupore, Emma, 187
Poupore, Michael J. (Joe), 28, 187
Poupore, William H., 28
Power, W.G. (Bill), 244, 245, 246
Première Guerre mondiale, 44
Proulx, Edmond, 33
Punchard Jr, Charles, 82

Quebec Federation of Fish and Game Associations Inc., 230
Québec, province de, 89, 158, 188, 193, 221, 226, 238, 251, 261, 291, 292, 293, 294
Québec, ville de
  Charlesbourg (zoo), 230
Quémeneur dit Laflamme, François, 35

R.M.S. Melita, 90
Randolph Mountain, Club, 237, 255, 286, 301
Ranger, Dave, 51, 52, 91, 111, 113, 128, 136, 143
Ranger, Simone (née Morin), 267
Rau, Albert C., 157
Renaud, Normand, 9, 15
Renault, Jack, 47, 262, 301
Rickard, George Lewis (Tex), 95, 96, 287, 302
Roberts, Christie-Anne, 89
Roberts, Joseph, 89
Rochester
  Alexander (rue), 108, 109
  Andrew (rue), 108
  Brooks (avenue), 109
  Church (rue), 108
  East (avenue), 108
  Elmwood (avenue), 108
  Lehigh Valley (voie ferrée), 108
  Main (rue), 65, 108
  Monroe (collège), 109
  Mount Hope (avenue), 108
  Oak Hill Country Club, 106
  Oak Hill (terrain de golf), 106, 107, 109
  Plymouth (avenue), 108, 109
  Shellwood (chemin), 110
  Université de Rochester, 106
  Webber (hôpital vétérinaire), 107
Rochester Democrat and Chronicle, 106
Rochester Herald, 268, 269, 294
Rochester Times-Union, 257, 268, 294
Ronda Gold Mine, 149
Route 144, 27
Roy, Albert (King), 24, 143
Ruston Daily Leader, 283, 294

Saint-François, 35
Saint-Jean (Nouveau-Brunswick), 90
Saint-Laurent (fleuve et golfe), 90
Saint-Polycarpe, 44, 302, 303
Saint-Télesphore
  Fabrique de la Paroisse de St-Télesphore, 261, 305
Saint-Télesphore (église et paroisse), 44, 261, 305
Saint-Zotique
  Saint-Thomas (rang), 221, 238
Salutin, Rick, 283, 302
Samuel, Bernard, 211
San Francisco, 200
Sandusky Register-Star-News, 282, 283, 294
Saskatchewan, 158, 237, 291, 292
Sault Daily Star, 185, 186
Sault-Sainte-Marie, 54, 185
Saunders, Robert, 202
Sauvé, Phil, 146, 148, 149, 150, 151, 152, 153, 154
Savard, Denise, 9, 56, 304
Schrag, Lex, 258, 291
Scott, Barbara Ann, 218
Scott, J.B., 47
Secord, Alfred (Médé), 9, 22, 41, 56, 118, 257, 258, 260, 262, 263, 270, 272, 273, 303
Secord, Roland (Bidou), 9, 22, 118, 257, 270,

277, 303
Senneterre, 118
Seton, Ernest
  Thompson, 278,
  279, 300
Shakers, 97
Shawinigan Falls,
  230, 255
Shea, père M.L., 89
Sherbrooke, 230,
  255
*Sherbrooke
  Telegram*, 285,
  294
Shining Tree, 149
Shining Tree, lac,
  124
Simard, George,
  143
Sodus Bay, 97
Sodus Record, 268,
  294
Soulanges, district
  de, 44, 46
South Porcupine
  Algoma Air
  Transport, 152
South Side Story,
  279, 294
St. Louis, 200, 204
*St. Maurice Valley
  Chronicle*, 285,
  294
*Standard-
  Freeholder*, 260,
  273, 295
Stoehr, Jack, 213
Stoll, Bert, 274, 293
Stoddart, Thos., 33
Stonerock,
  James (Jim), 282,
  299
Strong, Alvah
  Griffin (A.G.),
  96, 97, 98, 105,
  110, 257, 268,
  294

Strong,
  Henry Alvah, 99,
  100, 300
Sudbury
  Archives de la
  Bibliothèque
  géoscientifique
  John B.
  Gammon, 274,
  289
  Austin Airways,
  146, 147, 148,
  152, 162, 165,
  275, 305
  Bureau de comté
  de Nickel Belt,
  271
  Central (école),
  171
  CKSO (radio),
  175, 178
  Durham (rue),
  170
  Elizabeth (rue),
  171
  Elm (rue), 170,
  176
  Hôpital général
  de Sudbury, 116
  John (rue), 171
  Lorne (rue), 167,
  172
  Mountaintop
  Press, 186, 305
  Ramsey, lac, 152,
  153, 171
  Sainte-Anne-
  des-Pins (église),
  91
  Station (rue),
  171
  Sudbury (n° 53)
  Land Registry
  Office, 262, 285,
  289
  Sudbury
  Brewing and
  Malting

Company Ltd.
  Silver Foam
  (breuvages), 277,
  295
Sudbury Star, 303,
  306, 116, 127,
  175, 258, 259,
  260, 261, 262,
  263, 264, 267,
  269, 270, 271,
  272, 273, 274,
  275, 276, 277,
  278, 279, 280,
  281, 282, 283,
  285, 286, 295
Susman,
  Dr Benjamin,
  134
Swayze, canton de,
  142

T.A.K., 280, 292
Talbot, Gerry, 7, 8,
  9, 17, 19, 20, 28,
  67, 157, 189, 190,
  201, 229, 260,
  262, 271, 273,
  283, 284, 286,
  299, 302, 303,
  304
Talbot, Jeannine, 7,
  8
Talbot, Simone, 9,
  270, 273, 286,
  303
Taylor, Jim M., 195,
  200, 226, 232,
  270, 279, 280,
  281, 282, 284,
  285, 299
Terre-Neuve, 182,
  290
The Bee, 262, 296
*The Forest
  Commandos*
  (voir Warner
  Brothers
  Pictures)

The Gazette, 184, 197, 223, 228, 233, 261, 262, 263, 275, 279, 280, 282, 283, 284, 285, 286, 287, 292
Théoret, Bernard, 44
Théoret, Marie, 44, 89, 145, 274, 304
Thibodeau, George, 161, 162, 169, 171, 175
Thomson, Fred (White Pine), 276
Time Magazine, 283, 300
Ti-Jean L'Acadie (voir Jean, Gérard)
Timmins, 27, 130, 136, 296
Timmins Daily Press, 286, 296
Toledo News-Bee, 262, 264, 265, 271, 284, 296
Toronto
  Adelaide (rue), 74
  Bathurst (rue), 70, 74
  Bay (rue), 69
  Beach (quartier), 79
  Bloor (rue), 65, 69, 70, 71, 76
  Broadview (rue), 65
  Canadian National Exhibition (CNE), 217, 218, 219, 221, 254
  Carling Conservation Club, 202
  Carlton (rue), 79
  CNE (voir Canadian National Exhibition)
  College (rue), 74, 76
  Danforth (rue), 65
  Dew the Mover Ltd., 216
  Dufferin (champs de course), 202
  Duke (rue), 63, 68
  Dundas (rue), 71, 74, 76
  Elm (rue), 63
  Frost (rue), 72
  Gerrard (rue), 65
  Grenadier Pond, 67, 71, 72, 74, 76, 77, 80, 263, 264, 296, 298
  High Park, 67, 68, 71, 76, 77, 78, 79
  High Park (avenue), 70
  Howard (résidence), 71
  Howard Park (avenue), 74, 76
  Keele (rue), 70, 71
  King (rue), 65, 69
  Landsdowne (avenue), 76
  Main (rue), 65
  Milne Studios, 65
  Queen (rue), 62
  Queen's Park, 66, 67, 76, 185, 196
  Rotary Club, 202
  Royal York (hôtel), 202, 203, 281, 302
  Simcoe (rue), 62, 72
  Spadina (rue), 72
  St. Clair (rue), 70
  Toronto Press Club, 219
  Toronto Ski Club, 82
  Toronto Transportation Commission, 79
  Union (gare), 62, 63
  Université de Toronto, 76
  University (avenue), 63, 75
  Varsity (stade), 68
  Wychwood Park (avenue), 70
  Yonge (rue), 69, 75
  Zoo de Toronto, 53, 203
Toronto Daily Star, 54, 61, 64, 69, 86, 91, 92, 126, 134, 161, 172, 173, 191, 195, 196, 252, 259, 262, 263, 264, 265, 266, 267, 269, 270, 271, 272, 273, 275, 276, 277, 278, 279, 280, 283, 296
Toronto Daily Telegraph, 263
Toronto Star Today Magazine, 286, 299

Toronto Star/
    GetStock.com,
    53, 64, 125, 144,
    196, 203, 304
Toronto Star Weekly
    « Tall Tales from
    the North », 198,
    280, 298
Trans-Canada Air
    Lines
    (aujourd'hui Air
    Canada), 228
Trenton
    Ontario Motion
    Picture Bureau
    *Transport in the
    North*, 126, 268,
    269, 271, 272,
    273, 289
Trois-Rivières, 229,
    255, 294
Turcotte, Cécile, 9,
    270, 272, 277,
    303
Turcotte,
    Ernest (Dubby),
    9, 114, 123, 260,
    270, 271, 273,
    303
Turcotte, Judy, 9,
    43, 304
Turgeon, Edelta, 9,
    272, 273, 286,
    303

United Press, 96
United States
    Biological
    Survey, 186

Van Norman,
    Robert, 129
Vaudreuil-
    Soulanges, 19
Vermont, 42

Vernier, Gilles, 9,
    285, 286, 303
Véronneau,
    Marguerite, 9,
    262, 270, 272,
    303
Véronneau, Raoul,
    9, 303
Véronneau, Reina,
    9, 304
Véronneau, Rhéal,
    9, 260, 262, 270,
    272, 273, 284,
    304
Violette, Gérard, 9
Violette, Mélanie, 9
Virginie
    Occidentale, 213

Waco VKS-7, 148
Walker, James J.,
    249
Warner Brothers
    Pictures
    *The Forest
    Commandos*123,
    125, 126, 198,
    204, 254, 271,
    289, 301, 302
Werden, Lincoln A.,
    278, 293
West, Florence May,
    88, 89, 251
West, William-
    Henry, 89, 266,
    305
Westminster
    Kennel Club, 95,
    268
White, Dick, 244
William, Isaac
    (aussi Lewis,
    Isaac), 61, 74,
    263, 264, 297
Williams, Jerry, 233,

234, 285, 292
Williamson,
    Marianne, 270,
    304
Windsor
    Empire (théâtre),
    184
Windsor Daily Star,
    279, 280, 282,
    298
Winnipeg
    CKRC radio, 199
Winnipeg Free Press,
    199, 274, 280,
    283, 298
*Wolves: Behavior,
    Ecology, and
    Conservation*
    (voir Mech, L.
    David)

Yellowknife, 274,
    290
Yellowstone, parc
    national de, 231
Young-Shannon,
    mines, 34

Zoo de LaFlamme,
    237

Table des matières

Remerciements 7
Préface
    L'indomptable dompteur de loups :
    réflexions sur une figure emblématique 11
Avant-propos 16

CHAPITRE 1
    Un maître au fouet 22
CHAPITRE 2
    Contrebandier à « Poisson sauteur » 26
CHAPITRE 3
    À la défense de sa propre cause 30
CHAPITRE 4
    Le commerce clandestin de LaFlamme 38
CHAPITRE 5
    L'arrivée des LaFlamme à Gogama 43
CHAPITRE 6
    La trappe des loups sauvages 51
CHAPITRE 7
    Une première course avec les loups 58

CHAPITRE 8
   Une place dans la galaxie des étoiles de Toronto 61
CHAPITRE 9
   Qui était Mme LaFlamme ? 84
CHAPITRE 10
   À New York, pour le plaisir 93
CHAPITRE 11
   Des moments historiques à Alasa Farms 97
CHAPITRE 12
   La séduction des foules à Rochester 107
CHAPITRE 13
   La vie de tous les jours à Gogama 111
CHAPITRE 14
   Monsieur touche-à-tout 120
CHAPITRE 15
   Le « Morrison » de Joe et le « petit Maurice » de Lillie 128
CHAPITRE 16
   Les défis face à l'exploitation du « zoo de Gogama » 132
CHAPITRE 17
   À la recherche de l'or 142
CHAPITRE 18
   À l'eau... avec les brochets 148
CHAPITRE 19
   Une carabine... si seulement ! 156
CHAPITRE 20
   Le fouet dans les foules de Sudbury 167
CHAPITRE 21
   Des grondements en direct de l'Opéra 175
CHAPITRE 22
   Une dernière tournée à titre d'Homme aux Loups 180
CHAPITRE 23
   Une première tournée pour l'Homme aux Orignaux 188
CHAPITRE 24
   En tournée de nouveau 200

CHAPITRE 25
 À la recherche de Columbus, Ohio 212
CHAPITRE 26
 Le peintre des orignaux influencé
 par l'Homme aux Orignaux 217
CHAPITRE 27
 Un défenseur passionné de la faune 227
CHAPITRE 28
 À la croisée des chemins 235
CHAPITRE 29
 Un «dernier» tour en traîneau à chiens 246

Chronologie 251
Notes et références 257
Bibliographie 289
Index des noms propres 307